中國佛教典籍選刊

宗鏡録校注

二

〔五代〕延　壽　集

富世平　校注

中　華　書　局

漏無爲，普賢萬行，悉於無生，一時圓滿，故云：「初聞阿字門，即解一切義。」〔三〕所謂一切法不生。壞則漸壞有爲、無爲功德之門，所以謌云：「損法財，滅功德，莫不由乎心意識。」〔四〕故知此心無幽不燭，有法皆知，察密防微，窮今洞古，故謂之靈臺。故司馬彪云：「心爲神靈之臺。」〔五〕莊子云：「萬惡不可内於靈臺。」〔六〕

校注

〔一〕見永嘉證道歌。按，真覺大師，即永嘉玄覺禪師，傳見宋高僧傳卷八唐温州龍興寺玄覺傳、景德傳燈録卷五温州永嘉玄覺禪師。楊億無相大師行狀：「温州永嘉玄覺禪師者，永嘉人也，姓戴氏。（中略）學者輻湊，號真覺大師，著禪宗悟修圓旨，自淺之深。慶州刺史魏静緝而成十篇，目爲永嘉集。及證道歌一首，並盛行於世云爾。」證道歌之作者，學術界看法尚不一致。詳參賈晉華古典禪研究：中唐至五代禪宗發展新探（修訂版），上海人民出版社，二〇一三年，第一八五—一八八頁。

〔二〕八解：即八解脱，又稱八背捨，是八種背棄捨除三界煩惱繫縛的禪定。大集法門經卷下：「八解脱，是佛所説，謂内有色想觀外色解脱、内無色想觀外色解脱、浄解脱具足住、空無邊處解脱、識無邊處解脱、無所有處解脱、非想非非想處解脱、想受滅解脱。」　六通：天眼通、天耳通、他心通、宿命通、神足通、漏盡通等六種神通。詳見本書卷六注。

〔三〕見智顗説、灌頂記摩訶止觀卷五下。

〔四〕見永嘉證道歌。

〔五〕見文選卷五五劉孝標廣絶交論李善注引。

〔六〕見莊子庚桑楚。

淨名疏：「問云：玄義處處多明觀心，已恐不可，入文復爾，將不壞亂經教耶？答：說經本爲入道，若懷道之賢觸處觀行，豈有尋求涅槃聖典而不觀行者乎？但巧說得宜，非止不損文義，兼得觀慧分明，分別法門，非觀何逮？豈有壞亂之咎乎？」〔一〕

校　注

〔一〕見智顗說、湛然略維摩經略疏卷一。

夫有所說，意在言前。祖佛本意，皆爲明心達道，假以文義，直指心原，豈可執詮迷旨，背心求道耶？所以正法念處經偈云：「天、龍、阿脩羅，地獄、鬼、羅刹，心常爲導主，如王行三界。心將詣天上，復行於人中，心將至惡道，心輪轉世間。」〔一〕

校　注

〔一〕見正法念處經卷二七。

寶雨經云：「云何菩薩得奢摩他〔一〕、毗鉢舍那〔二〕善巧？謂此菩薩心善巧已，觀察諸法如幻如夢，思惟諸法：『此是善法，此非善法；此出離法，此不出離法。』謂諸菩薩觀一切法，皆依於心，心爲自性，心爲上首，能攝受心，善調伏心，善了知心，故能攝此一切諸法。既善調伏，又善了知，由此因緣，便能修習奢摩他法。如是繫心，如是止心及安住心，勤修如是奢摩他故，便能安住心一境性。」〔三〕

校注

〔一〕奢摩他：意譯「止」，即禪定。慧琳一切經音義卷二六：「奢摩他，亦云『三摩地』，亦云『三昧』，此云『定』也、『止』也。定有多名，此總稱也。或名『三摩鉢底』也。」

〔二〕毗鉢舍那：意譯「觀」，慧琳一切經音義卷二六：「毗鉢舍那，亦梵語也，此譯爲『觀』，觀法智也。」卷二六：「毗婆舍那，亦云『闍那』，亦云『若那』，此云『惠』也、『觀』也，或云『見』也。」子璿録金剛經纂要刊定記卷七：「毗鉢舍那，此云『觀』，觀即是慧。依此慧故，觀察一切，委細推求，歷歷分明，故名爲見。」

〔三〕見寶雨經卷二。

弘道廣顯定意經云：「彼德本者，了識心本。以此心行，慈及衆生。識了知彼，空無我、人。其心德本，助勸於道。」〔一〕

校　注

〔一〕見弘道廣顯定意經卷一清淨道品。

故知心爲德本，即是總相；心、佛、衆生，三之别相。心是總相者，法界染淨，萬類萬法，不出一心。是心即攝一切世間、出世間法，故名總相。餘染淨二緣，各屬二類。然總相説，十法界中，六道爲染，四聖爲淨，則十法界中染淨二緣，凡聖兩道，俱不出一心矣。故經云：「心能導世間。」〔一〕即自在義。「心能徧攝受。」即隨行義。「如是一心法，皆自在隨行。」

校　注

〔一〕見玄奘譯阿毗達磨俱舍論卷三引。下兩處引文同。

金剛三昧論云：「出世之因者，入實相觀。出世之果者，一味解脱。」〔一〕故知初則信心而入道，後則證心而得果，始終不出宗鏡矣。

校　注

〔一〕見元曉述金剛三昧經論卷上。

入〔一〕楞伽經偈云：「唯心無所有，諸行及佛地。去來現在佛，三世説如是。」〔二〕

校注

〔一〕「入」，原作「又」，據諸校本改。

〔二〕見入楞嚴經卷七入道品。

賢劫定意經云：「等視一切諸法根原，皆如是諦，本無所有，是曰一心。」〔一〕

校注

〔一〕見賢劫經卷四三十七品。按，大正藏本賢劫經卷一經題後子注：「亦名颰陀劫三昧經，晉曰賢劫定意經。」

華嚴經夜摩天宮偈讚品云：「譬如工畫師，分布諸彩色，虛妄取異色，大種無差別。大種中無色，色中無大種，亦不離大種，而有色可得。心中無彩畫，彩畫中無心，然不離於心，有彩畫可得。彼心恒不住，無量難思議，示現一切色，各各不相知。譬如工畫師，不能知自心，而由心故畫，諸法性如是。心如工畫師，能畫諸世間，五蘊〔一〕悉從生，無法而不造。如心佛亦尔，如佛衆生然，應知佛與心，體性皆無盡。若人知心行，普造諸世間，是人則見佛，

了佛真實性。心不住於身，身亦不住心，而能作佛事，自在未曾有。若人欲了知，三世一切佛，應觀法界性，一切唯心造。」〔二〕

疏釋云：此頌顯於具分唯識。此不相知義，謂非唯所畫之法自不相知，喻所變之境無有體性。能畫之心，念念生滅，自不相知故，亦不能知於所畫，雙喻心境皆無自性，各不相知，故言「不能知自心，而由心故畫」。又，雖不知畫心，而由心能畫，喻衆生雖迷心現量〔三〕，而心變於境。又由不能知所畫，但畫於自心，故能成所畫，喻衆生由迷境唯心，方能現妄境。又喻正由無性，方成萬境，故云「諸法性如是」〔四〕。

「應觀法界性」者，即真如理觀；「一切唯心造」者，即唯識事觀。以理觀唯識之性，諸佛證此爲成佛之體；以事觀唯識之相，衆生達此爲出離之門。如華嚴演義云：「良以一文之妙，攝義無遺；一偈之功，能破地獄。」〔五〕

校注

〔一〕五蘊：色蘊、受蘊、想蘊、行蘊、識蘊。蘊，積聚，謂積聚色、受、想、行、識五法以成身也。

〔二〕見實叉難陀譯大方廣佛華嚴經卷一九夜摩宫中偈讚品。

〔三〕現量：謂以直覺去量知色等外境諸法之自相，即直覺知識。現即顯現，量即量度。玄奘譯因明入正理論：「現量謂無分別。若有正智，於色等義離名、種等所有分别，現現别轉，故名現量。」四分律鈔簡正記卷七上：「夫現量者，須緣五塵，實自相憶，不作行解，但離分別而任運緣，因修照境，不籌不度，親得五塵自相故，所以名現量。如眼識緣色自相時，但緣色自相，不作長短方圓等解，親冥色之自相也。」

〔四〕「疏釋云」至此，詳見澄觀撰大方廣佛華嚴經疏卷二一。

〔五〕見澄觀撰大方廣佛華嚴經疏卷三。

故普賢菩薩告善財言：「我此法海中，無有一文、無有一句非是捨施轉輪王位而求得者，非是捨施一切所有而求得者。」〔一〕

釋曰：「以一是一切之一故，稱性之一故。纂靈記云：有京兆人姓〔二〕王，失其名，本無戒行，曾不修善，因患致死，被二人引至地獄。地獄門前見一僧，云是地藏菩薩，乃教誦偈云：『若人欲了知，三世一切佛，應觀法界性，一切唯心造。』

「菩薩授經已，謂之曰：『誦得此偈，能破地獄苦。』其人誦已，遂入見王。王問此人：『有何功德？』答云：『唯受持一四句偈。』具如上說，王遂放免。當誦此偈時，聲所至處，受苦之人皆得解脫。後三日方穌，憶持此偈，向諸道俗說之。參驗偈文，方知是華嚴經夜摩天宮無量菩薩雲集所說，即覺林菩薩偈〔三〕。意明地獄心造，了心造佛，地獄自空耳。」〔四〕

校注

〔一〕見實叉難陀譯大方廣佛華嚴經卷八〇。

〔二〕「姓」，原作「性」，據諸校本改。

〔三〕按，出實叉難陀譯大方廣佛華嚴經卷一九夜摩宫中偈讚品。

〔四〕見澄觀述大方廣佛華嚴經隨疏演義鈔卷一五。「纂靈記云」者，見法藏華嚴經傳記卷四諷誦第七。纂靈記，即華嚴經傳記。崔致遠撰唐大薦福寺故寺主翻經大德法藏和尚傳：「經出虬宫已來，西東靈驗繁蔚，而或班班僧史，或聒聒俚談，義學之徒，心均暢日，耳功是競，躬覽者稀。由是簡二傳而聚異聞，考百祥而謄近説，緝華嚴傳五卷，或名纂靈記，使千古如面，知祖習之無妄焉。」子注曰：「此記未畢而逝，門人慧苑、慧英等續之，别加論贊，文極省約，所益無幾。」

故知若觀此心，言下離苦，不唯破地獄界，乃至十法界一時破。以入真空一際法故，則平等真法界，無佛無衆生。此非妙術神通，假於他勢。以法如是故，可驗自心不可思議神妙之力，高而無上，淵而不深，延而不長，促而非短，廣而無相，顯而無蹤，有而不常，無而不滅，照體獨立，稱性普周。妙萬物故，稱之爲神；孕一切故，名之爲母。統御該攝，通變無窮。任照忘疲，若明鏡之寫像；應緣無作，猶虚谷之傳聲。居方而方相分明，處圓而圓文顯現；在悟而悟成諸佛，墮迷而迷作衆生。跡任千途，本地不動。

台教云：「心如幻化，但有名字。名之爲心，適言其有；不見色質，適言其無。復起慮想，不可以有無思度故，名心爲『妙』。」〔一〕非是待麤成妙，以絶待爲妙。故傅大士稱爲妙神，亦云妙識。妙神即是法身佛，若無妙神，誰受寂滅樂？

校注

〔一〕見智顗説妙法蓮華經玄義卷一上。

寶藏論云：「其爲也形，其寂也冥，本浄非瑩，法爾天成。光超日月，德越太清，萬物無作，一切無名。轉變天地，自在縱横，恒沙而用，混沌而成。誰聞不喜？誰聞不驚？如何以無價之寶，隱於陰入之坑？」〔一〕

是以體之即妙即神，顯無價之寶；迷之成麤成昧，墮陰入之坑。徧覽圓詮，釋之莫盡；仰唯諸聖，讚之靡窮。可謂入道玄關，成佛妙訣，乃至凡聖因果，行位進修，不離此心而得成辦。契同心性，何德不收？以一切法隨所依住，皆於一心頓圓滿故。如斯之事，豈非絶待之妙耶？

校注

〔一〕見寶藏論廣照空有品。

如法華玄義云：「絶待明妙者爲四：一、隨情三假〔一〕法起，若入真諦，待對即絶，故身子云：吾聞解脱之中，無有言説〔二〕。此三藏經中絶待意也〔三〕。二、若隨理三假，一切世間皆如幻化，即事而真，無有一事而非真者，更待何物爲不真耶？望彼三藏，絶還不絶，即事而真，乃是絶待，此通教絶待也〔四〕。三、別教若起，望即真之絶，還是世諦。何者？非大涅槃，猶是生死世諦，絶還有待。若入別教中道，待則絶矣。四、圓教若起，説無分別法，即邊而中，無非佛法，亡泯清浄，豈更佛法待於佛法？如來法界故，出法界外，無復有法可相形比，待誰爲麤？形誰得妙？無所可待，亦無所絶，不知何名，强言爲絶〔五〕。大涅槃經云：『大名不可稱量，不可思議，故爲大。譬如虚空，不因小空名爲大也。涅槃亦爾，不因小相名大涅槃。』〔六〕妙亦如是，妙名不可思議，不因於麤而名爲妙。

「若謂定有法界廣大獨絶者，此則大有所有，何謂爲絶？今法界清浄，非見聞覺知，不可説示。經云：『止止不須説，我法妙難思。』〔七〕『止止不須説』，即是絶言；『我法妙難思』，即是絶思。又云：『是法不可示，言辭相寂滅。』〔八〕亦是絶歎之文，不可以待示，不可以絶示，滅待滅絶，故言『寂滅』。又云：一切諸法，常寂滅相，終歸於空〔九〕。此空亦空，則無復待絶。中論云：『若法爲待成，是法還成待。』〔一〇〕今則無因待，亦無所成法。華首經云：既得無生忍，亦不生無生〔一一〕。生即無生，是名絶待。

「降此已外，若更作者，絶何物？顯何理？流浪無窮，則墮戲論，乃是迷情分別，絶待不絶，非絶非待，待於亦待亦絶，言語相逐，永無絶矣。何者？言語從覺觀生，心慮不息，語何由絶？如癡犬逐塊〔一二〕，徒自疲勞，塊終不絶。若能妙悟寰中，息覺觀風，心水澄清，言思皆絶。如黠師子放塊逐人，塊本既除，塊則絶矣〔一三〕！

「妙悟之時，洞知法界外無法而論絶者，約有門明絶也，是絶亦絶。約空門明絶也，如駃馬見鞭影，無不得入，是名絶待妙也。用是兩妙，妙上三法。衆生之法，亦具二妙，稱之爲妙。佛法、心法，亦具二妙，稱之爲妙。」〔一四〕

「問：何意以絶釋妙？答：只唤妙爲絶，絶是妙之異名，如世人稱絶能耳。又，妙是能絶，麤是所絶，此妙有絶麤之功，故舉絶以名妙。」〔一五〕

校注

〔一一〕三假：謂因成假、相續假和相待假。因成假者，一切有爲法，必以因緣而生；相續假者，有爲法前後相續而存在；相待假者，如待短而有長，待苦而有樂。智顗説、灌頂記摩訶止觀卷五下：「三假，謂因成假、相續假、相待假。法塵對意根生，一念心起即因成假；前念後念次第不斷，即相續假；待餘無心知有此心，即相待假。」湛然述止觀輔行傳弘決卷五之五：「因内因外，和合方成，故所生法，名因成假；念不實故，故前念滅，滅已復生，生者必滅，計能相續，名相續假；他待於己，故立他名，己待於他，假立於己，相待不實，名相待假。」「隨情」「隨理」，見後注。

〔二〕維摩詰所説經卷中觀衆生品：「（舍利弗）答曰：解脱者，無所言説，故吾於是不知所云。」身子，即「舍利弗」的意譯。

〔三〕湛然述法華玄義釋籤卷四：「言『隨情』等者，三藏生滅，生滅是事，事附物情，故云『隨情』。」

〔四〕湛然述法華玄義釋籤卷四：「通教即空，空即附理，故云『隨理』。三假之義，今不暇釋，意但且論，展轉相望，以明諸絶，顯於圓教，無復能絶。」

〔五〕湛然述法華玄義釋籤卷四：「既云『圓教若起，説無分別』，教所譚絶，絶前諸教，故云『亡泯』。次『豈更』下，明絶待相狀，明法界體一，無復形待。『待誰爲麁』等者，明無能待，能即是妙，法外無法，待誰麁妙？『無所可待』等者，明無所絶，所即是麁，法外無法，故無所絶。」

〔六〕見大般涅槃經卷二三，南本見卷二一。

〔七〕見妙法蓮華經卷一方便品。

〔八〕見妙法蓮華經卷一方便品。

〔九〕妙法蓮華經卷三藥草喻品：「如來知是一相一味之法，所謂解脱相、離相、滅相，究竟涅槃，常寂滅相，終歸於空。」

〔一〇〕見龍樹造、鳩摩羅什譯中論卷二觀燃可燃品。

〔一一〕華首經卷八衆雜品：「習近佛所讚，甚深空寂法，是故此菩薩，疾得無生忍。亦不生無生，無生即無生，以是深忍故，常不失正念。」無生忍：安住於無生無滅之理而不動，是對佛教無生無滅理論的認可。〔大智度論卷五〇：「無生忍法者，於無生滅諸法實相中，信受、通達、無礙、不退，是名無生忍。」成唯識論述記卷九：「忍者智也，證印名忍。」良賁述仁王護國般若波羅蜜多經疏卷中：「言無生者，謂即真理。智證真理，名無生忍。」

〔一二〕大般涅槃經卷二五：「一切凡夫惟觀於果，不觀因緣，如犬逐塊，不逐於人。」大寶積經卷一一二：「譬如有人以塊擲犬，犬即捨人而往逐之。」

〔一三〕勝天王般若波羅蜜經卷三：「譬如有人塊擲師子，師子逐人而塊自息。菩薩亦爾，但斷其生而死自滅。犬唯逐塊，不知逐人，塊終不息。外道亦爾，不知斷生，終不離死。」

〔一四〕見智顗説妙法蓮華經玄義卷二上。

〔一五〕見智顗説妙法蓮華經玄義卷二上。

此絶非是斷絶，以無盡爲絶。如還原觀云：「一塵出生無盡徧。」一塵之内，「即理即事，即人即法，即依即正，即染即浄，即因即果，即同即異，即彼即此，即一即多，即廣即狹，即情即非情，即三身即十身。何以故？理事無礙法如是故，十身互作自在用故，唯普眼之境界也。如上事相之中，一一互相容相攝，各具重重無盡之境界也。經頌云：『一切法門無盡海，同會一法道場中，如是次第展轉成，此無礙人方得悟。』〔一〕

「問：據其所説，則一塵之上，理無不顯，事無不融，文無不釋，義無不通，今時修學之徒，云何曉悟達於塵處，頓決群疑？且於一塵之上，何者是染？云何名浄？何者名真？若爲稱俗，何者名生死？何者是涅槃？云何名煩惱？云何是菩提？何者名小乘法？云何名大乘法？請垂開決，聞所未聞。

「答：大智圓明，覩纖毫而觀性海；真原朗現，一塵之處以眺全身。萬法顯必同時，一際理無前後。何以故？由此一塵虚相能翳於真，即是染也；由塵相空無所有，即浄也。由於塵性本體同如，即是真也；由此塵相緣生幻有，即俗也。由於塵相念念遷變，即是生死也；由觀塵生滅相盡，空無有實，即涅槃也。由塵相大小，皆是妄心分別，即煩惱也；由塵體本空，緣慮自盡，即菩提也。由塵相體無徧計，即小乘法也；由塵性無生無滅，依他似有，即大乘法也。如是略説，若具言之，假使一切衆生懷疑各異，一時同問如來，如來唯以一箇『塵』字而爲解釋，宜深思之。經頌云：『一切法門無盡海，一言演説盡無餘。』〔二〕依此義理故，名一塵出生無盡徧也。」〔三〕

校　注

〔一〕「經頌云」者，見大方廣佛華嚴經卷二一。「如是次第展轉成，此無礙人方得悟」，華嚴經及修華嚴奧旨妄盡還原觀引皆作「如是法性佛所説，智眼能明此方便」。

〔二〕實叉難陀譯大方廣佛華嚴經卷二：「一切法門無盡海，同會一法道場中。」「佛刹微塵法門海，一言演説盡無餘。」

〔三〕見法藏修華嚴奥旨妄盡還原觀。

所言即者，現今平等故，此一心法門，如鏡頓現，不待次第；如印頓成，更無前後。一見一切見，一聞一切聞，不俟推尋。若待了達而成，皆爲權漸。若能觀於心性之一，則是一道甚深，即正道之一，是唯一之一，千佛同轍，今古不易之一道也〔一〕。亦云「一路涅槃門」〔二〕，亦云「一道出生死」〔三〕，又名「大佛頂首楞嚴王具足萬行，十方如來一門超出妙莊嚴路」〔四〕，猶如百華共成一蜜，故知萬法同會斯宗。若諦了之，一切在我，昇沉去住，任意隨緣；示聖現凡，出生入死。變化難測，運無作之神通；隱顯同時，闡如幻之三昧。是非冥合，逆順同歸。語默卷舒，常順一真之道；治生産業，不違實相之門。運用施爲，念念而未離法界；行住坐卧，步步而常在其中。若不信之人，對面千里。如寒山子詩〔五〕云：「可貴天然物，獨一無伴侣。促之在方寸，延之一切處。汝若不信受，相逢不相遇。」如明達之者，寓目關懷，悉能先覺。若未遇之子，可以事知，舉動施爲，未嘗間斷。如蔡順，字君仲，以孝聞。順少孤，養母，常出求薪。有客卒至，母望順不還，乃嚙其指，順即心動，棄薪馳歸。跪問其故，母曰：「有急客來，吾嚙指以悟汝耳。」〔六〕

校注

〔一〕澄觀述大方廣佛華嚴經隨疏演義鈔卷三四：「『同觀心性』者，即正道之一，是唯一之一，法性不並真故；『萬行齊修』者，義兼正助，千佛同轍，今古不易之一道也。即明流類相同爲一，非一二三四數之一也。」

〔二〕見大佛頂如來密因修證了義諸菩薩萬行首楞嚴經卷五。

〔三〕見東晉佛陀跋陀羅譯大方廣佛華嚴經卷五。唐實叉難陀譯本見卷一三。

〔四〕大佛頂如來密因修證了義諸菩薩萬行首楞嚴經卷一：「有三摩提，名大佛頂首楞嚴王具足萬行，十方如來一門超出妙莊嚴路。」龍樹造、鳩摩羅什譯大智度論卷二三：「一切禪定攝心，皆名爲『三摩提』，秦言『正心行處』。是心從無始世界來，常曲不端，得是正心行處，心則端直。譬如蛇行常曲，入竹筒中則直。」

〔五〕按，此詩項楚先生寒山詩注編號爲一六一，詩作：「可貴天然物，獨一無伴侶。覓他不可見，出入無門户。促之在方寸，延之一切處。你若不信受，相逢不相遇。」

〔六〕按，蔡順事出汝南先賢傳。汝南先賢傳，三國魏周斐撰，已佚。

又，唐裴敬彝，父爲陳王典所殺。敬彝時在城，忽自覺，流涕不食，謂人曰：「我大人凡有痛處，吾即不安。今日心痛，手足皆廢，事在不測。」遂歸覲，父果已死〔一〕。

又，唐張志安，居鄉閭稱孝，差爲里尹。在縣，忽稱母疾急，縣令問，志安曰：「母有疾，志安亦病。志安適患心痛，是以知母有疾。」令拘之，差人覆之，果如所說。尋奏高表門閭，拜爲散騎常侍〔二〕。

校注

〔一〕大唐新語卷五孝行第十一：「裴敬彝父知周，爲陳國王典儀，暴卒。敬彝時在長安，忽泣涕謂家人曰：『大人必有痛處，吾即不安。今日心痛，手足皆廢，事在不測，能不戚乎！』遂急告歸，父果已歿，毀瘠過禮。事以孝聞，累遷吏部員外。」又，新唐書卷一九五孝友：「裴敬彝，絳州聞喜人。（中略）敬彝七歲能文章，性謹敏，宗族重之，號『甘露頂』。父智周，補臨黃令，爲下所訟。敬彝年十四，詣巡察使唐臨直枉，臨奇之，試命作賦，賦工。父罪已釋，表敬彝於朝，補陳王府典籤。一日，忽泣涕謂左右曰：『大人病痛，吾輒然，今心悸而痛，事叵測。』乃請急，倍道歸，而父已卒，羸毀逾禮。」

〔二〕按，「張志安」，大唐新語及新、舊唐書等作「張志寬」。大唐新語卷五孝行第十一：「張志寬爲布衣，居河東，隋末喪父，哀毀骨立，爲州國所稱。寇賊聞其名，不犯其閭。後爲里尹在縣，忽稱母疾。縣令問其故，志寬對曰：『嘗所害苦，志寬亦有所害。向患心痛，是以知母有疾。』令怒曰：『妖妄之詞也！』繫之於法。馳遺驗之，果如所言，異之。高祖聞，旌表門閭，就拜散騎常侍。」

問：此宗所悟，還有師不？

答：此是自覺聖智〔一〕、無師智〔二〕、自然智〔三〕之所證處，不從他悟。自證之時，法從心現，不從外來，故無師契而能自得阿耨菩提。楞伽經云：大慧白佛言：「世尊，若善自覺聖智相及一乘，我及餘菩薩若善自覺聖智相及一乘，不由於他，通達佛法。」〔四〕

又，經云：「舍利弗復問：『何故諸賢復發此言：從今日始，不以佛爲聖師？』諸比丘報曰：『從今日始，自在其地，不在他鄉；自歸於己，不歸他人；以爲師主，不用他師。是以故往，不以佛爲聖師。』乃至〔五〕於是世尊讚諸比丘：『善哉，善哉！其於諸法無所得者，乃爲真得。』」〔六〕

校注

〔一〕自覺聖智：即如來智。參後注。

〔二〕無師智：謂無師而獨悟的佛智。參後注。

〔三〕自然智：諸佛不借功用，自然而生的一切種智。吉藏法華義疏卷一：「佛知見者，所謂四智：如來智、佛智、自然智、無師智。以知聞無所聞則生如來智，無所聞而聞則生佛智。斯二任運現前，名自然智；此三不從師得，謂無師智。聞既生四智，諸有所作皆須精識因緣，並生四智，入佛知見也。」卷六：「自然智者，總明二種智任運能知空、有二境，即是無功用智也。無師智者，前之三智並不從師得，故云無師智。」

〔四〕楞伽阿跋多羅寶經卷二：「世尊，唯願爲説自覺聖智相及一乘，若説自覺聖智相及一乘，我及餘菩薩善自覺聖智相及一乘，不由於他，通達佛法。」

〔五〕乃至：表示引文中間有較多省略。

〔六〕見無希望經。

此乃但可自知，方見真實。所以千聖拱手，作計校不成。如經頌云：「言語説諸法，不能顯真實，平等乃能見，如法佛亦爾。」〔一〕所以永嘉訶云：「不離當處常湛然，覓即知君不可見。」〔二〕又，先德偈云：「不煩問師匠，心王應自知。」〔三〕斯乃真照無照，真知無知。何者？若有照，則有對處，故云「隨照失宗」〔四〕；若有知，則被知礙，故云「法離見、聞、覺、知」〔五〕。如信心銘云：「縱横無照，最爲微妙。知法無知，無知知要。」〔六〕達此要者，即無一法可同，無一法可異，無一法可是，無一法可非，則何用外求知解？

校　注

〔一〕見實叉難陀譯大方廣佛華嚴經卷一六。

〔二〕見永嘉證道歌。

〔三〕見于頔編集龐居士語録卷下。按，該偈龐居士語録卷下龐居士詩中凡兩見，一處作「無煩問師匠，心王應自知」，一處作「不須問師匠，心王應自知」。

〔四〕見僧璨信心銘。

〔五〕維摩詰所説經卷中不思議品：「法不可見、聞、覺知。」
〔六〕見法融心銘，全文見景德傳燈録卷三〇牛頭山初祖法融禪師心銘。

古德謌云：「古人重義不重金，曲高和寡無〔一〕知音。今時學〔二〕士還如此，語默動用跡難尋。所嗟世上歧途〔三〕者，終日崎嶇枉〔四〕用心。平坦栴檀〔五〕不肯取，要須登陟〔六〕訪椿林。窮子捨父遠逃逝，却於本舍絶知音。貧女宅中無價寶，卻將小秤買他〔七〕金。」〔八〕

校注

〔一〕「無」，祖堂集作「勿」。
〔二〕「學」，祖堂集作「志」。
〔三〕「途」，祖堂集作「路」。
〔四〕「枉」，祖堂集作「狂」。
〔五〕栴檀：即檀香木。慧琳一切經音義卷二九：「栴檀，梵語香木名也，唐無正譯，即白檀香是也，微赤色者爲上。」
〔六〕「陟」，祖堂集作「嶮」。
〔七〕「小秤買他」，祖堂集作「秤賣他人」。
〔八〕按，據祖堂集卷一四高城和尚：「高城和尚，嗣馬大師，師諱法藏。未睹行録，不決化緣終始。師有歌行一首。」此「古德歌」，即歌行一首的前十二句。「古德」者，即高城和尚。然馬祖法嗣中名法藏者，有處州法藏、河中府法藏和廬山法藏，此高城和尚未知孰是。參見孫昌武等點校祖堂集，第六五二頁。

故大涅槃經云：「如平坦路，一切衆生悉於中行，無障礙者。中路有樹，其陰清涼，行人在下，憩駕止息。然其樹陰，常住不異，亦不消壞，無持去者。路喻聖道，陰喻佛性。」〔一〕是以若達此宗，歸於自地，室中寶藏〔二〕，豈是外來？衣内明珠〔三〕，非從他獲。若能開發秘藏，得現前受用之榮；貨易神珠，息積劫貧窮之苦。非數他寶〔四〕，豈徇彼求？則潤己之智藏何窮，利他之法財無盡。

校注

〔一〕見大般涅槃經卷二九，南本見卷二七。

〔二〕「室中寶藏」，典出大般涅槃經卷七：「如貧女人舍内，多有真金之藏，家人大小無有知者。時有異人，善知方便，語貧女人：『我今雇汝，汝可爲我芸除草穢。』女即答言：『我不能也，汝若能示我子金藏，然後乃當速爲汝作。』是人復言：『我知方便，能示汝子。』女人答言：『我家大小尚自不知，況汝能知？』是人復言：『我今審能。』女人答言：『我亦欲見，并可示我。』是人即於其家掘出真金之藏。女人見已，心生歡喜，生奇特想，宗仰是人。善男子，衆生佛性亦復如是，一切衆生不能得見，如彼寶藏貧人不知。」

〔三〕「衣内明珠」，典出妙法蓮華經卷四五百弟子受記品，參卷三注。

〔四〕實叉難陀譯大方廣佛華嚴經卷一三：「如人數他寶，自無半錢分。於法不修行，多聞亦如是。」

問：若言無師自證者，即墮自然之計；執從他解者，仍涉因緣之門。且大道之性，非是自然，亦非因緣，云何開示而乖道體？

答：爲破他求故，説須自證；爲執自解故，從他印可。若當親省之時，迷悟悉空，自他俱絶，非限量之所及，豈言論之能詮？所以牛頭初祖〔一〕云：夫道者，若一人得之，道即不徧；若衆人得之，道即有窮。若各各有之，道即有數；若總共有之，方便即空。若修行得之，造作非真；若本自有之，萬行虚設。何以故？離一切限量分别故〔二〕。明知説自説他、言得言失者，若約聖教，則是隨世語言，破執方便；若依意解，盡是限量分别，不出情塵。但不執教以徇情，則方見性而達道。

校注

〔一〕牛頭初祖：即釋法融，傳見續高僧傳卷二一唐潤州牛頭沙門釋法融傳。參見祖堂集卷三牛頭和尚、景德傳燈録卷四。牛頭爲禪宗之一支，其宗風，宗密概括爲「以忘情爲修」：「牛頭宗意者，體諸法如夢，本來無事，心境本寂，非今始空，迷之爲有，即見榮枯、貴賤等事。事跡既有相違相順，故生愛惡等情，情生則諸苦所繫。夢作夢受，何損何益？有此能了之智，亦如夢心，乃至設有一法過於涅槃，亦如夢如幻。既達本來無事，理宜喪己忘情，情忘即絶苦因，方度一切苦厄，此以忘情爲修也。」（宗密中華傳心地禪門師資承襲圖）其傳承，祖堂集卷三牛頭和尚云：「牛頭宗六枝，第一是融禪師，第二智巖，第三慧方，第四法持，第五智威，第六惠忠也。」

〔二〕「牛頭初祖云」至此，延壽心賦注卷三引云「絶觀論云」。絶觀論者，詳見本書卷三一注。日本昭和五十一年禪文化研究所研究報告絶觀論：「問曰：夫求道者，爲一人得耶？爲衆人得耶？爲各各得耶？爲總共有之？爲本來有之？爲復修成得之？答曰：皆不如汝所説。何以故？若一人得者，道即不遍；爲若衆人得者，道即有窮。若各各得者，道即有數；若總共得者，方便即空。若本來有者，万行虚設；若修成得者，造作非真。問曰：究竟云何？答曰：離一切根量，分别貪欲。」

問：初心學人，悟入此宗，信解圓通，有何勝力？

答：若正解圓明，決定信入，有超劫之功，獲頓成之力。雖在生死，常入涅槃；恒處塵勞，長居浄刹。現具肉眼，而開慧眼之光明；匪易凡心，便同佛心之知見。如太子具王儀之相〔一〕，迦陵超衆鳥之音〔二〕。將師子筋爲琴絃，餘音斷絶〔三〕；以善見藥而治病，衆患潛消〔四〕。若那羅箭之功，勢穿鐵鼓〔五〕；似金剛鎚之力，擬碎金山〔六〕。則煩惱塵勞，不待斷而自滅；菩提妙果，弗假修而自圓。乃至等冤親，和諍論，齊凡聖，泯自他，一去來，印同異，融延促，混中邊，世、出世間不可稱、不可量、不可説不可説之力，莫能過者。亦名佛力，亦名般若力，亦名大乘力，亦名法力，亦名無住力。

校注

〔一〕佛陀跋陀羅譯大方廣佛華嚴經卷五九：「譬如王子雖未自在，已具成就國王儀相。」參本卷後引文。

〔二〕佛陀跋陀羅譯大方廣佛華嚴經卷五九：「譬如迦毗伽鳥在㲉中時，有大勢力，餘鳥弗及。」參本卷後引文。迦陵，即迦陵頻伽，意譯「妙音鳥」。智圓阿彌陀經疏：「迦陵頻伽，此云『妙聲』，在㲉中其音已超衆鳥故。」

〔三〕佛陀跋陀羅譯大方廣佛華嚴經卷五九：「譬如有人用師子筋以爲琴絃，音聲既奏，餘絃斷絶。」參本卷後引文。

〔四〕佛陀跋陀羅譯大方廣佛華嚴經卷五九：「譬如有人得善見藥王，滅一切病。」參本卷後引文。

〔五〕佛陀跋陀羅譯大方廣佛華嚴經卷五九：「菩提心者，則爲那羅延箭，悉能鑒徹身見鎧故。」參本卷後引文。那羅，即那羅延，天上力士名。

〔六〕佛陀跋陀羅譯大方廣佛華嚴經卷五九：「菩提心者，則爲金椎，壞散一切憍慢山故。」參本卷後引文。

所以先德釋云：「無住力持者，則大劫不離一念。」〔一〕又云：色平等是佛力〔二〕。色既平等，則唯心義成。故知觀心之門，理無過者，最尊最貴，絶妙絶倫，有刹那成佛之功，頓截苦輪之力。大涅槃經云：「譬如藥樹，名曰樹王，於諸藥中最爲殊勝，能滅諸病。樹不作念：『若取枝葉及皮身等。』雖不作念，能愈諸病，涅槃亦爾。」〔三〕是以若於宗鏡有圓信圓修，乃至見聞隨喜，一念發心者，無不除八萬塵勞〔四〕，三障二死〔五〕之病。

校注

〔一〕見澄觀撰大方廣佛華嚴經疏卷四五。

〔二〕佛力：佛的力用。法藏述華嚴經探玄記卷三：「佛力者，有二義：一、不爲他所屈伏故；二、能摧壞魔怨故。别説有十，謂是處非處智力等。又有十種，如不思議品最勝力、大力、無量力，乃至第十大力那羅延幢佛所住法等。」

〔三〕見大般涅槃經卷九。

〔四〕塵勞：即煩惱。子璿集首楞嚴義疏注經卷一之一：「染污故名塵，擾惱故名勞。」八萬塵勞，謂一切煩惱。八萬者，極言其多。

〔五〕三障：一、煩惱障，貪欲、瞋恚、愚癡等；二、業障，五逆十惡之業；三、報障，地獄、餓鬼、畜生等苦報。大般涅槃經卷一一：「煩惱障者，貪欲、瞋恚、愚癡，（中略）常爲欲覺、恚覺、害覺之所覆蓋，是名煩惱障。業障者，五無間罪，重惡之病。報障者，生在地獄、畜生、餓鬼，誹謗正法，及一闡提，是名報障。」二死：分段生死、變異生死。一切衆生，惑業所招，生者死，死者生，輪迴不止。首楞嚴經卷三：「生死死生，生生死死，如旋火輪，未有休息。」

大品經云：「如摩尼珠，所在住處，一切非人，不得其便。以珠著身，闇中得明，熱時得涼，寒時得温。若在水中，隨物現色。」〔一〕即況識此自心如意靈珠，圓信堅固，一切時處，不爲無明塵勞非人之所侵害，則處繁不亂，履險恒安，高而不危，滿而不溢。

台教引佛藏經云：「無名相中，假名相説，皆是如來不思議力。譬如有人，嚼須彌山、飛行虚空、石筏渡海、負四天下及須彌山、蚊脚爲梯登至梵宫，劫盡燒時，一唾劫火即滅，一吹世界即成；以藕絲懸須彌山，手接四天下雨。如來所説一切諸法，無相無爲、無生無滅，令人信解，甚爲難有，甚爲希有。若少有所得，與佛法僧諍，入於邪道，不聽出家受戒，飲一盃水。當知經明無生外用，以顯妙理因果無生。是則不了一體三寶〔二〕常住，不聽出家。言不聽者，若不解此，戒不具足。若約觀心者，一刹那起，名一衆生。即起即滅，名爲一期。念念之中，恒起三毒〔三〕，即當劫盡三災〔四〕。三毒貪爲首，三災火爲端。以不思議止觀，觀此三毒。」〔五〕

一念貪心，無有起處，即是一唾劫火而滅；了念成智，即是一吹世界而成〔六〕。乃至一切不思議希有之事，但達一念無明心，成諸佛智，無有不洞曉之者。若不解此，非唯不聽出家，一切萬善皆不成就，以不知佛法根本故。

校注

〔一〕見摩訶般若波羅蜜經卷一〇法稱品。

〔二〕智顗説妙法蓮華經玄義卷五下：「思益云：『知覺名爲佛，知離名爲法，知無名爲僧。』此是一體三寶。」

〔三〕三毒：貪、瞋、癡。隋慧遠撰大乘義章卷五三根三道三毒煩惱義四門分別：「染境名貪，忿怒曰瞋，闇惑名癡。（中略）此三毒，通攝三界一切煩惱。一切煩惱，能害衆生，其猶毒蛇，亦如毒龍，是故就喻説名爲毒。」

〔四〕三災：劫末（世界將毀壞時）所起的火、水、風三種災害。

〔五〕見湛然述止觀輔行傳弘決卷五之四。「佛藏經云」者，詳見佛藏經卷上諸法實相品。

〔六〕佛藏經卷上諸法實相品：「舍利弗，如來所説一切諸法無生無滅、無相無爲，令人信解，倍爲希有。舍利弗，譬如劫盡大火燒時，人以一唾能滅此火，又以一吹還成世界及諸天宮。於意云何？爲希有不？」

大智度論云：「復次，有人謂地爲堅牢，心無形質，皆是虚妄。以是故，佛説心力爲大。行般若波羅蜜故，散此大地以爲微塵。以地有色、香、味、觸重故，自無所作；水少香故，動作勝地；火少香、味，勢勝於水；風少色、香、味故，動作勝火；心無四事故，所爲力大。又以心多煩惱結使繫縛故，令心力微少。有漏善心，雖無煩惱，以心取諸法相故，其力亦少。

二乘無漏心，雖不取相，以智慧有量，及出無漏道時，六情隨俗分别，取諸法相故，不盡心力。諸佛及大菩薩，智慧無量無邊，常處禪定，於世間涅槃無所分别。諸法實相，其實不異，但智有優劣。行般若波羅蜜者，畢竟清浄，無所罣礙。一念中，能散十方一切如恒河沙等三千大千國土大地諸山微塵。」〔一〕故知真心有此大力，衆生妄隔而不覺知。

校注

〔一〕見龍樹造、鳩摩羅什譯大智度論卷三二。

金光明經疏云：如日光能照天下，不能照道理。心智之光明，能發智照理，故心是光。若心癡闇，體則憔悴。心有智光，膚色充澤。故云：般若大故色大〔一〕，般若浄故色浄〔二〕。即是明也。天下萬物，唯人爲貴。七尺形骸，不如靈智爲貴。所以觀之心貴，心即是金。又，知依知正名光，知一切法無一切法爲明〔三〕。

是以若於宗鏡纔有信入，便生圓解，能發真正菩提心，更無過上，是無等等心，是最勝心，是最實心。

校注

〔一〕摩訶般若波羅蜜經卷八散花品：「色大故般若波羅蜜亦大。」

〔二〕摩訶般若波羅蜜經卷一一信毁品：「般若波羅蜜浄故色浄，乃至般若波羅蜜浄故一切智浄。」
〔三〕「金光明經疏云」至此，詳見智顗説金光明經玄義卷下。

止觀云：「發此心者，能翻一一塵勞門，即是八萬四千〔一〕諸三昧門。無明轉，即變爲明〔二〕，如融冰成水。更非遠物，不餘處來，但一念心，普皆具足。如如意珠，非有寶，非無寶。若謂無者，即妄語；若謂有者，即邪見。不可以心知，不可以言辯。衆生於此不思議不縛法中而思想作縛，於無脱法中而求於脱，是故起大慈悲，興四弘誓〔三〕，拔兩苦與兩樂，故名非縛非脱，真正菩提心。此發一菩提心，即一切菩提心。譬如良醫，有一秘方，總攝諸方，阿伽陁藥〔四〕，功兼諸藥。如食乳糜，更無所須，一切具足，如如意珠。

「乃至〔五〕此一心，是大中大、上中上、圓中圓、滿中滿、實中實、真中真、了義中了義、玄中玄、妙中妙、不可思議中不可思議。若能如此簡非顯是、體權識實而發心者，是一切諸佛種。譬如金剛，從金性生。佛菩提心，從大悲起，是諸行先，如服阿娑羅藥〔六〕，先用清水。諸行中最，如諸根中，命根爲最，佛正法正行中，此心爲最。如太子生具王儀相，大臣恭敬，有大聲名。如迦陵頻伽鳥，鷇中鳴聲，已勝諸鳥。此菩提心，有大勢力，如師子筋絃，如師子乳，如金剛鎚，如那羅延箭，具足衆寶，能除貧苦；如如意珠，雖小懈怠，小失威儀，猶勝二乘功德。舉要言之，此心即具一切菩薩功德，能成三世無上正覺。若解此心，任運達於止觀。無發無礙即是觀，其性寂滅即是止。止觀即菩提，菩提即止觀。」〔七〕

校注

〔一〕八萬四千：表示數目很多，並非實數。

〔二〕大般涅槃經卷八：「諸衆生以明、無明業因緣故，生於二相，若無明轉，則變爲明。」

〔三〕四弘誓：即四弘誓願。智顗説釋禪波羅蜜次第法門卷一之上修禪波羅蜜大意第一：「四弘誓願者，一、未度者令度，亦云衆生無邊誓願度；二、未解者令解，亦云煩惱無數誓願斷；三、未安者令安，亦云法門無盡誓願知；四、未得涅槃令得涅槃，亦云無上佛道誓願成。」

〔四〕阿伽陁藥：意譯「不死藥」「無病藥」等，此藥靈奇，價值無量，服之能普去衆疾，或更無有病。慧苑新譯大方廣佛華嚴經音義卷下：「阿伽陀藥，此云『无病藥』也，謂有藥處必無有病也。」慧琳一切經音義卷二六：「阿伽陀藥，此云『無病』，或云『不死藥』，有翻爲『普除去』，謂衆病悉除去也。」

〔五〕乃至：表示引文中間有删略。

〔六〕阿娑羅藥：湛然述止觀輔行傳弘決卷一之五：「阿娑羅藥，未詳相狀，若欲服之，必先清水。」

〔七〕見智顗説、灌頂記摩訶止觀卷一下。

如上廣讚發此圓信菩提心人，實爲難有。若凡夫、外道，迷於此心而爲分段生死；藏、通二乘，背於此心而作有餘涅槃。乃至通教菩薩，始發大乘之人，體於此心，只成自性之空。別教菩薩，至大乘之終，悟於此心，雖見不空爲十法界之所依，然即今未具，猶假別修次第生起，俱不能識知自心一念頓圓，平等正性，凡聖共有，一際無差。以不識故，皆不能發此無上無等、最勝廣大、不可思議菩提之心，所有悲願智行，俱不具足。若一發此心，功德無際，念念圓滿十波羅蜜〔一〕。故淨名經云：「維摩詰言：『然！汝等便發阿耨多羅三藐三菩提心，是即出家，是即具足。』」〔二〕

今宗鏡正爲開示此心，一一搜窮，重重引證，普爲一切法界含生，凡有心者，願皆信受。纔得信入，法爾自然發此無上菩提之心，便坐道場，行同體大悲，起無緣慈化。是以十方諸佛，讚了此心，能發菩提者，功德無盡。

校注

〔一〕十波羅蜜：六波羅蜜（一、布施，二、持戒，三、忍辱，四、精進，五、静慮，六、般若）外，七、方便善巧波羅蜜（善巧方便，自積功德，又濟度一切有情），八、願波羅蜜（修上求菩提、下化衆生之大願），九、力波羅蜜（有修習力、思擇力二種，謂思惟諸法而修習之），十、智波羅蜜（修自利、利他之二智）。

〔二〕見維摩詰所説經卷上弟子品。

如華嚴經云：「菩提心者，猶如種子，能生一切諸佛法故。菩提心者，猶如良田，能長衆生白浄法故。菩提心者，猶如大地，能持一切諸世間故。菩提心者，猶如浄水，能洗一切煩惱垢故。菩提心者，猶如大風，普於世間無所礙故。菩提心者，猶如盛火，能燒一切諸見薪故。菩提心者，猶如浄日，普照一切諸世間故。菩提心者，猶如盛月，諸白浄法悉圓滿故。菩提心者，猶如明燈，能放種種法光明故。

「菩提心者，猶如浄目，普見一切安危處故。菩提心者，猶如大道，普令得入大智城故。菩提心者，猶如正濟，令其得離諸邪法故。菩提心者，猶如大車，普能運載諸菩薩故。菩提心者，猶如門户，開示一切菩薩行故。菩提心者，猶如宫殿，安住修習三昧法故。菩提心者，猶如園苑，於中遊戲受法樂故。菩提心者，猶如舍宅，安隱一切諸衆生故。菩提心者，則爲所歸，利益一切諸世間故。菩提心者，則爲所依，諸菩薩行所依處故。菩提心者，猶如慈父，訓導一切諸菩薩故。菩提心者，猶如慈母，生長一切諸菩薩故。菩提心者，猶如乳母，養育一切諸菩薩故。菩提心者，猶如善友，成益一切諸菩薩故。菩提心者，猶如君主，勝出一切二乘人故。菩提心者，猶如帝王，一切願中得自在故。

「菩提心者，猶如大海，一切功德悉入中故。菩提心者，如須彌山，於諸衆生心平等故。菩提心者，如鐵圍山，攝持一切諸世間故。菩提心者，猶如雪山，長養一切智慧藥故。菩提心者，猶如香山，出生一切功德香故。菩提心者，猶如虛空，諸妙功德廣無邊故。菩提心者，猶如蓮華，不染一切世間法故。

「菩提心者，猶如調慧象，其心善順不獷戾故。菩提心者，猶如良善馬，遠離一切諸惡性故。菩提心者，如調御師，守護大乘一切法故。菩提心者，猶如良藥，能治一切煩惱病故。菩提心者，猶如坑穽，陷没一切諸惡法故。菩提心者，猶如金剛，悉能穿徹一切法故。菩提心者，猶如香篋，能貯一切功德香故。菩提心者，猶如妙華，一切世間所樂見故。菩提心者，如白栴檀〔一〕，除衆生欲熱使清涼故。菩提心者，如黑沉香，能熏法界悉周徧故。

「菩提心者，如善見藥王，能破一切煩惱病故。菩提心者，如毗笈摩藥〔二〕，能拔一切諸惑箭故。菩提心者，猶如帝釋，一切主中最爲尊故。菩提心者，如毗沙門，能斷一切貧窮苦故。菩提心者，如功德天，一切功德所莊嚴故。菩提心者，如莊嚴具，莊嚴一切諸菩薩故。菩提心者，如劫燒火，能燒一切諸有爲故。菩提心者，如無生根藥，長養一切諸佛法故。菩提心者，猶如龍珠，能消一切煩惱毒故。菩提心者，如水精珠，能清一切煩惱濁故。

「菩提心者，如如意珠，周給一切諸貧乏故。菩提心者，如功德瓶，滿足一切衆生心故。菩提心者，如如意樹，能雨一切莊嚴具故。菩提心者，如鵝羽衣，不受一切生死垢故。菩提心者，如白氎線，從本已來性清淨故。菩提心者，如快利犂，能治一切衆生田故。菩提心

者，如那羅延，能摧一切我見敵故。菩提心者，猶如快箭，能破一切諸苦的故。菩提心者，猶如利矛，能穿一切煩惱甲故。菩提心者，猶如堅甲，能護一切如理心故。

「菩提心者，猶如利刀，能斬一切煩惱首故。菩提心者，猶如利劍，能斷一切憍慢鎧故。菩提心者，如勇將幢，能伏一切諸魔軍故。菩提心者，猶如利鋸，能截一切無明樹故。菩提心者，猶如利斧，能伐一切諸苦樹故。菩提心者，猶如兵仗，能防一切諸苦難故。菩提心者，猶如善手，防護一切諸度身故。菩提心者，猶如好足，安立一切諸功德故。菩提心者，猶如眼藥，滅除一切無明瞖故。菩提心者，猶如鉗鑷〔三〕，能拔一切身見刺故。

「菩提心者，猶如臥具，息除生死諸勞苦故。菩提心者，如善知識，能解一切生死縛故。菩提心者，如好珍財，能除一切貧窮事故。菩提心者，如大導師，善知菩薩出要道故。菩提心者，猶如伏藏，出功德財無匱乏故。菩提心者，猶如涌泉，生智慧水無窮盡故。菩提心者，猶如明鏡，普現一切法門像故。菩提心者，猶如蓮華，不染一切諸罪垢故。菩提心者，猶如大河，流引一切度攝法故。菩提心者，如大龍王，能雨一切妙法雨故。

「菩提心者，猶如命根，任持菩薩大悲身故。菩提心者，猶如甘露，能令安住不死界故。菩提心者，猶如大網，普攝一切諸衆生故。菩提心者，猶如罥索，攝取一切所應化故。菩提心者，猶如鉤餌，出有淵中所居者故。菩提心者，如阿伽陁藥，能令無病永安隱故。菩提心

者，如除毒藥，悉能消歇貪[四]愛毒故。菩提心者，如善持呪，能除一切顛倒毒故。菩提心者，猶如疾風，能卷一切諸障霧故。菩提心者，如大寶洲，出生一切覺分寶故。

「菩提心者，如好種性，出生一切白浄法故。菩提心者，猶如住宅，諸功德法所依處故。菩提心者，猶如市肆，菩薩賣人貿易處故。菩提心者，如鍊金藥，能治一切煩惱垢故。菩提心者，猶如好蜜，圓滿一切功德味故。菩提心者，猶如正道，令諸菩薩入智城故。菩提心者，猶如好器，能持一切白浄物故。菩提心者，猶如時雨，能滅一切煩惱塵故。菩提心者，則爲住處，一切菩薩所住[五]處故。菩提心者，則爲授行，不取聲聞解脱果故。

「菩提心者，如浄瑠璃，自性明潔無諸垢故。菩提心者，如帝青寶，出過世間三乘智故。菩提心者，如更漏鼓，覺諸衆生煩惱睡故。菩提心者，如清浄水，性本澄潔無垢濁故。菩提心者，如閻浮金，映奪一切有爲善故。菩提心者，如大山王，超出一切諸世間故。菩提心者，則爲所歸，不拒一切諸來者故。菩提心者，則爲義利，能除一切衰惱事故。菩提心者，則爲妙寶，能令一切心歡喜故。菩提心者，如大施會，充滿一切衆生心故。菩提心者，則爲尊勝，諸衆生心無與等故。菩提心者，猶如伏藏，能攝一切諸佛法故。菩提心者，如因陁羅網[六]，能伏煩惱阿脩羅故。菩提心者，如婆樓那風[七]，能動一切所應化故。菩提心者，如因陁羅火，能燒一切諸惑習故。菩提心者，如佛支提[八]，一切世間應供養故。

「善男子，菩提心者，成就如是無量功德。舉要言之，應知悉與一切佛法諸功德等。何以故？因菩提心出生一切諸菩薩行，三世如來從菩提心而出生故。是故，善男子，若有發阿耨多羅三藐三菩提心者，則已出生無量功德，普能攝取一切智道。

「乃至〔九〕善男子，如有寶珠，名自在王，日月光明所照之處，一切財寶、衣服等物，所有價直悉不能及。菩薩摩訶薩發菩提心自在王寶亦復如是，一切智光所照之處，三世所有天人、二乘，漏、無漏善一切功德，皆不能及。

「善男子，海中有寶，名曰海藏，普現海中莊嚴事。菩薩摩訶薩菩提心寶亦復如是，普能顯現一切智海諸莊嚴事。善男子，譬如天上閻浮檀金〔一〇〕，唯除心王大摩尼寶，餘無及者。菩薩摩訶薩發菩提心閻浮檀金亦復如是，除一切智心王大寶，餘無及者。乃至〔一一〕善男子，菩提心者，成就如是無量無邊乃至不可説不可説殊勝功德。若有衆生發阿耨多羅三藐三菩提心，則獲如是勝功德法。」〔一二〕

校注

〔一〕栴檀：慧苑新譯大方廣佛華嚴經音義卷上：「栴檀，此云『與藥』，謂白檀能治熱病，赤檀能去風腫，皆是除疾身安之藥，故名『與藥』。」

〔二〕毗笈摩藥：慧苑新譯大方廣佛華嚴經音義卷下：「毗笈摩藥，毗笈摩者，此云『普去』，謂能普去一切疾

病也。」

〔三〕「鑷」，慧苑新譯大方廣佛華嚴經音義卷下作「鋷」：「鉗鋷，鋷，尼輒反。玉篇曰：鋷謂拔去睫髮也。經本有作『鑷』者，此乃車軸端鐵，非經所用。」

〔四〕「貪」，原作「含」，據諸校本及大方廣佛華嚴經改。

〔五〕「住」，原作「位」，據諸校本及大方廣佛華嚴經改。

〔六〕因陁羅網：帝釋天宫殿裏一種用寶珠結成的網。寶珠其數無量，一一寶珠皆映現自他一切寶珠之影，重重影現，重重無盡。慧苑新譯大方廣佛華嚴經音義卷下：「因陁羅網，『因陁羅』者，此云『帝』也，帝謂帝釋；『網』謂帝釋大衙殿上結珠之網。其網孔相望，更爲中表，遞相圍繞，互作主伴，同時成就，圍繞相應也。」

〔七〕婆樓那風：慧苑新譯大方廣佛華嚴經音義卷下：「婆樓那風，此云『迅猛風』也，其風堅密，如持世界風輪也。」

〔八〕支提：即墳墓、塔廟、靈祠等。慧苑新譯大方廣佛華嚴經音義卷下：「支提者，具云『制底耶』，謂於佛闍維處置墳及安佛所説經臺閣之名也，此翻爲『積集』，謂是人天積集無量福善之所也。又或翻爲『生淨信處』。」玄應一切經音義卷三：「支提，或言『脂帝浮都』，此云『聚相』，謂累寶及石等高以爲相也。」一行大毗盧遮那成佛經疏卷五：「制底，翻爲『福聚』，謂諸佛一切功德聚在其中，是故世人爲求福故，悉皆供養恭敬。」

〔九〕乃至：表示引文中間有删略。

〔一〇〕閻浮檀金：流經閻浮樹間的河流所出産的金，是金中最高貴者。慧苑新譯大方廣佛華嚴經音義卷上：「閻浮檀金，具正云『染都捺陁』，此是西域河名，其河近閻浮檁陁樹，其金出彼河中，此則因樹以立稱，金由河以得名。或曰閻浮果汁，點物成金，因流入河，染石成此閻浮檀金。其色赤黄，兼帶紫燄氣也。」慧琳一切經音義卷一三：「贍部捺陀金，梵語也，上時焰反，字從貝詹音，占聲；下奴割反，字從手奈聲也。梵語上色黄金名也，舊曰閻浮檀金。起世因本經云：此贍部洲大海岸下水中有此金，岸上陸地有贍部樹，轉輪聖王出世，役使鬼神取此金用。是故人間往往有，此金最上殊勝，勝一切金也。」

〔一一〕乃至：表示引文中間有删略。

〔一二〕見實叉難陀譯大方廣佛華嚴經卷七八。

如上略録華嚴大教一百二十門，讚發此心功德，廣大無邊。然經中雖引諸希奇珍寶譬況，皆是世間有限之物，以麁比妙，將淺況深，寧齊出世無盡之珍，豈等佛法難思之旨？故知世、出世間天下之貴，無過心寶。如師子奮迅〔一〕，威猛最雄；象王蹴蹋，勢力無等〔二〕。所以大樹緊那羅王所問經云：「爾時，大樹緊那羅王白言：『世尊，我聞菩薩所有三昧，名曰寶住。若有菩薩得是三昧，一切法寶、諸功德法，自然而得。』佛告緊那羅王言：『若有菩薩，欲令佛寶種性不斷，法寶種性、僧寶種性不絶者，修集生起八十種寶，所謂不忘一切智寶之心。乃至〔三〕觀空、無相、無願解脱門寶心，入甘露門故。觀一切法無生寶心，得無生法忍故。見一切法如幻、如夢、如焰、如影、如響、如水月寶心，不住諸見故。觀因緣法寶心，離斷常見故。離諸邊見垢穢寶心，離於二故。入無二法門寶心，覺一道故。離一切行寶心，至正位故。正觀法位寶心，一切法平等故。集助一切菩提法寶心，覺了一切佛法故。乃至喻如大海爲衆法主，集一切寶，一切衆寶皆悉來歸，於是海中出生諸寶。如是，緊那羅王，菩薩得是寶住三昧，爲諸一切衆生之主、集一切寶，一切法寶皆悉歸趣。』〔四〕是以祖師云：一切寶中，心寶爲上〔五〕。

校注

〔一〕師子奮迅：獅子奮起時，諸根開張，身毛皆竪，其勢迅速勇猛，故佛教用以喻稱佛之威猛。智顗撰法界次第初門卷中上師子奮迅三昧初門第三十一：「所言師子奮迅者，借譬以顯法也。如世師子奮迅，爲二事故：一、爲奮卻塵土，二、能前走卻走，捷疾異於諸獸。此三昧亦爾，一則奮除障定細微無知之惑，二能入出捷疾無間，異上所得諸禪定也，故名師子奮迅三昧。」吉藏法華義疏卷一〇：「師子本伏今起，名爲奮迅。所以奮迅，凡有三義：一、欲祛塵，二、欲申舒，三、顯無畏。」

〔二〕象王：象中之王，多用以譬佛或菩薩。佛八十隨形好中，四十四爲儀容如獅子，四十五爲進止如象王。　蹴蹋：慧琳一切經音義卷二八：「蹴蹋，千六反，下徒盍反，謂以足逆蹋之曰蹴。蹋，踐也。」「象王蹴蹋」，經中或作「香象蹴蹋」「龍象蹴蹋」等，皆譬無與倫比之威勢。維摩詰所説經卷中不思議品：「住不可思議解脱菩薩，有威德力，故現行逼迫，示諸衆生如是難事。凡夫下劣，無有力勢，不能如是逼迫菩薩。譬如龍象蹴蹋，非驢所堪，是名住不可思議解脱菩薩智慧方便之門。」

〔三〕乃至：表示引文中間有删略。下二「乃至」同。

〔四〕見大樹緊那羅王所問經卷二。

〔五〕心寶：即心。心中具無量財寶，故稱。宋彦琪證道歌注：「世間七珍，金、銀、瑠璃、珊瑚、車渠、真珠、碼碯等寶，皆有價直，唯有心寶故無價也。達磨云：『於諸法中，心法爲上。於諸寶中，心寶爲上。』此寶無形，非具道眼卒難可見。」又，據景德傳燈録卷二「菩提多羅曰：此珠世寶，未足爲上，夫諸寶之中，法寶爲上」，當爲此説之異文。菩提多羅，即達磨多羅。

故知一切法寶，皆歸宗鏡中，無有法財珍寶而不積聚。如入法界體性經云：「文殊師利復白佛言：『以何因緣，名以三昧爲寶積耶？』佛告文殊師利：『譬如大摩尼寶，善磨瑩已，安置净處，隨彼地方，出諸珍寶，不可窮盡。如是，文殊師利，我住此三昧，觀於東方，見無量阿僧祇世界現在諸佛、如來、阿羅訶、三藐三佛陁，如是南、西、北方、四維、上下，如是十方無量阿僧祇世界，我皆現見是諸如來，住此三昧，爲衆説法。文殊師利，我住此三昧，不見一法，然非法界。』」〔一〕

釋曰：寶積三昧者，即一切衆生心，是無量功德聚，猶如世間寶積。若能住此一心寶積三昧，有何功德寶而不知？故能見十方佛寶，普照無餘，所以云：「不見一法，然非法界。」是以萬類之中，唯心爲貴。如金翅鳥，命終之後，骨肉散盡，唯有心在。難陁龍王取此鳥心，以爲明珠。轉輪王得，以爲如意珠〔二〕。然一切衆生心，亦復如是，幻身雖滅，真心不壞。如經云：如劫燒火，不燒虚空〔三〕。又，祖師云：「百骸雖潰散，一物鎮長靈。」〔四〕

校注

〔一〕見闍那崛多譯入法界體性經。

〔二〕觀佛三昧海經卷一六譬品：「閻浮提中及四天下，有金翅鳥，名正音迦樓羅王，於諸鳥中，快得自在。此鳥業報，應食諸龍，於閻浮提日食一龍王及五百小龍，明日復於弗婆提食一龍王及五百小龍，第三日復於瞿耶尼食一龍王及五百小龍，第四日復於鬱單越食一龍王及五百小龍。周而復始，經八千歲。此鳥爾時死相已現，諸龍吐毒，無由得食。彼鳥飢逼，周慞求食，了不能得。遊巡諸山，永不得安，至金剛山，然後暫住。從金剛山直下至大水際，從大水際至風輪際，爲風所吹，還至金剛山。如是七返，然後命終。其命終已，以其毒故，令十寶山同時火起。爾時，難陀龍王懼燒此山，即大降雨，澍如車軸。鳥肉散盡，惟有心在。其心直下，如前七返，然後還住金剛山頂。難陀龍王取此鳥心，以爲明珠。轉輪王得，爲如意珠。」

〔三〕如來興顯經：「其劫悉燒天地灰盡，不燒虚空。」

〔四〕按，據本書卷三九，此句詩出丹霞和尚般若吟。祖堂集卷四丹霞和尚中名翫珠吟；景德傳燈録卷三〇中云翫珠吟二首，此出其二。

若能了此常住真心，即同獲於如意珠寶。若得之者，廣濟於法界；用之者，普潤於十方。以此諸大乘經中，十方諸佛同共讚揚此菩提心，況如無際虚空，未言少分，若下位淺智，焉敢言之？故先德釋涅槃教義云：「種種名目，只是一心法。此法即是佛師、諸菩薩母。諸佛菩薩，辯不能宣；凡夫千舌，豈解揄揚？二乘百盲，焉能舞手者哉！」〔一〕

此論開發信入，功德無邊。若但見聞，設不信樂，尚種善根，無空過者。如華嚴經云：「佛子，譬如丈夫，食少金剛，終竟不消，要穿其身，出在於外。何以故？金剛不與肉身雜穢而同止故。於如來所種少善根，亦復如是，要穿一切有爲諸行煩惱身過，到於無爲究竟智處。何以故？此少善根不與有爲諸行煩惱而共住故。佛子，假使乾草積同須彌，投火於中如芥子許，必皆燒盡。何以故？火能燒故。於如來所種少善根，亦復如是，必能燒盡一切煩惱，究竟得於無餘涅槃。何以故？此少善根性究竟故。佛子，譬如雪山有藥王樹，名曰善見。若有見者，眼得清淨；若有聞者，耳得清淨；若有齅者，鼻得清淨；若有嘗者，舌得清淨；若有觸者，身得清淨。若有衆生取彼地土，亦能爲作除病利益。

「佛子，如來、應、正等覺無上藥王亦復如是，能作一切，饒益衆生。若有得見如來色身，眼得清淨；若有得聞如來名號，耳得清淨；若有得齅如來戒香，鼻得清淨；若有得嘗如來法味，舌得清淨，具廣長舌，解語言法；若有得觸如來光者，身得清淨，究竟獲得無上法身；若於如來生憶念者，則得念佛三昧清浄；若有衆生供養如來所經土地及塔廟者，亦具善根，滅除一切諸煩惱患，得賢聖樂。佛子，我今告汝：設有衆生見聞於佛，業障纏覆，不生信樂，亦種善根，無空過者，乃至究竟入於涅槃。佛子，菩薩摩訶薩應如是知，於如來所，見聞親近，所種善根，悉離一切諸不善法，具足善法。」〔二〕

校注

〔一〕見灌頂大般涅槃經玄義卷下。

〔二〕見實叉難陀譯大方廣佛華嚴經卷五二。

故知若見、若聞，若信、不信，皆得究竟無上善根，以見圓覺之佛、普門之法故。以覺圓故，無有缺減；以法普故，自然具足。豈非究竟耶？所以華嚴初發心功德品頌云：「菩薩發心功德量，億劫稱揚不可盡，以出一切諸如來，獨覺聲聞安樂故。十方國土諸衆生，皆悉施安無量劫，勸持五戒〔一〕及十善〔二〕，四禪〔三〕四等〔四〕諸定處。復於多劫施安樂，令斷諸惑成羅漢，彼諸福聚雖無量，不與發心功德比。又教億衆成緣覺，獲無諍行微妙道，以彼而校菩提心，筭數譬喻無能及。一念能過塵數刹，如是經於無量劫，此諸刹數尚可量，發心功德不可知。」〔五〕又頌云：「所説種種衆譬喻，無有能及菩提心，以諸三世人中尊，皆從發心而得生。」

校注

〔一〕五戒：不殺生戒、不偷盜戒、不邪婬戒、不妄語戒、不飲酒戒。此五者，在家之人所持，男子謂之優婆塞，女子謂之優婆夷。阿毗達磨俱舍論卷一四：「受離五所應遠離，安立第一近事律儀。何等名爲五所應離？一者、殺生，二、不與取，三、欲邪行，四、虚誑説，五、飲諸酒。」

〔二〕十善：不犯殺生、偷盜、邪婬、妄語、兩舌、惡口、綺語、貪欲、瞋恚、邪見等十惡。

〔三〕四禪：即四禪定，初禪、二禪、三禪和四禪。實叉難陀譯大方廣佛華嚴經卷三五：「離欲惡不善法，有覺有觀，離生喜樂，住初禪；滅覺觀，内淨一心，無覺無觀，定生喜樂，住第二禪；離喜住捨，有念正知，身受樂，諸聖所説能捨有念受樂，住第三禪；斷樂，先除苦喜憂滅，不苦不樂，捨念清淨，住第四禪。」

〔四〕四等：即四無量心，慈、悲、喜、捨。隋慧遠撰大乘義章卷一一四無量義八門分别：「四無量者，化物心也。化心不同，一門説四，謂慈、悲、喜、捨。愛憐名慈，惻愴曰悲，慶悦名喜，亡懷名捨。心無存著，故曰亡懷。經中名此以爲無量，亦云四等。緣於無量諸衆生起，故名無量；等緣一切，故復名等。」

〔五〕見實叉難陀譯大方廣佛華嚴經卷一七。下一處引文同。

華嚴指歸云：「明經有十種益：一、見聞益，謂此見聞如來及此遺法，所種善根，成金剛種不可破壞，要必〔一〕成佛。如性起品云：『佛子，乃至不信邪見衆生，見聞佛者，彼諸衆

生於見聞中得〔二〕種善根果報不虛，乃至究竟涅槃等。』〔三〕

「二、發心益，謂信位既滿，稱彼佛懷，發此大心。此心即是普賢法攝，是故融通即徧無盡時處等法界。既入彼攝彼，即令〔四〕諸位悉皆成滿。故經云：『初發心即是佛故，悉與三世諸如來等。』〔五〕

「三、起行益，謂若起一普賢行〔六〕時，即徧一切行、一切位、一切德、一切法、一切處、一切時、一切因、一切果，窮盡法界，具足一切，如帝網〔七〕等。故經云：『菩薩摩訶薩得聞此法，以少方便，疾得菩提。』〔八〕

「四、攝位益，謂信等五位，一一位中攝一切位。然有二門：一、全位相是門，即一切位是一位故，十信滿處，即便成佛；二、諸位相資門，則一位中具一切位，如十信中有十住，乃至十地〔九〕。故經云：『住於一地，普攝一切諸地功德。』〔一〇〕如十玄門。

「五、速證益，依此普門，一證一切證。如經明地獄衆生蒙光滅苦，纔從地獄門出，昇兜率天，聞此普法，即得十地者〔一一〕。明是此法之深益。

「六、滅障益，依此普法，亦一斷一切斷。如前兜率天子，非直自身頓得十地，亦乃毛孔香熏，全示衆生，頓滅無量煩惱〔一二〕。並是普法之勝力。

「七、轉利益，普行亦成，即能頓益無邊衆生，悉亦同得此十地法。如前兜率天子，得十

地已，毛孔中出蓋雲供養佛。經云：『若有衆生見此蓋雲者，彼諸衆生種一恒河沙轉輪王所植善根等。』〔一三〕

「八、造修益，如善財依此普法，一得一切得，以前生曾見聞普法，成金剛種，遂令今生頓成解行〔一四〕。

「九、頓得益，如經明六千比丘頓見如來，得十眼境界；祇洹林中，不可説塵數菩薩頓得無盡自在法海等〔一五〕。

「十、稱性益，謂依此普法，一切衆生無不皆悉稱其本性，在佛果海中，即是舊來益。如經明於佛身中，見一切衆生已成佛竟，已涅槃竟。」〔一六〕

校注

〔一〕「必」，原作「心」，據華嚴經旨歸改。

〔二〕「得」，大方廣佛華嚴經及華嚴經旨歸皆作「所」。

〔三〕見佛陀跋陀羅譯大方廣佛華嚴經卷三六。「等」，表省略，華嚴經旨歸及大方廣佛華嚴經作「斷一切惡諸不善根，具足善根。佛子，於如來所見聞供養恭敬所種善根不可言説，不可爲喻。何以故？如來不可思議過思議故」。

〔四〕「令」，原作「全」，據華嚴經旨歸改。

〔五〕見佛陀跋陀羅譯大方廣佛華嚴經卷九。

〔六〕普賢行：即普賢行願，指同於普賢菩薩的修行與誓願。一行大毘盧遮那成佛經疏卷一：「普賢菩薩者，『普』是遍一切處義，『賢』是最妙善義，謂菩提心所起願行及身口意，悉皆平等遍一切處，純一妙善，備具衆德，故以爲名。」般若譯大方廣佛華嚴經卷四〇：「應修十種廣大行願。何等爲十？一者、禮敬諸佛，二者、稱讚如來，三者、廣修供養，四者、懺悔業障，五者、隨喜功德，六者、請轉法輪，七者、請佛住世，八者、常隨佛學，九者、恒順衆生，十者、普皆迴向。」

〔七〕澄觀撰大方廣佛華嚴經疏卷一二：帝網者，「謂帝釋殿網，貫天珠成，以一大珠當心，次以其次大珠貫穿匝繞。如是展轉遍繞，經百千匝。若上下、四面、四角，望之皆行伍相當」。

〔八〕見佛陀跋陀羅譯大方廣佛華嚴經卷三三。

〔九〕十地：謂歡喜地（此地菩薩修施波羅蜜，斷異生障，證我、法二空，既能利己，又能利他，生大歡喜）、離垢地（此地菩薩修戒波羅蜜，具無邊功德，遠離一切障垢）、發光地（此地菩薩修忍波羅蜜，斷暗鈍障，成就殊勝禪定大總持法門，得大智慧，大放光輝）、焰慧地（此地菩薩修精進波羅蜜，發出智慧如大火焰，燒盡煩惱之薪，斷微細煩惱現行障）、難勝地（此地菩薩修静慮波羅蜜，斷下乘涅槃現行障，能使真、俗二諦相應。此事極難但菩薩可以做到，故稱）、現前地（此地菩薩修般若波羅蜜，住緣起智，引生最殊勝的無分別智現前，故稱）、遠行地（此地菩薩修回向、濟拔方便波羅蜜，超越世間道、二乘道，斷細相現行障）、不動地（此地菩薩修願波羅蜜，證不增不減的空性真如，斷無相中作加行障，不爲煩惱、外境所動，故稱）、善慧地（此地菩薩修力波羅蜜，斷利他不欲行障，得四無礙解智，説法無礙，故稱善慧）、法雲地

（此地菩薩修智波羅蜜，斷諸法未自在障，具足廣大教法，猶如蔭雲，作大法雨，利益衆生）。

〔一〇〕見佛陀跋陀羅譯大方廣佛華嚴經卷一。

〔一一〕詳參佛陀跋陀羅譯大方廣佛華嚴經卷三二佛小相光明功德品。

〔一二〕詳參佛陀跋陀羅譯大方廣佛華嚴經卷三二佛小相光明功德品。

〔一三〕見佛陀跋陀羅譯大方廣佛華嚴經卷三二佛小相光明功德品。

〔一四〕詳參佛陀跋陀羅譯大方廣佛華嚴經卷五〇。解行，知解與修行。

〔一五〕詳參佛陀跋陀羅譯大方廣佛華嚴經卷四五。

〔一六〕見法藏華嚴經旨歸明經益第九。

是以此宗鏡録中，並是稱性而談，約本而説，因果皆實，理事俱真。以是圓滿之宗，普門之法，見普法故，名爲普眼。普法者，一具一切，一一稱性，同時具足。眼外無法，乃稱普眼，亦名普眼經，遂令見聞之人，皆同性得。以此性無盡，則所益何窮？故能總括無邊，該通一切。攝前則攝後，如舉初步，即到千里之程途；得一則得餘，猶觀天月，即了一切之水月。故知有教的有其位，有法必有其人。如地獄衆生，見聞爲種，處八難〔一〕內，超十地階；善財童子，行解在躬，於一生中，圓多劫果。文理有據，果報非虚，可示後賢，同繼斯種。

所以如來藏經中，校量功德，受持此經，供養過去恒河沙現在諸佛，造恒河沙七寶臺高十由旬，日日如是，乃至五十恒河沙七寶臺，供養恒河沙如來，不如有人喜樂菩提，受持此經，乃至筭數譬喻所不能及〔二〕。釋曰：七寶是限量之財，供養乃有爲之福。若持此經者，則一乘常住之寶，真如無盡之福，如法界比微塵，豈可校量乎！

問：此發菩提心，當有幾種？依何等菩提發心，便獲如是功德？

答：若約横論，隨根所證，有四種菩提〔一〕；若約竪論，依初、中、後，有三種菩提〔二〕。又，發有二種：一是起發，二是開發。起發即一乘十信之首，開發即一乘十住之初。今所讃者，是四種之中，依上上根佛之菩提。若宗鏡所讃，多取圓信起發之發；若引華嚴，或是初住開發之發。

校注

〔一〕八難：指見佛聞法的八處障難（地獄難、畜生難、餓鬼難、長壽天難、北鬱單越難、盲聾瘖瘂難、世智辨聰難、生在佛前佛後難）。

〔二〕「所以如來藏經中」至此，見澄觀述大方廣佛華嚴經隨疏演義鈔卷八〇。

校注

〔一〕延壽心賦注卷四：「十二因緣是一法，隨智證成四種菩提：上上智觀得諸佛菩提，上智觀得菩薩菩提，中智觀得緣覺菩提，下智觀得聲聞菩提。」

〔二〕三種菩提：謂聲聞菩提、緣覺菩提和佛菩提。

又，今論發者，不依人依法，頓悟自心，萬行圓足，故稱曰發。如華嚴論云：「發心有二：一、有久從生死苦，厭苦發心，有得三乘、一乘之果，名自覺聖智，亦名佛智、自然智、無師智；二、依先覺者，勸令知苦本，方能發心。夫發心者，又有此二種。若言要依先佛發心者，即有常過，即同外道常見，即先覺者以誰爲師？轉轉相承，不離常見。若有古時常佛爲展轉之師，即古佛自體自真，不隨妄者，即不可踐其古跡。爲真自常真，不可以真隨生死故；即生死是常生死，佛自是常佛故。若也衆生定有生死者，生死自常生死，不可得成真故，此是斷見。此二種俱非，不離斷常也。爲一切衆生生死無性，本無生死，横計生死，本非生死。一切諸佛本無自性故，實無菩提，亦無涅槃，而衆生妄謂諸佛有菩提、涅槃。若有衆生能如是知者，名爲發心，名爲諸佛，名爲見道，而能開悟一切衆生，是達無明者。無明本無，諸佛亦無，名爲覺者。但以無依無住，無體無性妙智，能隨響應，對現色身，能以此理教化衆生，名爲大悲。故不可有得有證、有忻有厭、有取有捨、有古有今、有真有假發菩提心也。如是發菩提心，不爲長夜無明之所覆故。」〔一〕

又云：「善財白德雲比丘言：我已發無上菩提心者，已於文殊師利所發菩提心，爲知菩提無證修、無所求故，但求菩薩方便三昧加行。其菩提心，自然明白無垢，猶如空中有雲，雲亡其虚空自空，不復云求虚空也。以明但修菩薩三昧觀照，以治執障，然菩提心無有修作留除之體，在凡不減，在聖不增。是故今以妙峰山像，以止觀二門，七菩提〔二〕之助顯方便，菩提心自明白，及至菩提明白，即菩薩行諸三昧，自是菩提，不復別有菩提而自明白，以明菩薩處於世間，修諸萬行，世間萬行乃至菩提、涅槃性自離故，以將此法教化迷流不了此者，而令悟達性空無垢之智，以淨諸業，令苦不生，名爲大悲。猶如化人教化幻士，以智觀業，隨時隨根，十方等利，無心意識，智幻利生。以此義故，但求菩薩一切諸行，以明即行是菩提，一切無生滅，故云我已發無上菩提心者，以明信心菩提，雖未有三昧加行顯發，已知無所修、無所求故。今求菩薩行者，以明方便三昧相印方明行及菩提，如實無二。於此之中，不可説言，諸行無常，是生是滅。如此經云：『一切法不生，一切法不滅。若能如是解，諸佛常〔三〕現前。』」〔四〕

校注

〔一〕見李通玄撰新華嚴經論卷二六。

〔二〕七菩提：又稱七覺分、七覺支，覺者，覺了、覺察之義。覺法分七種：擇法（以智慧簡擇法之真僞）、精進（以勇猛之心，離邪行，行真法）、喜（心得善法，即生歡喜）、輕安（又稱除，斷除身心粗重，使身心輕利安適）、念（常明記定慧而不忘，使之均等）、定（使心住一境而不散亂）、捨（捨諸妄謬，捨一切法，平心坦懷，更不追憶）。智圓阿彌陀經疏：「七菩提分者，云覺分，亦支也，諸經云七覺支是也。七者，謂念、擇、進、喜、輕安、定、捨，前一兼定慧，次三是慧，後三是定。」智顗説、灌頂記摩訶止觀卷七上：「心浮動時，以除覺除身口之麁，以捨覺捨於觀智，以定心入禪；若心沈時，精進、擇、喜起之，念通緣兩處。修此七覺，即得入道。」

〔三〕「常」，原作「當」，據諸校本及華嚴經改。

〔四〕見李通玄撰新華嚴經論卷三四。「經云」者，見實叉難陀譯大方廣佛華嚴經卷一六。東晉譯本見卷七。

是知菩提之心，不生不滅，無得無依。所云求菩薩行者，是方便顯發。當顯發之時，則理、行無二。所以般若會中，舍利弗念：「須菩提依何法門，善説般若？」須菩提云：「我以無依故，辯説如是。諸佛第子，若於一切無依，皆法爾如是，非我能爲。」〔一〕亦如妙善堂中天鼓説法，稱爲無依印法門〔二〕。故古偈云：「識心達本如如佛，畢竟無依自在人。」〔三〕

校注

〔一〕參見摩訶般若波羅蜜經卷七無生品。

〔二〕詳見實叉難陀譯大方廣佛華嚴經卷四八如來隨好光明功德品。「妙善堂」，經中云「兜率天宮」。天鼓：忉利天善法堂中不擊而自發妙音的鼓。實叉難陀譯大方廣佛華嚴經卷一五：「忉利天中有天鼓，從天業報而生得，知諸天衆放逸時，空中自然出此音。」「天鼓説法」者，實叉難陀譯大方廣佛華嚴經卷四八：「天中有鼓，名甚可愛樂。彼天生已，此鼓發音而告之言：『諸天子，汝以心不放逸，於如來所種諸善根，往昔親近衆善知識。毗盧遮那大威神力，於彼命終來生此天。』」「無依印法門」者，實叉難陀譯大方廣佛華嚴經卷四八：「諸天子，我天鼓音亦復如是，非十方來，但以三昧善根力故，般若波羅蜜威德力故，出生如是清浄音聲，示現如是種種自在。（中略）諸天子，如我天鼓，非男非女，而能出生無量無邊不思議事；汝天子、天女亦復如是，非男非女，而能受用種種上妙宫殿園林。如我天鼓不生不滅，色、受、想、行、識亦復如是不生不滅。汝等若能於此悟解，應知則入無依印三昧。」澄觀撰大方廣佛華嚴經疏卷四八：「言無依印者，既解悟無生，則能、所雙絶，儻然靡據，故曰無依。以斯智印，印定萬法，不收不攝，任心自安，故稱三昧。」

〔三〕按，古尊宿語録卷一二池州南泉普願禪師語要：「（大道）非見聞覺知，故云息心達本源，故號如如佛，畢竟無依自在人。」「古偈云」者，或即此南泉普願語要的異文。南泉普願，俗姓王，馬祖道一法嗣，傳見宋高僧傳卷一一唐池州南泉院普願傳。

宗鏡録卷第十

慧日永明寺主智覺禪師延壽集

夫凡聖一心境界，如何是自在出生無礙之力？

答：一是法爾〔一〕，二由諸佛菩薩行願，三即衆生信解，自業感現。又，揔具十力，一、法如是力，二、空無性力，三、諸佛神力，四、菩薩善根力，五、普賢行願力，六、衆生浄業力，七、深信勝解力，八、如幻法生力，九、如夢法生力，十、無作真心所現力。

校注

〔一〕法爾：自然、天然之意。

又，華嚴疏釋云：一多相持，互爲本末。一心所現，揔有十義：一、孤標獨立，以是唯一故，獨立爲主；二、雙現同時，各相資無礙故；三、兩相俱亡，互奪齊泯故；四、自在無礙，隱顯同時，一際現故；五、去來不動，各住本法，不壞自位故；六、無力相持，以有力持無力故；七、彼此無知，以各無自性，法法不相知、不相到故；八、力用交徹，以異體相入，有力相持故；九、自性非有，以無體性，方能即入無礙故；十、究竟離言，冥性德，没果海故〔一〕。

校注

〔一〕參見澄觀撰大方廣佛華嚴經疏卷一三。

釋云：孤標獨立者，即經頌云：「多中無一性，一亦無有多。」〔一〕二法互無，故得獨立。亦一即多而唯多，多即一而唯一，廢己同他，故云獨立。二、雙現同時者，即經頌云：「知以一故衆，知以衆故一。」〔二〕無一即無多，無多即無一，故二雙現，更無前後，如牛二角。三、兩相俱亡者，即前二俱捨也。四、自在無礙者，欲一即一，不壞相故；欲多即多，一即多故。一既如此，多亦准之。常一常多，常即不即故，故云自在。五、去來不動者，一入多而一在，多入一而多存。若兩鏡相入，而不動本相，相即亦然。六、無力相持者，因一有多，多無力而持一；因多有一，一無力而持多。七、彼此無知者，二互相依，皆無體用，故不相知。如經頌云：「諸法無作用，亦無有體性。是故彼一切，各各不相知。」〔三〕八、力用交徹者，即經頌云「一中解無量，無量中解一」義。九、自性非有者，互爲因起，舉體性空。十、究竟離言者，不可言一，不可言非一；不可言亦一亦非一，不可言非一非非一；不可言相即，以相入故；不可言相入，以相即故；不可言即入，不壞相故；不可言不即入，互交徹故。口欲辯而詞喪，心將緣而慮息。唯證智知，同果海故。一多既爾，染浄等法無不皆然〔四〕。

校注

〔一〕見實叉難陀譯大方廣佛華嚴經卷一三。

〔二〕見實叉難陀譯大方廣佛華嚴經卷一六。

〔三〕見實叉難陀譯大方廣佛華嚴經卷一三。下一處引文同。

〔四〕「釋云」至此，詳見澄觀述大方廣佛華嚴經隨疏演義鈔卷三〇。

又，約一心圓別之理、無礙之力者，圓別徧理，微細難分。别則要有差别方能徧，若不差别不能徧；圓則不要差别而能徧，能徧之法，一一圓融，故無差别。而言圓融者，一會即是彼一切會，亦非此會處處到也。即此即彼，即一即多，故云圓融。又，約所徧處，以論揔别，東名非西名，所徧别也；此會即彼會，所徧處揔也。又，約能徧論圓别，要將差别之法，方能普徧，是名别也；今是圓融無差之法，即能徧故，名爲圓也。前之别，如列宿徧九天；此之别，如一月落百川。前之揔，如一雲之滿宇宙；此之圓，如和香之徧一室：故云揔圓有異也〔一〕。

華嚴論云：此華藏界隱顯自在，爲利衆生顯勝福德故，即具相萬差，光明顯照。若令衆生情無取著，如幻雲散，一物便無有所得，存其計故。以如此大願智力，法性自體空無性力，隱顯自在。若隨法性，萬相都無；隨智力，衆相隨現。隱顯隨緣，都無作者。凡夫執著，用作無明；執障既無，智用自在。不離一真之境，化儀百變〔二〕。

校注

〔一〕「別則要有差別方能徧」至此，詳見澄觀述大方廣佛華嚴經隨疏演義鈔卷二九。

〔二〕詳見李通玄撰新華嚴經論卷一三。

是以箭穿石虎，非功力之所能〔一〕；醉告三軍，豈麴糵〔二〕之所造〔三〕？筍抽寒谷，非陽和之所生〔四〕；魚躍冰河，豈網羅之所致〔五〕？悉爲心感，顯此靈通。故知萬法施爲，皆自心之力耳。若或信受，具此力能，則廣闢障門，盡枯業海。所以仁王經云：「能起一念清淨信者，是人超過百劫、千劫、無量無邊恒河沙劫一切苦難，不生惡趣，不久當得無上菩提。」〔六〕

校注

〔一〕史記卷一〇九李將軍列傳：「廣出獵，見草中石，以爲虎而射之，中石没鏃，視之石也。因復更射之，終不能復入石矣。」

〔二〕「蘖」，原作「蘗」，據文意從卷後音義改。蘖，麯也。

〔三〕文選卷三五張協七命：「單醪投川，可使三軍告捷。」李善注引黄石公記：「昔良將之用兵也，人有餽一簞之醪，投河，令衆迎流而飲之。夫一簞之醪，不味一河，而三軍思爲致死者，以滋味及之也。」敦煌本伍子胥變文：「單醪投河，三軍告醉。」

〔四〕三國志卷四八吴書三嗣主傳裴松之注引楚國先賢傳：「宗母嗜筍，冬節將至，時筍尚未生，宗入竹林哀歎，而筍爲之出，得以供母，皆以爲至孝之所致感。」

〔五〕干寶搜神記卷一一：「王祥字休徵，瑯邪人。性至孝。早喪親，繼母朱氏不慈，數譖之。由是失愛於父，每使掃除牛下。父母有疾，衣不解帶。母常欲生魚，時天寒冰凍，祥解衣，將剖冰求之。冰忽自解，雙鯉躍出，持之而歸。母又思黄雀炙，復有黄雀數十入其幕，復以供母。鄉里驚歎，以爲孝感所致。」

〔六〕見仁王護國般若波羅蜜多經卷上菩薩行品第三。

是以了心無作，即悟業空。觀業空時，名爲得道。其道若現，何智不明？心智明時，於行、住、坐、卧四威儀中，法爾能現自利、利他之力。

如華嚴經云：善見比丘在林中經行，告善財言：「善男子，我經行時，一念中，一切十方皆悉現前，智慧清淨故；一念中，一切世界皆悉現前，經過不可說不可說世界故；一念中，不可說不可說佛刹皆悉嚴淨，成就大願力故；一念中，不可說不可說衆差別行皆悉現前，滿足十力智故；一念中，不可說不可說諸佛清淨身皆悉現前，成就普賢行願力故；一念中，恭敬供養不可說不可說佛刹微塵數如來，成就柔軟心，供養如來願力故；一念中，領受不可說不可說如來法，得證阿僧祇差别法，住持法輪陁羅尼力〔一〕故；一念中，不可說不可說菩薩行海皆悉現前，得能淨一切行，如因陁羅網願力故；一念中，不可說不可說諸三昧海皆悉現前，得於一三昧門，入一切三昧門，皆令清淨願力故；一念中，不可說不可說諸根海皆悉現前，得了知諸根際，於一根中，見一切根願力故；一念中，不可說不可說佛刹微塵數時皆悉現前，得於一切時轉法輪，衆生界盡，法輪無盡願力故；一念中，不可說不可說一切三世海皆悉現前，得了知一切世界中，一切三世分位智光明願力故。」〔二〕

經行既爾，坐立亦然。故法華經偈云：「佛子住此地，則是佛受用，常在於其中，經行及坐卧。」〔三〕

校　注

〔一〕陁羅尼：意譯「總持」，能總攝憶持無量佛法，令善法不失，惡法不起。龍樹造、鳩摩羅什譯大智度論卷五：「陀羅尼，秦言『能持』，或言『能遮』。能持者，集種種善法，能持令不散不失。譬如完器盛水，水不漏散。能遮者，惡不善根心生，能遮令不生，若欲作惡罪，持令不作，是名陀羅尼。」

〔二〕見實叉難陀譯大方廣佛華嚴經卷六五。

〔三〕見妙法蓮華經卷五分別功德品。

問：此宗鏡録中，德用所因，有何因緣，令此諸法混融無礙？

答：約華嚴宗，有其十義〔一〕：

一、唯心現者，一切諸法，真心所現，如大海水，舉體成波，以一切法無非一心故，大小等相隨心迴轉，即入無礙。

二、無定性者，既唯心現，從緣而生，無有定性，性相俱離。小非定小，故能容太虛而有餘，以同大之無外故；大非定大，故能入小塵而無間，以同小之無内故。是則等太虛之微塵，含如塵之廣刹，有何難哉！是以一非定一，故能是一切；多非定多，故能是一；邊非定邊，故能即中；中非定中，故能即邊。延促、静亂等，一一皆然。

三、緣起相由者，謂大法界中緣起法海，義門無量，略有十門，具在下帙「法性因緣」中説〔二〕。

四、法性融通門者，謂若唯約事，則互相礙，不可即入；若唯約理，則唯一味，無可即入。今則理事融通，具斯無礙，謂不異理之一事，具攝理性時，令彼不異理之多事，隨所依理，皆於一中現。若一中攝理不盡，則真理有分限失；若一中攝理盡，多事不隨現，則事在理外失。今既一事之中，全攝理盡，多事豈不依中現？華藏品頌云：「華藏世界所有塵，一一塵中見法界。」〔三〕法界即事法界矣，斯即揔意。

別亦具十玄門：一、既真理與一切法而共相應，攝理無遺，即是諸門諸法同時具足門。二、事既如理能包，亦如理廣偏，不壞狹相，故有廣狹、純雜無礙門。又，性常平等故純，普攝諸法故雜。三、理既偏在一切多事，故令一事隨理偏一切中，偏理全在一事，則一切隨理在〔四〕一事中，故有一多相容門〔五〕。又，如塵自相是一，由自一不動，方能偏應成多。若動自一，即失偏應，多亦不成。一、二、三皆如是。又，一多相由成立，如一全是多，方名爲一。又多全是一，方名爲多。多外無別一，明知是多中一；一外無別多，明知是一中多。良以非多，然能爲一多；非一，然能爲多一。以不失無性，方有一多之智。經頌云：「譬如筭數法，增一至無量，皆悉是本數，智慧故差別。」〔六〕四、真理既不離諸法，則一事即是真理，真理即是一切事故。是故此一即彼一切事，一切即一，反上可知，故有相即自在門。五、由真理在事，各全非分故，正在此時，彼即爲隱，故有隱顯門。六、真理既普攝諸法，帶彼能依之事，頓在一中，故有微細門。七、此全攝理故，能現一切；彼全攝理，同此頓現。此現彼時，彼能現、所現俱現此中；彼現此時，此能現、所現亦現彼中。如是重重無盡，故有帝網門，所以真如畢竟無盡故。八、即事同理故，隨舉一事，即真法門，故有託事門。九、以真如徧在，晝夜日月年劫皆全在故，在日之時，不異在劫，故有十世異成門。況時因法有，法融時不融耶？十、此事即理時，不礙與餘一切恒相應，故有主伴門〔七〕。又，謂塵是法界，體無分劑，普通一切，是爲主也。即彼一切各各别，故是伴也。伴不異主，必全主而成伴；主不異伴，亦全伴以成主。主之與伴，互相資攝。若相攝，彼此互無，不可别説一切；若相資，則彼此互有，不可同説一切。皆由即主即伴，是故亦同亦異。當知主中亦主亦伴，伴中亦伴亦主也〔八〕。

故一理融通，十門具矣。故知此理塵塵具足，念念圓融，無有一法而非所被。如華嚴經云：「時彼普救衆生妙德夜神爲善財童子示現菩薩調伏衆生解脱神力，以諸相好莊嚴其身，於兩眉間放大光明，名智燈普照清淨幢，無量光明以爲眷屬，其光普照一切世間。照世間已，入善財頂，充滿其身。善財爾時即得究竟清淨輪三昧。得此三昧已，悉見二神兩處中間所有一切地塵、水塵及以火塵、金剛摩尼衆寶微塵，華香、纓絡、諸莊嚴具，如是一切所有微塵，一一塵中，各見佛刹微塵數世界成壞，及見一切地、水、火、風諸大積聚，亦見一切世界接連，皆以地輪任持而住。種種山海、種種河池、種種樹林、種種宮殿，所謂天宮殿、龍宮殿、夜叉宮殿，乃至摩睺羅伽〔九〕、人非人〔一〇〕等宮殿屋宅，地獄、畜生、閻羅王界一切住處，諸趣輪轉，生死往來，隨業受報，各各差别，靡不悉見。又見一切世界差别，所謂或有世界雜穢，或有世界清淨，或有世界趣雜穢，或有世界趣清淨，或有世界雜穢清淨，或有世界清淨雜穢，或有世界一向清淨，或有世界其形平正，或有覆住，或有側住。如是等一切世界一切趣中，悉見此普救衆生夜神於一切時、一切處，隨諸衆生形貌、言詞、行解差别，以方便力，普現其前，隨宜化度。」〔一一〕

五、如幻夢者，猶如幻師，能幻一物以爲種種，幻種種物以爲一物等。經云「或現須臾作百年」〔一二〕等，一切諸法，業幻所作，故一異無礙。言如夢者，如夢中所見廣大，未移枕上，歷時久遠，未經斯須。

六、如影像者，經云「遠物、近物雖皆影現，影不隨物而有遠近」〔一三〕等。

七、因無限者，謂諸佛菩薩，昔在因中，常修緣起無性等觀，大願迴向等，稱法界修及餘無量殊勝因故，今如所起果，具斯無礙。

八、佛證窮故者，由冥真性，得如性用，故經云：「無比功德故能爾。」〔一四〕

九、深定用故者，謂海印定等諸三昧力，故賢首品頌云：「入微塵數諸三昧，一一出生塵等定，而彼微塵亦不增」〔一五〕等。

十、神通解脱故者，謂由十通及不思議等解脱故。不思議法品十種解脱中云：於一塵中，建立三世一切佛法等〔一六〕。

校注

〔一〕按，「十義」者，詳見下文，其主要内容見澄觀撰大方廣佛華嚴經疏卷二。

〔二〕按，「十門」者，謂諸緣各異義、互徧相資義、俱存無礙義、異門相入義、異體相即義、體用雙融義、同體相入義、同體相即義、俱融無礙義和同異圓備義。「具在下帙『法性因緣』中説」者，詳見本書卷七二。

〔三〕見實叉難陀譯大方廣佛華嚴經卷八華藏世界品。

〔四〕「在」，原作「有」，據諸校本及大方廣佛華嚴經疏改。

〔五〕「一、唯心現者」至此，詳見澄觀撰大方廣佛華嚴經疏卷二。

〔六〕見實叉難陀譯大方廣佛華嚴經卷一九夜摩宮中偈讚品。又，「如塵自相是一」至此，見法藏述華嚴經義海百門鎔融任運門。

〔七〕「四、真理既不離諸法」至此，詳見澄觀撰大方廣佛華嚴經疏卷二。

〔八〕「謂塵是法界」至此，見法藏述華嚴經義海百門差別顯現門。

〔九〕摩睺羅伽：天龍八部之一，意譯「大蟒神」。慧苑新譯大方廣佛華嚴經音義卷上：「摩睺羅伽，『摩睺』，此云『大』也；『羅伽』，云『胸腹行』也。此於諸畜龍類所攝。舊云『蟒神』者，相似翻名，非正對也。」

〔一〇〕人非人：天龍八部之一，似人而非人，是緊那羅之别名。智顗説妙法蓮華經文句卷二下：「緊那羅，亦云『真陀羅』，此云『疑神』，似人而有一角，故號人非人。天帝法樂神，居十寶山，身有異相即上奏樂。」

〔一一〕見實叉難陀譯大方廣佛華嚴經卷七〇。

〔一二〕見佛陀跋陀羅譯大方廣佛華嚴經卷七。

〔一三〕見實叉難陀譯大方廣佛華嚴經卷四四。

〔一四〕見佛陀跋陀羅譯大方廣佛華嚴經卷四。

〔一五〕見佛陀跋陀羅譯大方廣佛華嚴經卷六賢首菩薩品。

〔一六〕按，此説出法藏述華嚴經旨歸釋經意第八：「解脱力故者，謂此皆是不思議解脱力之所現故。如不思議品十種解脱中云：『於一塵中，建立三世一切佛刹等。』」實叉難陀譯大方廣佛華嚴經卷六一：「演説能令一切佛刹微塵中，普現三世一切佛刹微塵數佛種種神變經無量劫法句。」或爲此説所本，然此出入法界品。又，實叉難陀譯大方廣佛華嚴經卷五四離世間品：「菩薩摩訶薩有十種解脱。何等爲十？所謂：煩惱解脱，邪見解脱，諸取解脱，蘊、界、處解脱，超二乘解脱，無生法忍解脱，於一切世間、一切刹、一切衆生、一切法離著解脱，無邊住解脱，發起一切菩薩行入如來無分别地解脱，於一念中悉能了知一切三世解脱。是爲十。若諸菩薩安住此法，則能施作無上佛事，教化成熟一切衆生。」又，「五、如幻夢者」至此，詳見澄觀撰大方廣佛華嚴經疏卷二一。

問：目心爲鏡，有何證文？

答：大乘起信論云：「覺體相者，有四種大義，與虛空等，猶如淨鏡〔一〕：一、如實空鏡，遠離一切心境界相，無法可現，非覺照義故。二、因熏習鏡，謂如實不空，一切世間境界，悉於中現，不出不入，不失不壞，常住一心，以一切法即真實性故。又，一切染法所不能染，智體不動，具足無漏，熏衆生故。三、法出離鏡，謂不空〔二〕，出煩惱礙，離和合相，淳淨明故。四、緣熏習鏡，謂依法出離故，徧照衆生之心，令修善根，隨念示現故。」〔三〕

校注

〔一〕法藏撰大乘起信論義記卷中末：「以空及鏡皆有四義，故取之爲喻：一、空鏡，謂離一切外物之體。二、不空鏡，謂鏡體不無，能現萬象。三、淨鏡，謂磨治離垢。四、受用鏡，置之高臺，須者受用。四中前二自性淨，後二離垢淨。又，初二就因隱時説，後二就果顯時説。前中約空、不空爲二，後中約體、用爲二。又，初二體，後二相，故云覺體相也。又，初一及第三有空義，第二第四有鏡義，故舉二喻。」

〔二〕「不空」，大乘起信論作「不空法」。不空是相對世間一切法而言的。

〔三〕見真諦譯大乘起信論。

釋摩訶衍論云：「性淨本覺中，論云〔一〕『覺體相者，有四種大義，與虛空等，猶如淨鏡』者，此四種大義中，各有二義與彼大義不相捨離：一者、等空義，二者、同鏡義。如論云：『復次，覺體相者，有四種大義，與虚空等，猶如淨鏡故。』云何名爲如實空鏡？及有二義，其相云何？頌曰：性淨本覺中，遠離慮知知。如遠離妄境，實示遠離義。鏡摩奢跌娑〔二〕，舉一示一故。

「論曰：性淨本覺之體性中，遠離一切攀緣慮知、諸戲論識，成就一味平等之義，故名爲如。遠離一切虚妄境界、種種相分，成就決定真實之相，故名爲實。爲欲現示遠離之義，故名爲空。鏡謂喻明。然此中鏡，則喻摩奢跌娑珠鏡，非餘種種油摩等鏡以爲譬喻。何以故？取此摩奢跌娑珠鏡安置一處，珠鏡前中，或蘊種種石，或蘊種種飲食，或蘊種種莊具，或蘊同類珠鏡，彼珠鏡中，餘像不現，唯同類珠分明顯了故。於此鏡中，唯同類清淨功德安立集成，種種異類諸過患法皆遠離故。如論云：『一者、如實空鏡，遠離一切心境界相，無法可現故。』〔三〕各有二種義，而唯示同鏡義，等空之義不現示耶？以舉一義，兼示一義故。若如是者，云何名爲等空義耶？謂如虚空，清淨無染，四障〔四〕所不能覆；廣大無邊，三世所不能攝。如實空鏡，亦復如是。故『非覺照義故』者，即是現示遠離因緣，爲〔五〕如彼摩奢跌娑珠鏡中石等諸像不現前者，石等諸法皆鄙穢故。此本覺珠鏡中，種種妄法不現前者，一切染法皆悉是無明不覺之相，無照達義故。云何名爲因熏習鏡？及有二義，其相云何？頌曰：性淨本覺智，三種世間法，皆悉不捨離，爲一覺熏習，莊嚴法身果，故名因熏習。鏡輪多梨華〔六〕，空容受徧一。

「論曰：性浄本覺，三世間皆悉不離熏習，彼三而爲一覺熏習，莊嚴一大法身之果，是故名爲因熏習鏡。云何名爲三種世間？一者衆生世間，二者器世間，三者智正覺世間。衆生世間者，謂異生性界；器世間者，謂所依止土；智正覺世間者，謂佛菩薩，是名爲三。此中鏡者，謂輪多梨華鏡，如取輪多梨華安置一處，周集諸物，由此華熏，一切諸物皆悉明浄。又明浄物，華中現前，皆悉無餘。一切諸物中，彼華現前，亦復無餘。因熏習鏡，亦復如是。熏一切法，爲清浄覺，熏令平等。

「復次，虚空義則有二種：一者容受義，二者偏一義。容受義者，容受諸色無障礙故；偏一義者，種種諸色，唯同一種大虚空故。如論云：『二者、因熏習鏡，謂如實不空，一切世間境界，悉於中現故。』如是本覺，從無始來，遠離四種過，自性清浄，常住一心：一者、遠離不偏之過，三種世間，不出本覺清浄鏡故，如論云『不出』故；二者、遠離雜亂之過，一切諸法，不入本覺清浄鏡故，如論云『不入』故；三者、遠離過患之過，本覺鏡中，現前諸法，無不本覺浄功德故，如論云『不失』故；四者、遠離無常之過，本覺鏡中，現前諸法，無不常住無爲智故，如論云『不壞』故。遠離邊過，圓滿中實，是故説言『常住一心』。自〔七〕此已下，顯示因緣。何因緣故，本覺智中種種諸法，如彼本覺，離諸過耶？種種諸法，皆悉無不真實體故。如論云：『以一切法則真實性故。』故自此已下，作緣決疑，謂有衆生作如是疑：三世間中，衆生世間無明染法具足圓滿，流轉遷動，無休息時。如是世間現本覺者，不可得言，本覺清淨，遠離諸過。以此義故，今通而言。又，一切染法所不能染，般若實智，其體不動，自性清淨，具足無漏，常恒熏習衆生世間令清淨故。如論云：『又一切染法所不能染，智體不動，具足無漏，熏衆生故。』〔八〕云何名爲法出離鏡？及有二義，其相云何？頌曰：如實不空法，出離三過失，圓滿三種德，故名法出離。鏡銷鍊玻瓈，空出離色義。

「論曰：無漏性德，出離三過。圓滿三德，名法出離。云何名爲三種過失？一者、無明染品，名煩惱礙；二者、根本無明，名爲智礙；三者、俱合轉相，名戲論識，是名爲三。如是三過，究竟離故，名爲出離。如論云：『三者、法出離鏡，謂不空法，出煩惱礙、智礙，離和合相故。』云何名爲三種功德？一者、淳成就功德，二者、浄成就功德，三者、明成就功德，是名爲三。如論云：『淳浄明故。』〔九〕故出離何過？圓滿何德？謂出離煩惱礙，圓滿浄成就功德；出離智礙，圓滿明成就功德；出離和合轉相，圓滿淳成就功德。何以故？相對法爾故。此中鏡者，謂玻瓈珠。譬如玻瓈珠，淪深泥中，則便涌出，離彼泥騰一丈量。若置濁水中，驅混成塵累，唯上清浄水，安住其中。若置福多伽〔一〇〕林中，出現香氣，礙彼穢香，遠去而住。法出離鏡，亦復爾故。此中喻者，喻自體浄義。等空義者，出離色義。謂如虛空遠離大種，一向清淨。法出離鏡，亦復爾故。云何名爲緣熏習鏡？及有二義，其相云何？頌曰：於無量無邊，諸衆生緣中，出無量無邊，殊勝應化身，熏習衆生心，出生諸善根，增長兩輪華，莊嚴法身果，故名緣熏習。鏡中玻瓈空，隨順成就義，如法應觀察。「論曰：譬如取玻瓈珠，安置一處，周匝積集種種色珠。彼玻瓈珠，隨向珠色現前轉變。緣熏習鏡亦復爾。又，譬如虛空有自在力故，於一切所作之事中，隨順成立。緣熏習鏡〔二〕，亦復如是，於一切衆生修行之事中，隨應建立故。如論云：『四者、緣熏習鏡，謂依法出離故，偏照衆生之心，令修善根，隨念示現故。』〔三〕故如是四種本覺大義，偏一切衆生界、一切二乘界、一切菩薩界、一切如來界中，無不住處，無不照處，無不通處，無不至處，具足圓滿，具足圓滿。」〔三〕

校注

〔一〕「中論云」，釋摩訶衍論作「本曰」。

〔二〕摩奢趺娑：意譯「種愛」，一種唯能影現同類的珠鏡。宋法悟撰釋摩訶衍論贊玄疏卷三：「摩奢趺娑，此云『種愛』，安珠一處，置物四邊，謂積青白等石、甘苦等食、金玉等具、同類珠鏡，而其種愛珠中，餘物不現，唯能現彼同類珠故。」

〔三〕見真諦譯大乘起信論。

〔四〕四障：一、惑障，貪欲、瞋恚、愚癡等之思惑；二、業障，身、口、意所造之惡業；三、報障，三惡趣之苦報；四、見障，諸邪見。

〔五〕「爲」，釋摩訶衍論作「謂」。

〔六〕輪多梨華：意譯「明耀珠」，一種能令同類異類悉皆明浄的珠鏡。宋法悟撰釋摩訶衍論贊玄疏卷三：「輪多梨華者，此云『明耀珠』。若對此鏡周置諸物，由熏力故，悉皆明浄，其猶鳥翥寶山，俱同一色。又，此所熏一切浄物，華中現前，既無遺餘，其能熏珠於衆物中，還復現前，亦無有餘，如鏡交光，遞相傳耀。因熏本覺，亦復如是，熏三世間皆令平等，嚴一法身無不清浄。」

〔七〕「自」，原作「白」，據諸校本改。

〔八〕見真諦譯大乘起信論：「二者、因熏習鏡。謂如實不空，一切世間境界悉於中現，不出不入、不失不壞，常住一心，以一切法即真實性故；又一切染法所不能染，智體不動，具足無漏熏衆生故。」

〔九〕見真諦譯大乘起信論：「三者、法出離鏡。謂不空法，出煩惱礙、智礙，離和合相，淳浄明故。」

〔一〇〕福多伽：一種有臭味的樹。宋法悟撰釋摩訶衍論贊玄疏卷三：「福多伽者，義當臭林。」

〔一一〕「鏡」，原作「境」，據磧砂藏、嘉興藏本及釋摩訶衍論改。

〔一二〕見真諦譯大乘起信論。

〔一三〕見筏提摩多譯釋摩訶衍論卷三。

起信疏釋云：「性浄本覺者，以空及鏡喻，別解四義。論云『一、如實空鏡，遠離一切心境界相，無法可現，非覺照義故』者，初内真如中妄法本無，非先有後無，故云『如實空』。下釋空義，倒心妄境，本不相應，故云『遠離』。非謂有而不現，但以妄法理無故，無可現境；非不能現，但以兔角無故，無可現也。『非覺照』者，有二義：一、以妄念望於真智，無覺照之功，以情執違理故，如鏡非即外物，以彼外物無照用義故，即顯鏡中無外物體；二、以本覺望於妄法，亦無覺照功能，以妄本無故，如净眼望空華，無照矚之功，亦如鏡望兔角。」〔一〕

校 注

〔一〕見法藏撰大乘起信論義記卷中末。

問：若然者，何故下因熏習鏡中，即現一切世間法耶？

答：約依他似法，此是真心隨熏所作，無自體故，不異真如。故論云：「以一切法即真實性故。」今此約徧計所執實性，故無可現也。

問：所現似法，豈不由彼執實有耶？

答：雖由執實有，然似恒非實，如影由質，影恒非質。鏡中現影不現質，不現質故，故云空鏡；能現影故，是因熏也。論云：「二、因熏習鏡，謂如實不空，一切世間境界，悉於中

現，不出不入，不失不壞，常住一心，以一切法即真實性故。又一切染法所不能染，智體不動，具足無漏，熏衆生故者。」〔一〕

「釋内有二因義：初、能作現法之因，二、作内熏之因。亦可初是因義，後是熏習義，故云『因熏習』也。言『如實不空』者，此總出因熏體，謂有自體及功能故。二因初中，一切世間境界悉現，明一切法離此心外，無別體性，猶如鏡中能現影也。『不出』者，明心待熏故，及現諸法，非不熏而自出也；『不入』者，離心以無能熏，故不從外入也。『不失』者，雖復不從内出外入，然緣起之時，顯現不無，故云『不失』也；『不壞』者，諸法緣集，起無所從，不異真如，故不可壞。如鏡中影，以因鏡故不可壞也。『常住一心』者，會相同體。『染法不能染』者，以性淨故。『智體不動』者，以本無染，今無始淨。是故本覺之智，未曾移動。又，雖現染法，不爲所染，故云『不動』。如鏡中像，隨質轉變，然其鏡體未曾動也。」〔二〕

又，「一、空鏡，離一切外物之體；二、不空鏡，謂體不無，能現萬像；三、淨鏡，謂已磨治，離塵垢故；四、受用鏡，謂置之高堂，須者受用。前二自性淨，後二離垢淨。又，初二就因隱時説，後二就果顯時説。又，前二約空、不空，後二約體、用」。

校注

〔一〕見真諦譯大乘起信論。

〔二〕見法藏撰大乘起信論義記卷中末。下一處引文同。

如佛地經云：「復次，妙生，大圓鏡智者，如依圓鏡，衆像影現。如是依止如來智鏡，諸處境識衆像影現。唯以圓鏡爲譬喻者，當知圓鏡、如來智鏡平等平等，是故智鏡名圓鏡智。如來太圓鏡，有福樂人，懸高勝處，無所動搖。諸有去來無量衆生，於此觀察自身得失，爲欲存得捨諸失故。如是如來懸圓鏡智，處淨法界，無間斷故，無所動搖，欲令無量無數衆生觀於染淨，爲欲取淨捨諸染故。又如圓鏡，極善磨瑩，鑒淨無垢，光明徧照。如是如來大圓鏡智，於佛智上，一切煩惱、所知障垢永出離故，極善磨瑩；爲依止定所攝持故，鑒淨無垢；作諸衆生利樂事故，光明徧照。又如圓鏡，依緣本質，種種影像相貌生起。如是如來大圓鏡智，於一切時依諸緣故，種種智影相貌生起。如圓鏡上，非一衆多諸影像起，而圓鏡上無諸影像，而此圓鏡無動無作。如是如來圓鏡智上，非一衆多諸智影起，圓鏡智上無諸智影，而此智鏡無動無作。又如圓鏡，與衆影像非合非離，不聚集故，現彼緣故。如是如來大圓鏡智，與衆智影非合非離，不聚集故，不散失故。」

大涅槃經云：「若能聽受是大涅槃經，悉能具知一切方等大乘經典甚深義味。譬如男女，於明淨鏡見其色像，了了分明。大涅槃鏡，亦復如是。菩薩執之，悉得明見大乘經典甚深之義。」〔一〕又云：「何等名爲伊帝目多伽〔二〕經？乃至〔三〕拘那牟尼佛時，名曰法鏡。」〔四〕是知古佛皆目此爲鏡，以教法萬義，真俗萬緣，無不於中顯現故。

校注

〔一〕見大般涅槃經卷二一，南本見卷一九。

〔二〕伊帝目多伽：意譯「本事」，十二部經之一。澄觀撰大方廣佛華嚴經疏卷二四：「本事者，梵云『伊帝目多伽』，一、説佛往事，如説威光太子等；二、説弟子往事，如説諸善友因緣等。」

〔三〕乃至：表示引文中間有删略。

〔四〕見大般涅槃經卷一五：「何等名爲伊帝目多伽經？如佛所説，比丘當知，我出世時，所可説者，名曰戒經；鳩留秦佛出世之時，名甘露鼓；拘那含牟尼佛時，名曰法鏡；迦葉佛時，名分別空：是名伊帝目多伽經。」南本見卷一四。

天台頂尊者涅槃疏云：「般若者，即是無上調御一切種智，名大涅槃明淨之鏡。此鏡一照一切照，照中故是鏡，照真故是淨，照俗故是明。明故像亮假現，淨故瑕盡真顯，鏡故體圓中顯。三智一心中得，故言明淨鏡。攝一切法，故稱調御。佛智藏故，名般若德。」〔一〕是知諸聖皆目心爲鏡，妙盡其中矣。

校注

〔一〕見灌頂大般涅槃經玄義卷下。

大乘千鉢經云：「諦觀心鏡〔一〕，照見心性，唯照唯清，唯照唯淨，徧觀十方，廓周法界，朗然寂靜，無有障礙。」〔二〕所以先德云：此真如性，猶如明鏡，萬像悉於中現〔三〕。

校注

〔一〕「鏡」，原作「境」，據諸校本及大乘瑜伽金剛性海曼殊室利千臂千鉢大教王經改。

〔二〕見大乘瑜伽金剛性海曼殊室利千臂千鉢大教王經卷四。

〔三〕大乘開心顯性頓悟真宗論（見敦煌遺書伯二一六二寫卷，大正藏第八十五册收）：「第八阿賴耶識藏中即空，雜染種子悉皆清淨，猶如明鏡懸在於空，一切萬像悉皆中現。」大乘開心顯性頓悟真宗論，署「沙門大照、居士慧光集釋」，文章以「居士問」「大照禪師答」的形式展開。此句屬「大照禪師答」，故「先德」者，當即大照禪師。大照禪師，據舊唐書、釋氏稽古略等爲普寂，傳見宋高僧傳卷九唐京師興唐寺普寂傳。

又，一切萬法有二：一、皆如明鏡，含明了性，一心所成故；二、分別所現，如影像故。由初義故，爲能現；由後義故，爲所現。故一切法互爲鏡像，如鏡互照而不壞本相。經

云：「遠物、近物雖皆影現，影不隨物而有遠近。」〔一〕

校注

〔一〕見實叉難陀譯大方廣佛華嚴經卷四四。又，「一切萬法有二」至此，詳見澄觀撰大方廣佛華嚴經疏卷二一。

且如河泉之中見日月者，是爲能現。若河泉以爲所現者，長河飛泉入於鏡中，出是所現之相。登樓持鏡，則黄河一帶，盡入鏡中；瀑布千丈，見於逕尺。王右丞詩云：「隔牕雲霧生衣上，卷幔山泉入鏡中。」〔一〕明是所現矣〔二〕。

如高懸心鏡，無法不含；似廓徹性空，何門不入？故唐朝太宗皇帝云：「朕聞以銅爲鏡，可以正衣冠。以古爲鏡，可以知興替。以人爲鏡，可以知得失。」〔三〕今以心爲鏡，可以照法界。

校注

〔一〕出王維敕借岐王九成宫避暑應教。

〔二〕「且如河泉之中見日月者」至此，詳見澄觀述大方廣佛華嚴經隨疏演義鈔卷七六。

〔三〕見舊唐書卷七一魏徵傳。

又，明鏡只照其形，不照其心；只照生滅，不照無生；但照世間，不照出世；有形方照，無形不照。且如心鏡，洞該性地，鑒徹心原，徧了無生，廣明真俗，有無俱察，隱顯咸通，優劣懸殊，略齊少喻。如華嚴普賢行願品云：「時婆羅門爲善財童子讚甘露大王頌云：我主勝端嚴，懲忿誡諸欲。心如浄明鏡，鑒物未嘗私。明鏡唯照形，不鑒於心想。我王心鏡浄，洞見於心原。」〔一〕

校 注

〔一〕見般若譯大方廣佛華嚴經卷一二入不思議解脱境界普賢行願品。

先德云：如大摩尼寶鏡，懸耀太虚，十方色相，悉皆頓現〔二〕。而此鏡性浄光，無有影像。諸佛法身，亦復如是，澄徹清浄而無影像。以昔大悲不倦，隨衆生業緣感應差別，普現一切色身三昧。衆生聞見，無不蒙益。諸佛與無漏金剛心爲身，普現一切衆生界，但爲煩惱習氣所覆，無體不現。如瓶内浄，燈光不滅，名如來藏，亦名功德藏，亦名無盡藏，諸祖共傳諸佛清浄自覺聖智〔三〕，真如妙心，不同世間文字所得。何以故？無礙解脱是一真法性，不與世間、出世間所共故。

校注

〔一〕按，李通玄撰新華嚴經論卷三二：「如圓浄摩尼寶鏡，其量遍周，十方一切世界色像咸現其中，無礙顯現。」故此「先德」者，或即李通玄。

〔二〕清浄自覺聖智：即自覺聖智，指如來之智，又稱清浄法界智等，是大日如來自然覺知「諸法本不生」之智，爲佛所證第一義心。

經云：「無比是菩提，不可喻故。」〔一〕若有悟斯真實法性，此人則能了知三世諸佛及一切衆生同一法界，本來平等，常恒不變，諸佛一切時中離觀相故。經偈云：「心浄已度諸禪定。」〔二〕是以心浄故，則孤光一照，萬慮全消，如闇室懸燈，重雲見日。如古德偈云：「安知一念蒙光處，億劫昏迷滅此時。」〔三〕故云：「法有應照之能，故況之以鏡；教有可傳之義，故喻之於燈。」〔四〕可謂慧月入懷，靈珠在握，法界洞徹，無不鑒矣。

校注

〔一〕見維摩詰所説經卷上菩薩品。

〔二〕見維摩詰所説經卷上佛國品。

〔三〕按，此偈他處未見。普曜經卷二降神處胎品：「（菩薩）從身放光，具足廣普照此三千大千佛國土，靡不周遍。曜幽冥處，令覩大明，日月之光，所不逮及。照於地獄、餓鬼、畜生、八難中人，蒙斯尊光，普獲安隱。所蒙光處，令其衆生消婬怒癡，不懷自大，無有惱熱，亦無貪嫉，皆懷慈心，相視如子、如父、如母、如兄、如弟。」當即此偈文所本。

〔四〕見維摩疏釋前小序抄（見敦煌遺書伯二一四九、斯一三四七寫卷，大正藏第八十五册收）。維摩疏釋前小序抄，是爲道液撰淨名經集解關中疏卷首序所作的疏，作於永泰二年（七六六）。上山大峻認爲撰著者是崇福寺沙門體清。方廣錩指出撰著者是契眞（敦煌遺書中的維摩詰所説經及其注疏，敦煌研究，一九九四年第四期）。按，圓仁入唐新求聖教目録、日本國承和五年入唐求法目録、永超東域傳燈目録等，皆著録有中條山契真述淨名經關中疏釋微二卷，敦煌本維摩疏釋前小序抄，或出淨名經關中疏釋微。

才命論云：心徹寶鏡。注云：夫心以鑒物，庶品不遺，洞徹幽明，同乎寶鏡〔一〕。又，莊子云：志人之心若鏡也〔二〕。又如世間之鏡，尚照人肝膽，何況靈臺心鏡而不洞鑒耶？昔秦宮以玉爲鏡，照諸群僚，肝膽腑臟，皆悉顯現〔三〕。所以昔人云：「不遊大海，未覩沃日之奇；不仰太山，靡覿干霄之狀。」〔四〕如未臨宗鏡，焉識自心？恢廓而體納太虚，澄湛而影含萬像。不信入者，莫測高深。故真覺大師謌云：「心鏡明，鑒無礙，廓然瑩徹周沙界。萬像森羅影現中，一性圓光非内外。」〔五〕

校注

〔一〕按，新唐書藝文四：「才命論一卷，張鷟撰，郗昂注。一作張説撰，潘詢注。」此處所引，或即出此書及注。趙璘因話録卷四：「元和中，僧鑒虚本爲不知肉味，作僧素無道行，及有罪伏誅，後人遂作鑒虚煮肉法，大行於世。不妨他僧爲之，置於鑒虚耳。亦猶才命論稱張燕公、革華傳稱韓文公、老牛歌稱白樂天、佛骨詩稱鄭司徒，皆後人所誣也，故其辭多鄙淺。」

〔二〕莊子應帝王：「至人之用心若鏡，不將不逆，應而不藏，故能勝物而不傷。」

〔三〕西京雜記卷三：「高祖初入咸陽宫，周行庫府，金玉珍寶，不可稱言。（中略）有方鏡，廣四尺，高五尺九寸，表裏有明，人直來照之，影則倒見。以手捫心而來，則見腸胃五臟，歷然無礙。人有疾病在内，則掩心而照之，則知病之所在。又女子有邪心，則膽張心動。秦始皇常以照宫人，膽張心動者則殺之。」

〔四〕見道世諸經要集序。

〔五〕見永嘉證道歌。

是故依此起信論四種空鏡義，遂乃廣録祖教，顯現一心，證成宗鏡。所以論云「有法能起摩訶衍信根」〔一〕者，有法者，謂一心法。若人能解此法，必起廣大信根故。信根既立，即入佛道。以成佛道故，離二現行。云何現行？一者、凡夫現行生死，成雜染事；二者、二乘現行涅槃，失利樂事。縛、脱雖殊，俱迷宗鏡。今成佛道，無二現行，圓證一心，具摩訶衍〔二〕。以大智故，不住生死；以大悲故，不住涅槃。作一種之光明，爲萬途之津濟。

校注

〔一〕見真諦譯大乘起信論。

〔二〕「衍」，原作「行」，據諸校本改。

問：宗鏡廣照，萬法同歸，是此鏡義不？

答：若凡若聖，説異説同，皆是鏡中之影像。此唯一鏡，圓極十方，鏡外無法，彼我俱絶。古德云：若言衆生心性同諸佛心性者，别教也。圓教心性是一寂光，無彼無此，極十方三世佛及衆生邊際，成一大圓鏡。但是一鏡，無有同異也。佛及衆生，一鏡上像耳。

問：今宗鏡録以鏡爲義者，是約法相宗立？約法性宗立？

答：若約因緣對待門，以法相宗，即本識爲鏡。如楞伽經云：「譬如明鏡，現衆色像。現識處現，亦復如是。」〔一〕現識，即第八識。以法性宗，即如來藏爲鏡。如起信論云：「復次，覺體相者，有四種大義，與虚空等，猶如浄鏡。」〔二〕

校注

〔一〕見楞伽阿跋多羅寶經卷一。

〔二〕見真諦譯大乘起信論。「有四種大義」者，大乘起信論此引文後有云：「云何爲四？一者、如實空鏡。遠離一切心境界相，無法可現，非覺照義故。二者、因熏習鏡。謂如實不空，一切世間境界，悉於中現，不出不入，不失不壞，常住一心，以一切法即真實性故。又一切染法所不能染，智體不動，具足無漏，熏衆生故。三者、法出離鏡。謂不空法，出煩惱礙、智礙，離和合相，淳浄明故。四者、緣熏習鏡。謂依法出離故，徧照衆生之心，令修善根，隨念示現故。」

又，占察善惡經立二種觀門，爲鈍根人立唯心識觀，爲利根人立真如實觀〔一〕。

校注

〔一〕占察善惡業報經卷下：「若欲依一實境界修信解者，應當學習二種觀道。何等爲二？一者、唯心識觀，二者、真如實觀。學唯心識觀者，所謂於一切時一切處，隨身、口、意所有作業，悉當觀察，知唯是心。（中略）若學習真如實觀者，思惟心性無生無滅，不住見聞覺知，永離一切分別之想。（中略）修學如上信解者，人有二種。何等爲二？一者、利根，二者、鈍根。其利根者，先已能知一切外諸境界，唯心所作，虚誑不實，如夢如幻等，決定無有疑慮。陰蓋輕微，散亂心少。如是等人，即應學習真如實觀。其鈍根者，先未能知一切外諸境界悉唯是心，虚誑不實故，染著情厚，蓋障數起，心難調伏，應當先學唯心識觀。」

又，起信論云：「心若馳散，即當攝來令住〔一〕正念。其〔二〕正念者，當知唯心，無外境界，即復此心亦無自相，念念不可得故。」〔三〕

若唯心識觀，及正念唯心，當法相宗；若真如實觀，與其心念念不可得，即法性宗。若約法性融通門，皆歸一旨，無復分別。今論正宗，取勝而言，約法性宗說。若摠包含，如海納川，以本攝末，豈唯性、相？無有一法而遺所照。

校注

〔一〕「令住」，大乘起信論作「住於」。

〔二〕「其」，大乘起信論作「是」。

〔三〕見真諦譯大乘起信論。

問：此宗鏡中，如何信入？

答：但不動一心，不住諸法，無能所之證，亡智解之心，則是無信之信，不入之入，人法二空，心境雙寂。

如大般若經文殊師利云：繫緣法界，一念法界，不動法界，知真法界，不應動揺〔一〕。謂若言我入法界，已動法界，能所兩亡，入相斯寂，故不動法界，是入法界。

校注

〔一〕大般若波羅蜜多經卷五七五曼殊室利分：「曼殊室利，若菩薩摩訶薩不動法界，知真法界不應動摇、不可思議、不可戲論，如是能入一相莊嚴三摩地。」

大乘千鉢大教王經云：「云何方便而得證入無性觀者？菩薩先須當心觀照，本性静寂，悟入滅盡定。得心識性，證見清浄。唯清唯浄，證見聖性。自性如如，一道寂静。悟達本原，返照見浄，唯照唯瑩，唯瑩唯浄，唯寂唯聖，則是名爲菩薩得入無動涅槃無性觀。」〔一〕

校注

〔一〕見大乘瑜伽金剛性海曼殊室利千臂千鉢大教王經卷三。

故知若有能證，則爲有人；若有所證，則爲有法。以唯一真法界故，則心外無法，不可以法界更證法界。

如無生義〔一〕云：如經言：舍利弗讚比丘言：「汝等今者，住於福田。」諸比丘言：

「大師，世尊猶尚不能消供養，何況我等？」〔二〕大師解言：此是佛不住佛，則無有佛，亦無福田能消供養者，此正是真福田人。佛若住佛，即是有佛，亦是有福田能消供養者，此即非是真福田也。類此，住神通智慧，則有智慧，此則非真智慧。若無所住，乃是真有智慧。又，思益經論釋云：「離於法界，更無有人受供養者故，以彼法界本來清淨故。」〔三〕

校注

〔一〕無生義：據智證大師將來目録，二卷（傳教大師將來越州録中著録爲一卷），注云佛窟撰。佛窟，即釋遺則，或作惟則，牛頭慧忠法嗣。傳見宋高僧傳卷一〇唐天台山佛窟巖遺則傳。詳見本書卷四注。

〔二〕「經言」者，詳見思益梵天所問經卷一分別品。

〔三〕見勝思惟梵天所問經論卷三。

是以此録削去浮華，唯談真實；不依名字，直顯心宗。如普賢觀經云：昔在靈山，演於一實之道〔一〕。又，究竟一乘寶性論偈云：「雖無善巧言，但有真實義。彼法應受持，如取金捨石。妙義如真金，巧語如瓦石。依名不依義，彼人無明盲。」〔二〕

校注

〔一〕觀普賢菩薩行法經：「如來昔在耆闍崛山及餘住處，已廣分別一實之道。」按，普賢觀經，即觀普賢菩薩行法經。開元釋教録卷五曇摩蜜多譯經中著録觀普賢菩薩行法經一卷，子注有云：「出深功德經中，或無『行法』字，亦云普賢觀經。」

〔二〕見究竟一乘寶性論卷一教化品。

若親見性，入宗鏡中，乃是自信法門，決定無惑，則日可使冷，月可使熱，縱千途異説，終不能易。

如大法炬陀羅尼經云：「佛言：『憍尸迦，如來弟子，見諸世間猶如幻化，無有疑網。所以者何？彼信如來，即自見法，是故自信，不唯信他。何以故？若世間人既自見已，彼人終不更取他言。憍尸迦，如人裸露，在道而行，設有一人語衆人言：「此人希有，錦衣覆身。」憍尸迦，於意云何？彼雖有言，自餘衆人信此言不？』『不也，世尊。何以故？眼親見故。』佛言：『如是如是，憍尸迦，諸佛如來諸有弟子，自見法故，不取他言，其義亦爾。』」〔一〕

釋曰：若見自法，何法非自？或凡或聖，若是若非，凡有指陳，皆不出自心之際。如是信者，方到法原。如入法界體性經云：「佛復告文殊師利：『汝知實際乎？』文殊師利言：『如是，世尊，我知實際。』佛言：『文殊師利，何謂實際？』文殊師利言：『世尊，有我所際，彼即實際。所有凡夫際，彼即實際。若業若果報，一切諸法，悉是實際。世尊，若如是信者，即是實信。世尊，若顛倒信者，即是正信。若行非行，彼即正行。所以者何？正不正者，但有言説，不可得也。』」

校注

〔一〕見大法炬陀羅尼經卷一七。

是知若信唯心實義者，則不爲言語所轉，聞深而不怖，聞淺而不疑，聞非深非淺而不癡。如清涼演義云：「聞深不怖者，即大分深義，所謂空也。聞説於空，謂同斷滅，故令人怖。故大品云：既非先有，後亦非無，自性常空，勿生驚怖〔一〕。聞淺不疑者，淺謂涉事，方便多門，則令疑惑。今知隨宜，何所疑耶？聞非深非淺，謂無所據，使身心湛然，知非深爲妙有，非淺爲真空，離身心相，方爲勇猛，可造斯境。又此三句，亦即三觀：初空、次假、後中道，三句齊聞，一念皆會。」〔二〕則三觀一心，何疑不遣〔三〕？

校注

〔一〕大般若波羅蜜多經卷三九八：「一切法非有、非無，無自性、無他性，先既非有，後亦非無，自性常空，無所怖畏。」

〔二〕見澄觀述大方廣佛華嚴經隨疏演義鈔卷二一。

〔三〕玄覺撰禪宗永嘉集：「定慧既均，則寂而常照，三觀一心，何疑不遣？何照不圓？」

音義

蘖，魚列反。　鄙，悲美反，陋也，恥也。　玻，滂婆反，玉名，西國之寶也。　璨，力脂反。　替，他計反。　懲，直陵反，戒也。　忿，敷粉反，怒也。　覿，徒歷反，見也。

丙午歲分司大藏都監開板

宗鏡録卷第十一

慧日永明寺主智覺禪師延壽集

夫所度之機無量，能度之法無邊。立五行〔一〕門，廣闢賢愚之路；張八教〔二〕網，遍摝人天之魚。何乃以心標宗，能治一切？

答：方便有多門，則遐張八教之網；歸源性無二，乃高峙一心之宗。是以病行，憩聲聞於化城〔三〕；兒行〔四〕，誘凡夫於天界。兼但對帶，俯爲差別之機；開示悟入，唯證一乘之道。如千方共治一病，萬義俱顯一心，令不執見徇文，失真法之味。所冀研心究理，得正覺之原。

校注

〔一〕五行：菩薩所修自行化他的五種行法。一、聖行，謂菩薩依戒、定、慧所修之行；二、梵行，謂菩薩以淨心運於慈悲，與衆生樂、拔衆生苦，故名梵行；三、天行，謂菩薩由天然之理而成妙行；四、嬰兒行，謂菩薩以慈悲之心示現人天小乘小善之行；五、病行，謂菩薩以平等心，運無緣大悲，示同衆生，同有煩惱，同有病苦。隋慧遠大乘義章卷一二五行義三門分别：「五行之義，出涅槃經。名字是何？一是聖行，二是梵行，三是天行，四是病行，五嬰兒行。言聖行者，就人爲名，如經中釋。諸佛菩薩是其聖人，聖人之行，名爲聖行。又此亦得當相爲名，會正名聖，此行會正，故名聖行。問曰：五行皆聖人行，何故獨此偏名聖行？釋言：諸行名有通别，通則一切皆是聖行，於中别分初一名聖，餘者隨義更與異名，良以此行正聖人自行之體，故偏名聖。言梵行者，當相爲名，梵名爲浄，利他之行，能爲一切不善對治，離過清浄，故名爲梵。亦可此行從果爲名，初禪已上離欲果報，名之爲梵。四無量等，能生梵果，故名梵行。又復涅槃亦名梵果，此行能得，説爲梵行。言天行者，當相爲名，一切禪定，名爲天住，天住之行，名爲天行。亦可此行從果立稱，初禪已上浄天果報，名之爲天，禪爲彼因，名爲天行。又禪能得大般涅槃第一義天，亦名天行。言病行者，從所治爲名，罪業是病，治病之行，故名病行。嬰兒行者，有二種：一者自利，二者利他。若論自利，從喻爲名，行離分别，如彼嬰兒，無所辨了，名嬰兒行。若論利他，從所化爲名，如經中説，凡夫二乘始行菩薩，如似嬰兒，化此嬰兒，名嬰兒行。」

〔二〕八教：化法四教和化儀四教，詳見本書卷三注。

〔三〕化城：一時幻化之城，喻指小乘涅槃。衆人欲到珍寶處而道途險難，中途懈退，導師以方便力化作一城，使之止息。衆人既得止息，無復疲惓，遂到寶所。佛欲使衆生到達大乘彼岸，先説小乘涅槃，姑爲止息。詳見妙法蓮華經卷三化城喻品。

〔四〕兒行：即嬰兒行，喻指人天小乘。

如法華玄義云：「一心五行，即是三諦三昧。聖行，即真諦三昧；梵行、嬰兒行、病行，即俗諦三昧；天行，即中道王三昧。又，圓三三昧圓破二十五有：即空故，破二十五惡業見思等；即假故，破二十五無知；即中故，破二十五無明。即一而三，即三而一。一空一切空，一假一切假，一中一切中，故名如來行。又，如來室〔一〕冥熏法界，慈善根力不動真際，和光塵垢，以病行慈悲應之，示種種身，如聾如啞，説種種法，如狂如癡；有生善機，以嬰兒行慈悲應之，婆婆啝啝〔二〕、木牛、楊葉〔三〕；有入空機，以聖行慈悲應之，執持糞器，狀有所畏〔四〕；有入假機，以梵行慈悲應之，慈善根力，見如是事，踞師子床，寶机〔五〕承足，賈估賈人，乃徧他國，出入息利，無處不有〔六〕；有入中機，以天行慈悲應之，如駃馬見鞭影，行大直道，無留難故〔七〕，無前無後，不並不別，説無分別法，諸法從本來，常自寂滅相，圓應衆機，如阿脩羅琴〔八〕。若漸引入圓，如前所説；若頓引入圓，如今所説。入圓等證，更無差別。爲顯別、圓初入之門，慈善根力，令漸、頓人見如此説。」〔九〕

校注

〔一〕如來室：喻指慈悲。妙法蓮華經卷四法師品：「如來室者，一切衆生中大慈悲心是。」

〔二〕婆婆啝啝：嬰兒習語之聲，妙法蓮華經玄義作「婆和」。大般涅槃經卷二〇：「所謂婆啝，啝者有爲，婆者無爲，是名嬰兒。啝者名爲無常，婆者名爲有常，如來説常，衆生聞已，爲常法故，斷於無常，是名嬰兒行。」又，智顗説妙法蓮華經玄義卷一上：「三藏本不爲大，大雖在座，多跢婆和，小所不識。」湛然述法華玄義釋籤卷二：「『多跢』是學行之相，『嘍喇』是習語之聲，示爲三藏始行初教，而三藏實行者謂之爲實，故云『不識』。」

〔三〕大般涅槃經卷二〇：「嬰兒行者，如彼嬰兒啼哭之時，父母即以楊樹黄葉，而語之言：『莫啼莫啼，我與汝金。』嬰兒見已，生真金想，便止不啼。然此楊葉，實非金也。木牛、木馬、木男、木女，嬰兒見已，亦復生於男女等想，即止不啼，實非男女。以作如是男女想故，名曰嬰兒。」

〔四〕妙法蓮華經卷二信解品：「（長者）於窗牖中遥見子身，羸瘦憔悴，糞土塵坌，污穢不浄，即脱瓔珞、細軟、上服、嚴飾之具，更著麁弊垢膩之衣，塵土坌身，右手執持除糞之器，狀有所畏。」

〔五〕「机」，嘉興藏本、玄義作「几」。

〔六〕詳見妙法蓮華經卷二信解品。智顗説妙法蓮華經文句卷六下：「踞師子床者，圓報法身安處空理，無復通別二惑、八魔等畏，故云踞師子床也。」

〔七〕龍樹造、鳩摩羅什譯大智度論卷一：「爾時，長爪梵志如好馬見鞭影即覺，便著正道，長爪梵志亦如是，得佛語鞭影入心，即棄捐貢高。」無量義經十功德品：「世尊告大莊嚴菩薩摩訶薩言：（中略）我説是經，甚深甚深！真實甚深！所以者何？令衆疾成阿耨多羅三藐三菩提故，一聞能持一切法故，於諸衆生大利益故，行大直道，無留難故。」

〔八〕龍樹造、鳩摩羅什譯大智度論卷一七：「法身菩薩離生死身，知一切諸法常住，如禪定相，不見有亂；法身菩薩變化無量身爲衆生説法，而菩薩心無所分別。如阿修羅琴，常自出聲，隨意而作，無人彈者。此亦無散心、亦無攝心，是福德報生故，隨人意出聲。法身菩薩亦如是，無所分別，亦無散心，亦無説法相。」

〔九〕見智顗説妙法蓮華經玄義卷四下。

此一心法門，橫通豎徹，攝盡恒沙之義，故號揔持；能爲萬法之宗，遂稱無上。若但論事行，失佛本宗。如金光明經疏云：「如王子飼虎〔一〕，尸毗貸鴿〔二〕，皆捨父母遺體，非捨己身。己身者，法性實相是也。釋論云：持戒爲皮，禪定爲血，智慧爲骨，微妙善心爲髓〔三〕，爲他説戒，能遮罪修福，無相最上。非持非犯尸波羅蜜〔四〕者，是施己皮也；説諸禪定，神通變化，不起滅定，現諸威儀者，是施己血也；説法皆悉到於一切智地者，是施己骨也；檀〔五〕、忍等，應是肉也；説甚深法相，諸佛行處，不一不二，言語道斷，心行處滅〔六〕，微妙中道者，是施己髓也。將此充足飢餓衆生，況餘飲食〔七〕？餘飲食者，即是人天二乘。戒皮、定血、慧骨，真諦之髓耳。法華經云『於餘深法中，示教利喜』〔八〕者，即其義也。」〔九〕是以能説此法門者，是徹佛真心、施於己髓矣。

校　注

〔一〕王子飼虎：佛陀過去世修菩薩行時爲摩訶薩埵王子，捨身餵養餓虎。詳見賢愚經卷一摩訶薩埵以身施虎品第二、菩薩本生鬘論卷一投身飼虎緣起第一。

〔二〕尸毗：佛陀過去世修菩薩行時之聖王名，曾代鴿捨身餵鷹。　貸，施也。或作「貿」。大莊嚴論經卷一一：「菩薩往昔時，捨身以貿鴿。」或作「代」。大智度論卷三三：「如尸毗王爲一鴿故，自持其身，以代鴿肉。」「尸毗貸鴿」事，詳見賢愚經卷一梵天請法六事品第一、菩薩本生鬘論卷一尸毗王救鴿命緣起第二。

〔三〕雜寶藏經卷七佛爲諸比丘説利養災患緣：「利養之害，破皮，破肉，破骨，破髓。云何爲破？破持戒之皮，禪定之肉，智慧之骨，微妙善心之髓。」龍樹造、鳩摩羅什譯大智度論卷一四：「利養瘡深，譬如斷皮至肉，斷肉至骨，斷骨至髓。人著利養，則破持戒皮，斷禪定肉，破智慧骨，失微妙善心髓。」

〔四〕尸：俱稱「尸羅」，意譯「清涼」。大乘義章卷一三藏義七門分別：「言尸羅者，此名『清涼』，亦名爲戒，三業之非，焚燒行人，事等如熱，戒能防息，故名清涼。清涼之名，正翻彼也。以能防禁，故爲戒。」波羅蜜，意譯「到彼岸」。戒爲六波羅蜜（即六度，六種從生死此岸到涅槃彼岸的方法）之一，故云尸波羅蜜。

〔五〕檀：即「檀那」之略，意譯「布施」，六度之一。

〔六〕言語道斷：言語之道斷絶，意謂佛教真理深妙不可言説。　心行處滅：心行之處滅絶，意謂不能用心思加以計度分别。鳩摩羅什譯華手經卷六求法品：「佛所言説有出世間，出世間法則無言説，言語道斷，心行處滅。」

〔七〕金光明經卷一壽量品：「而我世尊於無量百千億那由他阿僧祇劫，修不殺戒、具足十善，飲食惠施，不可限量，乃至己身骨、髓、肉、血充足飽滿飢餓衆生，況餘飲食！」

〔八〕見妙法蓮華經卷六囑累品。

〔九〕見智顗説、灌頂録金光明經文句卷二。

又，此一心宗，若全揀門，則心非一切，神性獨立；若全收門，一切即心，妙體周徧；若非收非揀，則遮照兩亡，境智俱空，名義雙絶。可謂難思妙術，點瓦礫以成金；無作神通，攬江河而爲酪。轉變自在，隱顯隨時，或卷或舒，能同能別。實乃能治之妙，何病而不痊？巧度〔一〕之門，何機而不湊？洗除心垢，拔出疑根。言言盡契本心，一一皆含真性，法法是金剛之句，塵塵具秘密之門。

校注

〔一〕巧度：巧妙的濟度法，指大乘之觀法。與「拙度」相對。智顗説妙法蓮華經玄義卷八下：「三藏四門，紆迴隘陋，名爲拙度；通教四門，是摩訶衍，寬直巧度。門有巧、拙之殊，能通爲八，真理無二，所通唯一。譬如州城，開四面門，四面偏門，以譬三藏；四面直門，以譬通教。偏、直既殊，能通爲八，使君是一，所通不二也。」龍樹造、鳩摩羅什譯大智度論卷六：「有外道法，雖度衆生，不如實度。何以故？種種邪見結使殘故。二乘雖有所度，不如所應度。何以故？無一切智，方便心薄故。唯有菩薩能如實巧度。譬如渡師，一人以浮囊草筏渡之，一人以方舟而渡，二渡之中相降懸殊。菩薩巧渡衆生亦如是。復次，譬如治病，苦藥針灸，痛而得差；如有妙藥名蘇陀扇陀，病人眼見，衆病皆愈。除病雖同，優劣法異。聲聞、菩薩教化度人亦如是。苦行頭陀，初、中、後夜，勤心坐禪，觀苦而得道，聲聞教也；觀諸法相，無縛無解，心得清浄，菩薩教也。」吉藏撰百論疏卷上：「智度論明巧拙度，須深得其旨。聲聞精進，尚是苦道，名爲拙度。外道苦行，非但是拙，亦不能度。」

如入法界體性經云：「文殊言：諸法性不壞，是故名金剛句。」〔一〕

華嚴經頌云：「若於佛及法，其心了平等，二念不現前，當踐難思位。」〔二〕

勝天王般若經云：「菩薩摩訶薩，一切境界，無有一法不通達者。修行如是智波羅蜜，二乘外道不能掩蔽，以智觀察，從初發心至入涅槃，皆悉明了。能以一法知一切境界，一切境界即是一法。何以故？如如一故。不見我能修及所修法，無二無別，自性離故。是名菩薩摩訶薩行般若波羅蜜、通達智般若波羅蜜。」〔三〕

思益經云：「網明謂梵天言：『是五百比丘從座起者，汝當爲作方便，引導其心，入此法門，令得信解，離諸邪見。』梵天言：『善男子，縱使令去至恒河沙劫，不能得出如此法門。譬如癡人，畏於虚空，捨空而走，在所至處，不離虚空。此諸比丘，亦復如是。雖復遠去，不出空相，不出無相相，不出無作相。又如一人求索虚空，東西馳走，言：我欲得空，我欲得空。是人但説虚空名字，而不得空；於空中行，而不見空。此諸比丘，亦復如是。欲求涅槃，行涅槃中，而不得涅槃。所以者何？涅槃者，但有名字，猶如虚空但名字，不可得

取。涅槃亦復如是，但有名字而不可得。』」〔四〕

校注

〔一〕見入法界體性經。
〔二〕見實叉難陀譯大方廣佛華嚴經卷一三光明覺品。
〔三〕見勝天王般若波羅蜜經卷一通達品。
〔四〕見思益梵天所問經卷一分別品。

是知一切不信衆生，邪見外道，徒生猒離，枉自妄求，究竟一心位中，未曾暫出。故密嚴經偈云：「如飯一粒熟，餘粒即可知。諸法亦如是，知一即知彼。譬如鑽〔一〕酪者，嘗之以指端。如是諸法性，可以一觀察。」〔二〕楞伽經偈云：「譬如鏡中像，雖見而非有。於妄想鏡中，愚夫見有二。」〔三〕法集經云：「爾時，海慧菩薩白佛言：世尊，菩薩欲願見涅槃，應觀虛妄分別寂滅之心，如是之處得於涅槃，是名勝妙法集。」〔四〕

校注

〔一〕「鑽」，諸校本作「饡」。大正藏本大乘密嚴經作「攢」，據大正藏校勘記，餘諸本大乘密嚴經作「鑽」。說文卷五食部：「饡，以羹澆飯也，从食贊聲。」卷一四金部：「鑽，所以穿也，从金贊聲。」攢，積聚、聚集。慧琳一切經音義卷五三：「攢酪，上徂巒反。考聲云：欑，聚也。説文義同，從木贊聲。下音洛。釋名云：酪，乳汁所作也。古今正字從酉各聲。」「攢酪」可以成酥，如起世因本經卷九最勝品上：「攢酪成就生酥。」大乘密嚴經卷下阿賴耶微密品：「攢酪而得酥。」（上引兩例，據大正藏校勘記，餘諸本起世因本經、大乘密嚴經皆作「鑽」）似皆取「積聚」義，故當作「攢」是。

〔二〕見地婆訶羅譯大乘密嚴經卷下阿賴耶微密品。

〔三〕見楞伽阿跋多羅寶經卷三。

〔四〕見法集經卷六。

大乘本生心地觀經觀心品云：「爾時，文殊師利菩薩摩訶薩白佛言：『世尊，如佛所説告妙德等五百長者，我爲汝等敷演心地微妙法門，我今爲是啓問如來，云何爲心？云何爲地？』乃至〔一〕薄伽梵〔二〕告諸佛母無垢大聖文殊師利菩薩摩訶薩言：『大善男子，此法名爲十方如來最勝祕密心地法門，此法名爲一切凡夫入如來地頓悟法門，此法名爲一切菩薩趣大菩提真實正路，此法名爲三世諸佛自受法樂微妙寶宫，此法名爲一切饒益有情無盡寶藏。

『此法能引諸菩薩衆到色究竟自在智處，此法能引詣菩提樹後身菩薩真實導師，此法能雨世、出世財如摩尼寶滿衆生願，此法能生十方三世一切諸佛功德本原，此法能消一切衆生諸惡業果，此法能與一切衆生所求願印，此法能度一切衆生生死險難，此法能息一切衆生苦海波浪，此法能救苦惱衆生而作急難，此法能竭一切衆生老病死海，此法善能出生諸佛因緣種子，此法能與生死長夜爲大智炬，此法能破四魔兵衆而作甲冑。

『此法即是正勇猛軍戰勝旍旗，此法即是一切諸佛無上法輪，此法即是最勝法幢，此法即是擊大法鼓，此法即是吹大法螺，此法即是大師子王，此法即是大師子吼。此法猶如國大聖王善能正法，若順王化，獲大安樂；若違王化，尋被誅滅。

『善男子，三界之中，以心爲主。能觀心者，究竟解脱；不能觀者，究竟沉淪。衆生之心，猶如大地。五穀五果，從大地生。如是心法，生世、出世，善惡五趣，有學〔三〕、無學〔四〕、獨覺、菩薩及於如來。以是因緣，三界唯心，心名爲地。一切凡夫，親近善友，聞心地法，如理觀察，如説修行，自利教他，讚勵慶慰。如是之人，能斷二障，速圓衆行，疾得阿耨多羅三藐三菩提。』

「爾時，大聖文殊師利菩薩白佛言：『世尊，如佛所説，唯將心法，爲三界主。心法本元不染塵穢，云何心法染貪、嗔、癡？於三世法，誰説爲心？過去心已滅，未來心未至，現在心不住。諸法之内性不可得，諸法之外相不可得，諸法中間都不可得。心法本來無有形相，心法本來無有住處。一切如來尚不見心，何況餘人得見心法？一切諸法，從妄想生。以是因緣，今者世尊爲大衆説三界唯心。願佛哀愍，如實解説。』

「爾時，佛告文殊師利菩薩言：『如是如是，善男子，如汝所問，心、心所法本性空寂，我説衆喻，以明其義。善男子，心如幻法，由徧計生種種心想，受苦樂故。心如水流，念念生滅，於前後世不暫住故。心如大風，一刹那間徧歷方所故。心如燈燄，衆和合而得生故。心如電光，須臾之頃不久住故。心如虚空，客塵煩惱所覆障故。心如猿猴，遊五欲樹不暫住故。心如畫師，能畫世間種種色故。心如僮僕，爲諸煩惱所策役故。心如獨行，無第二故。心如國王，起種種事得自在故。

『乃至〔五〕善男子，如是所説心、心所法，無内無外，亦無中間，於諸法中求不可得，去、來、現在亦不可得，超越三世，非有非無。心懷染著，從妄緣現，緣無自性，心性本空。如是空性，不生不滅，無來無去，不一不異，非斷非常，本無生處，亦無滅處，亦非遠離非不遠離。如是心等，不異無爲。無爲之體，不異心等。心法之體，本不可説。非心法者，亦不可説。何以故？若無爲是心，即名斷見。若離心法，即名常見。永離二相，不著二邊，如是悟者，名見真諦。悟真諦者，名爲賢聖。一切聖賢，性本空寂，無爲法中，戒無持犯，亦無小大，無有心王及心所法，無苦無樂。如是法界，自性無垢，無上中下差別之相。何以故？是無爲法性平等故。如衆河水流入海中，盡同一味，無别相故。此無垢性，是無等等，遠離於我及離我所。此無垢性，非實非虚。此無垢性，是第一義，無盡滅相，體本不生。此無垢性，常住不變，最勝涅槃，我樂浄故。此無垢性，遠離一切平等，體無異故。若有善男子、善女人欲求阿耨多羅三藐三菩提者，應當一心修習如是心地觀法。』」〔六〕

校注

〔一〕乃至：表示引文中間有删略。

〔二〕薄伽梵：佛號之一，意譯「世尊」，以佛具衆德，爲世欽重故。慧琳一切經音義卷一二：「薄伽梵，梵語，如來尊號也，衆德之美稱也。佛地論偈云：自在、熾盛與端嚴，名稱、吉祥及尊貴，如是六種義差别，應知總號薄伽梵。此爲文含多義，譯經者恐不盡其妙，故存梵語也。」

〔三〕有學：指爲斷盡一切煩惱而修學無漏之戒、定、慧及擇滅之理者。小乘四果中之須陀洹果（預流果）、斯陀含果（一來果）、阿那含果（不還果）謂之有學。

〔四〕無學：即小乘四果中之阿羅漢，無惑可斷，亦無可學者。吉藏法華義疏卷九：「若緣真之心更有增進義，是名爲學。緣真之心已滿，不復進求，是名無學。」窺基妙法蓮華經玄贊卷一末：「戒、定、慧三，正爲學體。進趣修習，名爲有學。進趣圓滿，止息修習，名爲無學，唯無漏法爲體。」

〔五〕乃至：表示引文中間有删略。

〔六〕見大乘本生心地觀經卷八觀心品。

大智度論：「問云：般若波羅蜜是菩薩第一道，一相，所謂無相，何以故説是種種道？答曰：是道皆入一道中，所謂諸法實相，初學有種種別，後皆同一，無有差別。譬如劫盡燒時，一切所有，皆同虚空。」〔一〕

故知越此弘修，絶進步之地；離斯方便，無成佛之期。乃至從初得道，畢至涅槃，於中能化、所化，師弟始終，本末同時，機應一際，俱不出自心矣。

校注

〔一〕見龍樹造、鳩摩羅什譯大智度論卷二七。

如台教云：心王即如來，心數即弟子，但衆生刹那相續，日夜常生無量百千衆生。心王十數邪，一切法邪，魔眷屬也；心王十數正，則一切法正。今時學道行人，須善得此意。若修智慧，但當内起慧數思惟分別，因此發半滿〔一〕智慧，自行化他，即同舍利弗莊嚴雙樹〔二〕也〔三〕。如是一一約心數行成，化十弟子一一之行，顯由心也。若能諦觀心性，即是見佛性，住大涅槃，即同如來具足莊嚴娑羅雙樹也。若觀行心明者，見心王即是法王，心數即大弟子，莊嚴雙樹之義，猶如眼見〔四〕。

校注

〔一〕半滿：指大、小乘。梵語悉曇章之生字根本爲半字，喻指小乘；餘章文字義理具足，爲滿字，喻指大乘。智圓述維摩經略疏垂裕記卷一：「半滿者，半字、滿字，俗典之名，如來以此喻大小乘。」大般涅槃經卷五：「譬如長者，唯有一子。（中略）以愛念故，晝夜慇懃教其半字，而不教誨毗伽羅論。何以故？以其幼稚，力未堪故。（中略）如來視於一切衆生，猶如一子。教一子者，謂聲聞弟子。半字者，謂九部經。毗伽羅論者，所謂方等大乘經典。以諸聲聞無有慧力，是故如來爲説半字九部經典，而不爲説毗伽羅論方等大乘。」

〔二〕智度述法華經疏義纘卷二：「『莊嚴雙樹』者，涅槃經舉六人，迦葉、阿難、舍利弗、須菩提、阿那律、目連，在鹿苑爲四枯，在方等、般若爲四榮。至法華，涅槃枯榮不二，故如來於二樹中間而般涅槃，表不二也。」智圓述維摩經略疏垂裕記卷五：「『莊嚴雙樹』者，秖是三諦一心名嚴雙樹。照真嚴枯，照俗嚴榮，照中即是中間入滅。又此三諦，一一皆常、樂、我、浄及四非常，即名嚴樹。」

〔三〕按，維摩經文疏卷一一此後有：「若修定時，專心研習内心研定數，因此得入諸深半滿禪定，神足自在，自行化佗，即同目連莊嚴雙樹也；若欲頭陀，即當内心起善欲數，深山抖擻，戒行清浄，自行化佗，即同大迦葉莊嚴雙樹也。」

〔四〕「台教云」者，詳見智顗撰維摩經文疏卷一一。

問：台宗觀心語密，「疏豈盡心」〔一〕？

還原集〔二〕云：法華經云：「受持行誰經？稱揚〔三〕何佛道？」〔四〕華嚴經云：色經論，受、想、行、識經論〔五〕。若隨自意語，亦得云眼經論，耳、鼻、舌、身、意、貪、嗔、癡經論。所以然者，經云：「知眼無生無自性，説空寂滅無所有。」〔六〕六根同此經，經只是法。知眼空法，即眼經論；耳空法，即是耳經論。諸界亦爾。道理必須實照，不可虚談爲自欺也。行、住、坐、卧，受持陰、界、入，爲行誰經？於色上發智，即是受行色經。乃至隨一切處悟，即是受持一切處經。是乘從三界中出，至薩婆若〔七〕中住，以不動故，即是其義。若堅信深思，則如法住。經云「如法住」者，如彼六根性空法而假言住也。「稱揚何佛道」者，瓔珞經云：實智性爲法身〔八〕。若見實性，即是稱揚法身佛；聞身有實性，即於陰、界、入得空三昧、六度、七覺〔九〕、三賢〔一〇〕、十地〔一一〕、妙覺〔一二〕等，以報前功，即是稱揚報身佛；得前諸法應衆生身，即是稱揚應身佛。此則於身内，一念見三佛，衆生不觀察，雖近而不見。

校注

〔一〕見智顗撰維摩經文疏卷一一。智圓述維摩經略疏垂裕記卷五：「『疏豈盡心』者，亦猶易云『書不盡言，言不盡意』也。」

〔二〕還原集：三卷，日僧惠運惠運禪師將來教法目録、圓珍福州温州台州求得經律論疏記外書等目録等有著録。又，圓珍智證大師請來目録注云佛窟撰。佛窟，即釋遺則，或作惟則，牛頭慧忠法嗣。傳見宋高僧傳卷一〇唐天台山佛窟巖遺則傳。詳參本書卷四注。

〔三〕「稱揚」，妙法蓮華經作「修習」。

〔四〕見妙法蓮華經卷五從地涌出品。

〔五〕佛馱跋陀羅譯大方廣佛華嚴經卷一一：「分別正念，善能受持世間、出世間經論，色法、非色法經論，受、想、行、識經論。」

〔六〕見佛馱跋陀羅譯大方廣佛華嚴經卷七。

〔七〕薩婆若：意譯「一切智」「一切種智」等。慧琳一切經音義卷七：「薩婆若，梵語訛也，正梵音『薩嚩吉孃二合』，唐言『一切智』，智即般若波羅蜜之異名也。」宗密圓覺經大疏釋義鈔卷一下：「梵云『薩婆若』，此云『一切種智』，即諸佛究竟圓滿果位之智也。種謂種類，即無法不通之義也。謂世、出世間種種品類，無不了知，故云『一切種智』。」

〔八〕按，瓔珞經中未見此説，出處俟考。實智即如實智。龍樹造、鳩摩羅什譯大智度論卷三二：「如實智者，一切法總相、別相，如實正知，無有罣礙。」卷四八：「云何名如實智？知諸佛一切種智，是名如實智。」吉藏法華論疏卷中：「『如來能證以如實智知彼義故』者，『如來能證』，謂能證法身；『如實智』者，出能證之智也；『知彼義故』者，彼義即是法身。」「如來能證以如實智知彼義故」，出妙法蓮華經憂波提舍卷下。

〔九〕七覺：即七覺支，又稱七覺分，謂擇法覺支（以智慧簡擇法之真僞）、精進覺支（以勇猛之心離邪行，行真法）、喜覺支（心得善法，即生歡喜）、輕安覺支（又稱除覺支，斷除身心粗重，使身心輕利安適）、捨覺支（捨諸妄謬，捨一切法，平心坦懷，更不追憶）、定覺支（使心住於一境而不散亂）、念覺支（常明記定慧而不忘，使之均等）。

〔一〇〕三賢：謂大乘十住、十行、十回向諸位菩薩。大明三藏法數卷七：「十住、十行、十回向諸位菩薩，皆稱賢者，此就別教而論，蓋諸位菩薩但斷見思惑盡，尚有無明惑在，未入聖位，故名賢也。」

〔一一〕十地：謂歡喜地、離垢地、發光地、焰慧地、難勝地、現前地、遠行地、不動地、善慧地、法雲地。

〔一二〕妙覺：自覺、覺他、覺行圓滿，德智不可思議，即佛果的無上正覺。

大集經云：「無出之出，是名佛出。無禪之禪，是名正禪。無脱之脱，是名正脱。」〔一〕魔逆經云：「魔請文殊解縛，文殊云：『無人縛汝，汝自想爲縛也。』魔即語云：『我畢竟永不解脱。』」經云：本自無縛，其誰求解〔二〕？若使法界有繫縛者，我即解脱。此真實不生不滅也，當於心行中求。「無智人中，莫説此經。」〔三〕恐生邪見，藥反成病。「知離名爲法，覺法名爲佛。」〔四〕知離者，色性離，受、想、行、識亦自離，從一性空法而假出三寶之名。

校　注

〔一〕詳見大方等大集經卷一三不可説菩薩品第七。

〔二〕維摩詰所説經卷中入不二法門品：「若有縛，則有解。若本無縛，其誰求解？」

〔三〕見妙法蓮華經卷二譬喻品。

〔四〕見思益梵天所問經卷一分别品。

黄蘗和尚云：「你若擬著一法，印早成也。印著有，四生文出來；印著空，即空界無想文現。如今但知決定不印一切物，此印與虚空不一不異。虚空不空，本印不有。見十方虚空世界諸佛出世，如電一種；觀一切蠢動，如響一種。千經萬論，只説汝之一心。」〔一〕

校注

〔一〕出黄檗斷際禪師宛陵録，見古尊宿語録卷三。黄蘗和尚：釋希運，傳見宋高僧傳卷二〇唐洪州黄蘗山希運傳。

一切法不生不滅，即是大涅槃果。所以道：「果滿菩提圓，華開世界起。」〔一〕故知菩提果滿，結自心華；世界緣興，始於識浪。

如昔有東國元曉法師〔二〕、義相法師〔三〕，二人同來唐國尋師，遇夜宿荒，止於塚内。其元曉法師因渴思漿，遂於坐側見一泓水，掬飲甚美。及至來日觀見，元是死屍之汁。當時心惡，吐之，豁然大悟，乃曰：「我聞佛言：三界唯心，萬法唯識。」故知美惡在我，實非水乎！遂卻返故園，廣弘至教〔四〕。

故知無有不達此者，頓息遊心。任負笈携囊，廣歷三乘之學肆；縱尋師訪友，徧參法界之禪扃。若欲絶學栖神，究竟應須歸於宗鏡。

校注

〔一〕按，據景德傳燈録卷二，般若多羅尊者告曰：「如來以正法眼付大迦葉，如是展轉，乃至於我。我今囑汝，聽吾偈曰：心地生諸種，因事復生理。果滿菩提圓，華開世界起。」則此説出般若多羅尊者。

〔二〕元曉：俗姓薛，東海湘州人。傳見宋高僧傳卷四唐新羅國黄龍寺元曉傳。

〔三〕義相：或作義湘，俗姓朴，雞林府人。傳見宋高僧傳卷四唐新羅國義湘傳。

〔四〕按，以上事參見宋高僧傳卷四唐新羅國義湘傳。

如大涅槃經云：「佛言：『云何菩薩信順一實？菩薩了知一切衆生，皆歸一道。一道者，謂大乘也。』」〔一〕

釋曰：大乘者，所言大者，即衆生心性，能包能徧。至小無内，無一塵而能入；至大無外，無一法而不含。所言乘者，以運載爲義，能運行人直至薩婆若海〔二〕。是知此海不遥，心寶常現，則趙璧非貴，隋珠未珍。善友徒泛滄波，卞和虚傳荆岫。若入宗鏡，不動神情，刹那之間，其寶自現，何須徧參法界，廣歷叢林？當親悟時，實非他得。

校注

〔二〕見大般涅槃經卷二五。南本見卷二三。

〔三〕薩婆若海：即「薩婆若」，佛智深廣，猶如大海，故云「薩婆若海」。

如寒山子詩〔一〕云：「昔年曾到大海中，爲探摩尼誓懇求。直到龍宫深密藏，金關鏁斷鬼神愁。龍王守護安身裹，寶劍星寒勿處搜。賈客卻歸門内去，明珠元在我心頭。」

校注

〔一〕按，此詩項楚先生寒山詩注編號爲一九九，詩作：「昔年曾到大海遊，爲采摩尼誓懇求。直到龍宫深密處，金關鎖斷主神愁。龍王守護安耳裹，劍客星揮無處搜。賈客卻歸門内去，明珠元在我心頭。」

杜順和尚偈云：「遊子謾波波，巡山禮土坡。文殊只者是，何處覓彌陀？」〔一〕

校注

〔一〕杜順：傳見續高僧傳卷二六唐雍州義善寺釋法順傳。敦煌本歷代法寶記（收大正藏第五十一册）載無住爲欲往五台山的劍南諸師僧説偈，云：「迷子浪波波，巡山禮土坡。文殊只没在，背佛覓彌陀。」有學者認爲：「無住和尚的偈頌也被偷樑换柱到了杜順頭上，至遲在五代宋初已廣爲傳播，如延壽宗鏡録卷十一：杜順和尚偈云：『遊子謾波波，巡山禮土坡。文殊只者是，何處覓彌陀？』由歷代法寶記上下文可知，無住偈頌的原意在於説明『佛在身心，文殊不遠，妄念不生，即是見佛』，而在杜順的傳説中這則偈頌被巧妙地借用，成了一種讖語，進一步渲染了杜順是文殊菩薩化身的神秘色彩。」（見王頌五臺山文殊信仰與華嚴初祖崇拜，世界宗教研究，二〇一七年第一期）元普瑞集華嚴懸談會玄記卷三八：「無盡燈記云：有一門人，師未終前告假，師問：『將何往？』僧曰：『欲暫往五峰禮文殊去。』師微笑曰：『汝必欲去，吾有一偈，可助汝行色，當消息之。』偈曰：『遊子漫波波，臺山禮土坡。文殊秖者是，何處覓彌陀？』僧不喻旨，遂去。至臺山，遇老士問：『子何來？』僧曰：『禮文殊來。』士曰：『文殊今不在山，子來何益？』僧曰：『文殊今在何所？』士曰：『在長安教化衆生去也。』僧曰：『某是長安人，今長安誰爲文殊？』士曰：『杜順和尚乃文殊耳。』僧聞，聳然失聲曰：『杜順是我師也。』奄忽中，老士乃失。僧審所告不妄，兼道而迴。至滻水，水忽瀑漲，凡三日方濟。到寺，和尚昨日已化矣，以此方知是文殊應身也。」無盡燈記，宋真歇清了禪師撰。

石鞏和尚弄珠吟云：「如意珠，大圓鏡，亦有中人〔一〕喚作性。分身百億我珠分，無始本浄如今浄。日用真珠是佛陀，何勞逐物浪波波？隱顯即今無二相，對面看珠識得麽？」〔二〕

校　注

〔一〕「中人」，祖堂集作「人中」。

〔二〕石鞏和尚：即釋慧藏。傳及弄珠吟全詩，見祖堂集卷一四石鞏和尚。傳亦見景德傳燈録卷六撫州石鞏慧藏禪師。

問：一切萬法皆唯識性者，云何有虚、有實，立色、立空，真、俗二諦之門，性、相雙通之道？

答：森羅影現，皆唯心之本宗；差别跡分，盡唯識之妙性。唯識之性，略有二種：一者虚妄，即偏計所執；二者真實，即圓成實。於前唯識性，所遣清淨；於後唯識性，所證清淨。又有二種：一者世俗，即依他起；二者勝義，即圓成實。於前所斷清淨，於後所得清淨。又，相即依他起，該有爲之門；性即圓成實，通無漏之道。又，色即依他起之相，空即圓成實之性。斯則虚、實，真、俗，性、相，有、空，徹本窮原，皆唯識性矣。

慈恩云：「識性識相，皆不離心。心所、心王，以識爲主。歸心泯相，摠言唯識。『唯』遮境有，執有者喪其真；『識』簡心空，滯空者乖其實。」〔一〕是以佛心如海，無一流而不入；佛心如鏡，無一像而不生；佛心如珠，無一寶而不雨；佛心如地，無一種而不成。萬像現於法身，諸義生於般若，則一文一字、一念一塵，皆入不二之法門，盡住不思議解脱矣。

如金剛三昧經云：「若住大海，則括衆流。住於一味，則攝諸味。」

無行經偈云：「菩提非菩提，佛陀非佛陀，若知是一相，是爲世間導。」〔二〕故知能了此一際無相之宗，可爲明爲導，爲師爲匠，普救群迷，不憩化城，直至寶所。故經云：「常樂觀寂滅，一相無有二，其心不增減，現無量神力。」〔三〕

校注

〔一〕見窺基撰成唯識論述記卷一。

〔二〕見諸法無行經卷下。

〔三〕見實叉難陀譯大方廣佛華嚴經卷一三。

又，華嚴經出現品云：「佛子，譬如有大經卷，量等三千大千世界，書寫三千大千世界中事，一切皆盡。乃至〔一〕此大經卷，雖復量等大千世界，而全住在一微塵中。如一微塵，一切微塵皆亦如是。時有一人，智慧明達，具足成就清淨天眼，見此經卷在微塵内，於諸衆生無少利益，即作是念：『我當以精進力，破彼微塵，出此經卷，令得饒益一切衆生。』作是念已，即起方便，破彼微塵，出此大經，令諸衆生普得饒益。如於一塵，一切微塵應知悉然。「佛子，如來智慧，亦復如是，無量無礙，普能利益一切衆生，具足在於衆生身中。但諸凡愚，妄想執著，不知不覺，不得利益。爾時，如來以無障礙清淨智眼，普觀法界一切衆生，而作是言：『奇哉！奇哉！此諸衆生，云何具有如來智慧，愚癡迷惑，不知不見？我當教以聖道，令其永離妄想執著，自於身中得見如來廣大智慧，與佛無異。』即教彼衆生修習聖道，令離妄想。離妄想已，證得如來無量智慧，利益安樂一切衆生。」〔二〕

釋曰：「大千經卷」者，即如來智慧。「在一微塵中」，即是全在一衆生心中。「一切微塵皆亦如是」，即一切法界衆生皆含佛智，以情塵自隔，不能内照，空埋金藏，枉蔽靈臺，如鬬没額珠〔三〕，醉迷衣寶〔四〕，不因指示，何以發明？故先德云：「破塵出卷〔五〕者，恒沙佛法，一心中曉。」〔六〕

校注

〔一〕乃至：表示引文中間有删略。

〔二〕見實叉難陀譯大方廣佛華嚴經卷五一如來出現品。

〔三〕詳見大般涅槃經卷七，參卷三注。

〔四〕典出妙法蓮華經卷四五百弟子受記品，參卷三注。

〔五〕「卷」，永樂南藏、清藏本作「經」。

〔六〕智顗説、灌頂記摩訶止觀卷二下：「若人善用止觀觀心，則内慧明了，通達漸、頓諸教。如破微塵出大千經卷，恒沙佛法，一心中曉。」

是知水未入海則不鹹，薪未入火則不燒，境未歸心則不等，但以宗鏡收之，萬法皆同一照，是非俱泯，逆順同歸，無一心而非佛心，無一事而非佛事。未見刹那頃，不是如來得菩提時；無有芥子許，非是菩薩捨身命處。故先德云：「心非境外故無得，境非心外故無相，即心是境故甚深，即境是心故難入。」〔一〕

如肇法師云：「即事無不異，即空無不一。」〔二〕極上窮下，齊以一觀，乃應平等也。台教云：「如地無差別草木若干，若干無若干，無若干若干。又如約心論法、約法論心，心有諸數、法無諸數，心不離法、法不離心，無數而數、數而無數耳。」〔三〕

所以起信論云：「復次，真如依言説分别，有二種義。云何爲二？一者、如實空，以能究竟顯實故；二者、如實不空，以有自體具足無漏性功德故。所言空者，從本已來，一切染法不相應故，謂離一切法差别之相，以無虚妄心念故。當知真如自性，非有相、非無相、非

校注

〔一〕見澄觀撰大方廣佛華嚴經疏卷二二。

〔二〕見注維摩詰經卷五。

〔三〕見智顗説妙法蓮華經文句卷七上釋藥草喻品。

非有相、非非無相、非有無俱相，非一相、非異相、非非一相、非非異相、非一異俱相。乃至揔説，一切衆生以有妄心，念念分别，皆不相應，故説爲空。若離妄心，實無可空故。所言不空者，以顯法體空無妄故。即是真心，常恒不變，淨法滿足，則名不空，亦無有相可取，以離念境界，唯證相應故。」〔一〕

真如者，古釋云：「遣妄曰真，顯理曰如。」觀和尚拂此義云：「無法非真，何有妄可遣耶？則真非真矣。無法不如，何稱理可顯耶？故如非如矣。斯則無遣無立，爲非安立之真如矣。」〔二〕此釋甚妙！故信心銘云：「良由取捨，所以不如。」〔三〕立即是取，遣即是捨。今無遣無立，道自玄會矣，豈有真妄當情乎？如百論序云：「儻然靡據而事不失真，蕭焉無寄而理自玄會，反本之道，著于兹矣。」〔四〕可謂無心合道，理事俱通。

又，真如自相，唯離念境界，則不可以有、無思，故云「非有相、非無相、非非有相、非非無相、非有無俱相」。何者？若有二，可得名俱，今有即無故，則有外無無可與有俱；今無即有故，則無外無有〔五〕可與無俱。故亦有亦無，相違不立。言不俱不立者，若定有有無，遮彼有無，有俱非句。今有即無，何有非無？今無即有，何有非有？故雙非亦寂〔六〕。故知言亡四句，無句可亡，了此無句，即真亡矣。

校注

〔一〕見真諦譯大乘起信論。

〔二〕澄觀述大方廣佛華嚴經隨疏演義鈔卷五一：「古有多釋，今並不依，今謂此即非安立真如。若安立説，遣妄曰真，顯理爲如。同唯識意。今正拂此二：無法非真，何妄可遣耶？則真非真矣。無法不如，何理可顯？故如非如矣。斯則無遣無立，爲非安立之真如矣。」大明三藏法數卷二：「安立真如，體非僞妄曰真，性無改異曰如，即一實相之體也。謂真如之體，能生世間、出世間一切諸法而得安住，故名安立真如。」「非安立真如，謂真如之法，從本已來，性自清浄，離一切相，寂滅無爲，故名非安立真如。」

〔三〕見僧璨信心銘。

〔四〕見僧肇百論序。

〔五〕「無外無有」，原作「無無外有」，據嘉興藏本及大方廣佛華嚴經隨疏演義鈔改。

〔六〕「若有二」至此，見澄觀述大方廣佛華嚴經隨疏演義鈔卷三〇。

問：一心平等，理絶偏圓，云何教中又説諸法異？

答：隨情説異，雖異而同；對執説同，雖同而異。將同破異，將異破同，雖同雖異，非異非同。如云捉子之矛，刺子之楯〔一〕，亦如騎賊馬逐賊，以聲止聲〔二〕。所以云：「朝四暮三，令衆狙而喜悦；苦塗水洗，養嬰兒以適時。」〔三〕皆是俯順機宜，善權方便。如莊子云：

「勞神明爲一而不知其同也，謂之朝三。何謂朝三？狙公賦曰：『朝三而暮四。』衆狙皆怒。曰：『然則朝四而暮三。』衆狙皆悦。名實未虧，而喜怒爲用，亦因〔四〕是也。」注云：夫四之與三，衆狙妄生喜怒；非之與是，世人競起愛憎。聖人還以是非止世人之是非，狙公又將四三以息衆狙之三四。達人於一，豈一勞神明於其間哉？

校注

〔一〕韓非子難一：「人有鬻矛與楯者，譽楯之堅：『物莫能陷也。』俄而又譽其矛曰：『吾矛之利，物無不陷也。』人應之曰：『以子之矛，陷子之楯，何如？』其人弗能應也。」

〔二〕「以聲止聲」者，龍樹造、鳩摩羅什譯大智度論卷六：「譬如執事比丘高聲舉手唱言：『衆皆寂静！』是爲以聲遮聲，非求聲也。」

〔三〕見智顗説妙法蓮華經玄義卷五下。「朝三暮四」者，出莊子齊物論；「苦塗水洗」者，出大般涅槃經卷八，見後引。

〔四〕「因」，原作「曰」，據嘉興藏本改。

大涅槃經云：「譬如女人生育一子，嬰孩得病，是女愁惱，求覓良醫。良醫既至，合三種藥——酥、乳、石蜜，與之令服。因告女人：『兒服藥已，且莫與乳，須藥消已，方乃與之。』是時，女人即以苦味用塗其乳，語其兒言：『我乳毒塗，不可復觸。』其兒渴乏，欲得母乳，聞毒氣，便捨遠去。其藥消已，母乃洗乳，唤子與之。是時，小兒雖復渴乏，先聞毒氣，是故不來。母復告言：『爲汝服藥，故以毒塗。汝藥既〔一〕消，我已洗竟，汝便可來，飲乳無苦。』其兒聞已，漸漸還飲。」〔二〕經合譬意，譬無我等猶如毒塗，説如來藏如唤子飲，或時説我，或説無我，皆爲適機，如彼塗洗〔三〕。

校注

〔一〕「既」，嘉興藏本、大般涅槃經、法華玄義釋籤作「已」。

〔二〕見大般涅槃經卷七，南本見卷八。

〔三〕「大涅槃經云」至此，見湛然法華玄義釋籤卷一二。

如義海云：「謂塵事相是異，剋體唯法是無異。只由法體不異，即異義方成，以不失體故。只由塵事差别，即不異義方成，以不壞緣，方言理也。故經云：奇哉！世尊！於無異法中，能説諸法異。」〔一〕如森羅雖異，不能自異；虚妄雖同，不能自同。以無體故，法法常生；以無用故，塵塵恒寂。皆是世間分别，衆生妄情，於平等法中，自生差别；向無二相處，强立多端。猶若畫師，邈成高下之相狀；或如金匠，鍛出大小之器形。萬法體常虚，但唯自心變。

校注

〔一〕見華嚴經義門百還海體用開合門。「經云」者，摩訶般若波羅蜜經卷二三六喻品：「世尊，云何無異法中，而分别説異相？」

大莊嚴論偈云：「譬如工畫師，畫平起凹凸。如是虚分别，於無見能、所。譬如善巧畫師，能畫平壁起凹凸相，實無高下而見高下。不真分别，亦復如是，於平等法界無二相處，而常見有能、所二相，是故不應怖畏。」〔一〕云何不須怖畏？以自心變故。如畫凹凸，由自手畫故。

校注

〔一〕見大莊嚴經論卷六隨修品。

音義

闢，傍益反，啓也。　攡，盧谷反。　遐，胡加反，遠也。　憩，去例反。　誘，與久反，導也。　研，五堅反，磨也。　聾，盧紅反。　啞，烏下反，不言也。　啣，户戈反，此作非，正作「嘅」，小兒□〔一〕也。　糞，方問反。　踞，居御反，蹲也。

机，居履切。　賷，式羊反。　駃，苦夬反，駃馬日行千里也。　飼，祥吏反，食也。　鴿，古沓反，鳥名。　髓，息委反。　磔，郎擊反。　攪，古巧反，手〔二〕動也。　酪，盧各反，乳也。　痊，此緣反，病愈。　湊，倉奏反，水會聚也。　踐，慈演反，踏也。　掩，衣儉反，閉也。　蔽，必袂反，掩也。　垢，古厚反，塵垢也。　恒〔三〕，其友反。　胄，直祐反，胤也。　旍，郎丁反。　旗，渠之反。　誅，陟輸反。　勵，力制反，勸也。　泓〔四〕，於絃反，水深也。　掬，居六反。　笈，其輒反，箱也。　囊，奴當反，袋也。　扃，古營反。　鎖〔五〕，蘇果反。　括，古活反，檢也。　鞏，居悚反，以皮束物也。　儻，他朗反，不羈也。　矛，莫侯反。　盾〔六〕，食尹反，兵器也。　狙，七余反，猿屬也。　又，子魚反。　酥，素姑反，乳酪。　邈，莫角反。　凹，於交反，頭凹也。　凸，徒結反，高起也。

丙午歲分司大藏都監開板

校注

〔一〕「口」，底本漫漶，疑當作「啼」。

〔二〕「手」，原作「毛」，據文意改。

〔三〕「恒」，文中無此字，疑當作「炬」。

〔四〕「泓」，文中作「泓」，異體。
〔五〕「鎖」，文中作「鏁」，異體。
〔六〕「盾」，文中作「楯」，異體。

宗鏡録卷第十二

慧日永明寺主智覺禪師延壽集

夫唯一心法，云何教中廣立名字？

答：如來名號，十方不同。般若一法，説種種名。解脱亦爾，多諸名字。故大般若經云：「如一切法名，唯客所攝，於十方三世，無所從來，無所至去，亦無所住，一切法中無名，名中無一切法，非合非散，但假施設。所以者何？以一切法與名，俱自性空。」〔一〕大方等大集經云：「爾時，佛告陀羅尼自在王菩薩：善男子，第一義者，謂無有諸法。若無諸法，云何説空？無名字法，説爲名字，如是名字，亦無住處。名下之法，亦復如是。」〔二〕

校注

〔一〕見大般若波羅蜜多經卷六六。

〔二〕見大方等大集經卷二。

是以法從心生，名因法立，所生之心無處，能生之法亦然，則心境皆空，俱無處所。論云：「心能爲一切法作名。若無心，則無一切名字。當知世、出世名字，皆從心起。」〔一〕以心隨緣，應物立號，略有五義而立假名：一、從義故，二、隨緣故，三、依俗故，四、因時故，五、約用故。

云何從義？無量義經云：「無量義者，從一法生。」〔二〕故知因義立名，因名顯義。云何隨緣？涅槃經云：其味真正，停留雪山，隨其流處，得種種名〔三〕。隨其流處者，即是隨染淨之緣，得凡聖之號。云何依俗？經云：「一法有多名，實法中即無，不失法性故，流布於世間。」〔四〕云何因時？涅槃經云：佛性因時節有異，説淨不淨〔五〕。何者？在垢染時稱衆生，處清淨時名諸佛。云何約用？如因心立法，隨法得名，處聖稱真，居凡號俗。似金作器，隨器得名，在指曰鐶，飾臂名釧，則一心不動，執別號而萬法成差；真金匪移，認異名而千器不等。若知法法全心作，器器盡金成，名相不能干，是非焉能惑？又如圓器與方器，名字不同；若生金與熟金，言説有異。推原究體，萬法皆空，但有意言，名義差別。動即八識，凝爲一心。得旨忘緣，觸途無寄。

校注

〔一〕按，摩訶止觀卷三下引，云「毗婆沙云」。毗婆沙者，佛教律、論的注解著作，如善見律毗婆沙、十住毗婆沙論等。普光述俱舍論記卷一：「『毗』名爲『廣』，或名爲『勝』，或名爲『異』。『婆沙』名『説』，謂彼論中分別義廣，故名廣説；説義勝故，名爲勝説。」玄應一切經音義卷二四：「毗婆沙，或言『鼻婆沙』，隨相論作『毗頗沙』，此譯云『廣解』，或言『廣説』，亦云『種種説』，或言『分分説』，同一義也。」

〔二〕見無量義經説法品。

〔三〕大般涅槃經卷七：「譬如雪山有一味藥，名曰樂味，其味極甜，在深叢下，人無能見。有人聞香，即知其地當有是藥。過去往世有轉輪王，於此雪山爲此藥故，在在處處造作木筒，以接是藥。是藥熟時，從地流出，集木筒中，其味真正。王既殁已，其後是藥或醋、或鹹、或甜、或苦、或辛、或淡，如是一味，隨其流處有種種異，是藥真味停留在山，猶如滿月。」

〔四〕見菩薩善戒經卷二菩薩地真實義品。

〔五〕見大般涅槃經卷三五：「衆生即佛性，佛性即衆生，直以時異，有净不净。」南本見卷三二。

如大涅槃經云：「佛言：善男子，如來所有一切善行，悉爲調伏諸衆生故。譬如醫王所有醫方，悉爲療治一切病苦。善男子，如來世尊爲國土故、爲時節故、爲他語故、爲人故、爲衆根故，於一法中作二種説，於一名法説無量名，於一義中説無量名，於無量義説無量名。云何一名説無量名？猶如涅槃，亦名涅槃、亦名無生、亦名無出、亦名無作、亦名無爲、亦名歸依、亦名窟宅、亦名解脱、亦名光明、亦名燈明、亦名彼岸、亦名無畏、亦名無退、亦名安處、亦名寂静、亦名無相、亦名無二、亦名一行、亦名清涼、亦名無暗、亦名無礙、亦名無諍、亦名無濁、亦名廣大、亦名甘露、亦名吉祥，是名一名作無量名。

「云何一義説無量名？猶如帝釋，亦名帝釋、亦名憍尸迦〔一〕、亦名婆蹉婆〔二〕、亦名富蘭陀〔三〕、亦名摩佉婆〔四〕、亦名因陀羅〔五〕、亦名千眼〔六〕、亦名舍脂夫〔七〕、亦名金剛〔八〕、亦名寶頂、亦名寶幢，是名一義説無量名。

「云何於無量義説無量名？如佛名爲如來，義異名異。亦名阿羅訶〔九〕，義異名異。亦名三藐三佛陀〔一〇〕，義異名異。亦名船師、亦名導師、亦名正覺、亦名明行足、亦名大師子王、亦名沙門、亦名婆羅門、亦名寂静、亦名施主、亦名到彼岸、亦名大醫王、亦名大象、亦名大龍王、亦名施眼、亦名大力士、亦名大無畏、亦名寶聚、亦名賈主、亦名得脱、亦名大丈夫、亦名天人師、亦名大分陀利、亦名獨無等侶、亦名大福田、亦名大智慧海、亦名無相、亦名具足八智，如是一切，義異名異。善男子，是名無量義中説無量名。

「復有一義説無量名，所謂如陰，亦名爲陰、亦名顛倒、亦名爲諦、亦名四念處〔一一〕、亦名四食〔一二〕、亦名四識住處〔一三〕、亦名爲有、亦名爲道、亦名爲時、亦名衆生、亦名爲世、亦名第一義、亦名三修——謂身戒心、亦名因果、亦名煩惱、亦名解脱、亦名十二因緣、亦名聲聞辟支佛、亦名地獄餓鬼畜生人天、亦名過去現在未來，是名一義説無量名。

「善男子，如來世尊爲衆生故，廣中説略、略中説廣，第一義諦説爲世諦，説世諦法爲第一義諦。云何名爲廣中説略？如告比丘：『我今宣説十二因緣。云何名爲十二因緣？所謂因果。』云何名爲略中説廣？如告比丘：『我今宣説苦、集、滅、道，苦者所謂無量諸苦，集者所謂無量煩惱，滅者所謂無量解脱，道者所謂無量方便。』云何名爲第一義諦説爲世諦？如告比丘：『吾今此身有老、病、死。』云何名爲説世諦爲第一義諦？如告憍陳如：『汝得法故，名阿若憍陳如。』是故隨人、隨意、隨時，故名如來知諸根力。善男子，我若當於如是等義作定説者，則不得稱我爲如來具知根力。

「善男子，有智之人，當知香象所負，非驢所勝。一切衆生，所行無量，是故如來種種爲説無量之法。何以故？衆生多有諸煩惱故。若使如來説於一行，不名如來具足成就知諸根力。」〔一四〕

故知法本無名，因心建立。是以大聖隨順世諦，曲徇機宜，廣略不同，一多無定，將有説攝歸無説，用有名引入無名，究竟咸令到於本心寂滅之地。故經云：「佛告舍利弗：汝慎勿爲利根之人廣説法語，鈍根之人略説法也。」〔一五〕

校注

〔一〕雜阿含經卷四〇：「比丘復白佛言：世尊，何因何緣，釋提桓因復名憍尸迦？佛告比丘：彼釋提桓因本爲人時，爲憍尸族姓人。以是因緣故，彼釋提桓因復名憍尸迦。」

〔二〕灌頂撰大般涅槃經疏卷二八：「河西翻『婆蹉婆』爲『好嚴飾』，昔好衣布施，今報得麗服。」慧琳撰一切經音義卷二六：「婆蹉婆，此云『執金剛寶』，亦名『嚴飾』也。」

〔三〕「富蘭陀」，大般涅槃經中作「富蘭陀羅」。灌頂撰大般涅槃經疏卷二八：「富闌陀羅，翻爲『調伏諸根明』，天帝外以麗服嚴容，内以善法調意。」慧琳撰一切經音義卷二六：「富蘭陀羅，古音云『富蘭』云『城』，『陀羅』云『破』也。」

〔四〕灌頂撰大般涅槃經疏卷二八：「摩佉婆，翻爲『無勝』，無過超諸天故。」

〔五〕灌頂撰大般涅槃經疏卷二八：「因陀羅，翻爲『光明』，光明最勝。」慧琳撰一切經音義卷二六：「因陀羅，此云『帝主』也。」

〔六〕灌頂撰大般涅槃經疏卷二八：「千眼者，一時知千義、斷千事。」

〔七〕舍脂：天帝婦名。慧琳撰一切經音義卷二六：「舍脂，此云『浄量』，是阿脩羅王女，爲天帝所重也。」

〔八〕灌頂撰大般涅槃經疏卷二八：「金剛者，身相堅固。」

〔九〕阿羅訶：意譯「應供」。

〔一〇〕三藐三佛陀：意譯「正偏知」。

〔一一〕四念處：身念處（觀身不浄）、受念處（觀受是苦）、心念處（觀心無常）、法念處（觀法無我）。念即能觀之智，處即所觀之境。

〔一二〕四食：即段食、樂食（觸食）、念食（思食）、識食。詳見本書卷五〇。

〔一三〕四識住處：即四識住，又稱四識處，謂「識」攀緣依住的色、受、想、行等四藴。阿毗達磨集異門足論卷八：「四識住者，一、色識住，二、受識住，三、想識住，四、行識住。云何色識住？答：若色有漏隨順諸取，於彼諸色，若過去、若未來、若現在，或生起欲，或貪，或瞋，或癡，或隨一一心所隨煩惱，是名色識住。受、想、行識住，廣説亦爾。」

〔一四〕見大般涅槃經卷三三，南本見卷三一。

〔一五〕見大般涅槃經卷三三，南本見卷三十。

又，名因體立，體逐名生。體空而名無所施，名虚而體無所起。名體互寂，萬法無生。唯一真心，更無所有。

永嘉集云：「是以體非名而不辯，名非體而不施。言體必假其名，語名必藉其體。今之體外施名者，此但名其無體耳，豈有體當其名耶？譬夫兔無角而施名，此則名其無角耳，豈有角當其名耶？無體而施名，則名無實名也。名無實名，則所名無所名。所名既無，則能名不有也。何者？設名本以名其體，無體何以當其名？言體本以當其名，無名何以當其體？體〔一〕無當而非體，名無名而非名，此則何獨體而元虚，亦乃名而本寂也。

「然而無體當名，由來若此。名之有當，何所云爲？夫體不自名，假他名而名我體；名非自設，假他體以施我名。若體之未形，則名何所名？若名之未設，則體何所明？然而明體雖假其名，不爲不名而無體耳。設名要因其體，無體則名之本無，如是則體不名生，名生於體耳。

「今之體在名前，名從體後，辯者如〔二〕此，則設名以名其體，故知體是名原矣。則名之所由，緣起於體。體之元緒，何所因依？夫體不我形，假緣會而成體；緣非我會，因會體而成緣。若體之未形，則緣何所會？若緣之未會，則體何所形？體形則緣會而形，緣會則體形而會。體形而會，則明形無別會；形無別會，則會本無也。緣會而形，則明會無別形；會無別形，即形本無也。

「是以萬法從緣，無自體耳。體而無自，故名性空。性之既空，雖緣會而非有；緣之既會，雖性空而不無。是以緣會之有，有而非有；性空之無，無而不無。何者？會則性空，故言非有；空則緣會，故曰非無。今言不有不無者，非是離有別有一無也，亦非離無別有一有也。如是則明法非有無，故以非有非無名耳。不是非有非無，既非有無，又非非有非非無也。如是則何獨言語道斷，亦乃心行處滅也。」〔三〕如是則名體既空，言思自絶，可謂萬機泯跡，獨朗真心矣。

校　注

〔二〕「體」，原作「當」，據嘉興藏本及禪宗永嘉集改。

〔二〕「如」，原無，據嘉興藏本及禪宗永嘉集補。
〔三〕見玄覺撰禪宗永嘉集事理不二第八。

問：唯心妙旨，一切無名者，若衆生之號，乃假施爲。諸佛之名，豈虛建立？

答：因凡立聖，聖本〔一〕無名；從俗顯真，真元不立。並依世俗文字，對待而生，文字又空，空亦無寄。若是上機大士，胡假名相發揚？對境而念念知宗，遇緣而心心契道。

如大智度論云：「如經説師子雷音佛國，寶樹莊嚴，其樹常出無量法音，所謂一切法畢竟空、無生無滅等。其土人民生便聞此法音，故不起惡心，得無生法忍。」〔二〕當此之時，何處有三寶名字？但了無生之旨，自然一體三寶，常現世間。若取差別之名，即失真常之理，但了一切法無自性，則一切處佛出世，無一法而非宗。如先德云：「佛出世者，今如來出現，全以塵無自〔三〕性，法界緣起，菩提、涅槃以爲如來身也，此身通三世間。是故於一切國土、一切衆生、一切事物、一切緣起、一切業報、一切塵毛等，各各顯現〔四〕。菩提、涅槃等，爲佛出世也。若一處不了，即不成佛，亦不出現。何以故？由不了處，仍是無明，是故不成佛，不出現也。」〔五〕

校注

〔一〕「本」，磧砂藏、嘉興藏本作「名」。按，冥樞會要亦作「本」。
〔二〕見龍樹造、鳩摩羅什譯大智度論卷八二。
〔三〕「自」，原無，據華嚴經義海百門補。
〔四〕按，華嚴經義海百門此後有「如上諸義」四字。
〔五〕見法藏述華嚴經義海百門決擇成就門。

是以諸佛出世，知機知時，俯爲下根示生滅劫〔一〕，空拳誘引〔二〕，黄葉提撕〔三〕。若上上機人，則諸佛不出不没。故經云：「有佛無佛，性相常住。」〔四〕華嚴經頌云：「如心諸佛爾〔五〕，如佛、衆生然，心、佛與衆生，是三無差别。」〔六〕只是一法，名别理同。何者？覺此無依無住，絶待不思議〔七〕，心不動時，入十信之初，號不動智佛；不覺此絶待，真心不守自性，隨緣差别時，名法身流轉五道，號曰衆生〔八〕。但有迷悟之名，不離一心之體，更有何法而作凡聖名字爲差别乎？如文殊般若經云：「佛言：『佛法無上耶？』文殊答：『無有一法如微塵許，名爲無上。』」〔九〕

又，經云：「如世尊説此法時，無有菩薩得是三昧諸陀羅尼門，亦復無彼諸佛所説語言句義，乃至不説一文字句，無人聽聞、無人得解、無人成佛，如此等法，是實言者。於後末世

五百歲時，此經法門弘閻浮提，徧行流布，熾然不滅，是真實語。」〔一〇〕

校注

〔一〕滅劫：人壽由八萬四千歲減至十歲的時段。

〔二〕增一阿含經卷一八：「亦如空拳，以誑小兒。」大般若波羅蜜多經卷五九九：「如以空拳誑惑童豎，彼無知故謂有實物。」

〔三〕大般涅槃經卷二〇：「嬰兒行者，如彼嬰兒啼哭之時，父母即以楊樹黄葉，而語之言：『莫啼莫啼，我與汝金。』嬰兒見已，生真金想，便止不啼，然此楊葉實非金也。」

〔四〕見摩訶般若波羅蜜經卷一四問相品。

〔五〕「諸佛爾」，大方廣佛華嚴經作「佛亦爾」。

〔六〕見佛馱跋陀羅譯大方廣佛華嚴經卷一九。

〔七〕智顗説、湛然略維摩經略疏卷七：「（四教）皆有不思議義，而有二種：一、相待，二、絶待。若三教所明，即是相待。何者？三教隨他意語，約斷結以明解脱，即是相待。圓教隨自，約不斷結以明解脱，即是絶待不思議也。相待即是有思之不思，皆是思議；絶待即是無思之不思，是真不思議。」

〔八〕不增不減經：「即此法身，過於恒沙無邊煩惱所纏，從無始世來隨順世間，波浪漂流，往來生死，名爲衆生。」

〔九〕見文殊師利所説般若波羅蜜經。

〔一〇〕見大寶積經卷一〇五稱讚付法品。

問：既萬機泯跡，獨朗真心者，云何教中説此是凡夫法、此是聖人法？

答：以一切法緣生無性故，不得凡夫法，不得聖人法。以無性緣生故，若真若俗，不相混濫。如云：「一切即一，皆同無性；一即一切，因果歷然。」〔一〕雖即歷然，不失無性之理；雖即無性，不壞緣生之道。然又雖但了一心，而於諸法一一了知，分明無惑。如華嚴經云：「菩薩摩訶薩知一切法，皆同一性，所謂無性，無種種性，無無量性，無可筭數性，無可稱量性，無色無相。若一若多，皆不可得，而決定了知此是諸佛法、此是菩〔二〕薩法、此是獨覺法、此是聲聞法、此是凡夫法、此是善法、此是不善法、此是世間法、此是出世間法、此是過失法、此是無過失法、此是有漏法、此是無漏法，乃至此是有爲法、此是無爲法，是爲第七如寶〔三〕住。」〔四〕

校注

〔一〕見法藏華嚴金師子章。

〔二〕「菩」，原作「若」，據諸校本改。

〔三〕「寶」，原作「實」，據大方廣佛華嚴經改。慧苑述續華嚴經略疏刊定記卷一四：「住於正法可貴之所，故云『寶住』。又以無住爲住，亦名『寶住』。」

〔四〕見實叉難陀譯大方廣佛華嚴經卷五五。

問：一心之法，云何盡能周徧含容、出生圓具一切法耶？

答：夫心者，神妙無方，至理玄邈，三際求而罔得，二諦推而莫知。無像無名，不可以測其深廣；無依無住，不可以察其指蹤。細入無間之中，不可以言其小；大包乾象之外，不可以語其深。至道虛玄，孰能令有？幽靈不墜，孰能令無？迹分法界而非多，性合真空而非一，體凝一道而非静，用周萬物而匪勞〔一〕。如如意珠，天上勝寶，狀如芥粟，有大功能。净妙五欲，七寶琳瑯。非内畜，非外入。不謀前後，不擇多少。不作麁妙，稱意豐儉。降雨瀼瀼，不添不盡，利濟無窮。蓋是色法，尚能如是，豈況心神靈妙，寧不具一切法耶？

故經云：「佛言：一切聲聞、獨覺、菩薩，皆共此一妙清净道，皆同此一究竟清净，更無第二。我依此故，密意説言：『唯有一乘。』乃至〔二〕譬如虛空，偏一切處，皆同一味，不障一切所作事業。如是，世尊，依此諸法，皆無自性，皆同一味，不障一切聲聞、緣覺及諸大士所修事業。」〔三〕

校注

〔一〕心賦注卷二：「迹分塵界而不濁，性合真空而靡清，體凝一味而匪縮，用周萬物而非盈。」

〔二〕乃至：表示引文中間有删略。

〔三〕見解深密經卷二無自性相品。

千。光影騰輝照心地，無有一法當現前。方知摩尼一顆寳，妙用無窮處處圓。」〔一〕

寒山子詩云：「余家住此號寒山，山巖栖息離煩喧。泯時萬像無痕跡，舒即周流徧大

校　注

〔一〕按，此詩項楚先生寒山詩注編號爲二〇四，詩作：「我家本住在寒山，石巖棲息離煩緣。泯時萬象無痕跡，舒處周流徧大千。光影騰輝照心地，無有一法當現前。方知摩尼一顆珠，解用無方處處圓。」

還原觀云：「定光顯現無念觀者，謂一乘教中白浄寳網萬字輪王之寳珠。此珠體性明徹，十方齊照，無思成事，念者皆從。雖現奇功，心無念慮。若人入此大妙止觀門中，無思念慮，任運成事。如彼寳珠，遠近齊照，分明顯現，廓徹虚空，不爲二乘外道塵霧煙雲之所障蔽。」〔一〕

校　注

〔一〕見法藏述修華嚴奥旨妄盡還源觀。

清涼疏云：「猶一日宫，千光並照，隨舉一法，有無量門。然有二義：一、約相類，如一無常門，有生老病死、聚散合離、得失成壞、三災四相、外器内身、刹那一期、生滅轉變、染浄

隱顯，皆無常門。餘亦如是。一一、就性融，不可盡也。」〔一〕「謂法性寂寥，雖無諸相，無相之相，不礙繁興。」〔二〕「是以依體普現，若月入百川。尋影之月，月體不分。即體之用，用彌法界。體用交徹，故不思議。」〔三〕

校注

〔一〕見澄觀撰大方廣佛華嚴經疏卷六。
〔二〕見澄觀撰大方廣佛華嚴經疏卷一。
〔三〕見澄觀撰大方廣佛華嚴經疏卷六。

輔行記：「問云：一心既具十法界因果，但觀於心，何須觀具？

「答：一家觀門，永異諸説。該攝一切十方三世若凡若聖一切因果者，良由觀具。具即是假，假即空、中。理性雖具，若不觀之，但言觀心，則不稱理。小乘奚嘗不觀心耶？但迷一心具諸法耳。

「問：若不觀具，爲屬何教？

「答：别教教道，從初心來，但云次第生於十界，斷亦次第，故不觀具。或稟通教，即空但理；或稟三藏，寂滅真空。如此等人，何須觀具？何者？藏、通但云心生六界，觀有巧拙，即、離不同，是故此兩教不須觀具。尚不識具，況識空、中？若不爾者，何名『發心、畢竟二不別』〔一〕？成正覺已，何能現於十界身土〔二〕？又復學者縱知内心具三千法，不知我徧彼三千。彼彼三千，互徧亦爾。苟順凡情，生内外見。應照理體，本無四性〔三〕。心、佛、衆生，三無差別。能知此者，依俙識心。」〔四〕

校注

〔一〕見大般涅槃經卷三八。

〔二〕身土：指凡夫或佛、菩薩所受之身體與國土，即正報（身）與依報（土）。

〔三〕四性：自性、他性、共性和離性。智顗説摩訶止觀卷五下：「無生之心，不自、不他、不共、不離，無四性。無四性故名性空，性空即無心。而言心者，但有名字，名字不在内外，是名相空。」離性，離自性、他性故，又稱無因性。從義撰止觀義例纂要卷四第四料簡釋「本無四性」：「無内故，無自性；無外故，無他性；無内外兩中間故，無共性；無常自有故，無無因性。」

〔四〕見湛然述止觀輔行傳弘決卷五之二。

華嚴論云：「以一心大智之印，印無始三世，揔在一時；無邊諸法，智印咸徧，以智等諸佛故，以智等衆生心故，以智等諸法故，以智無中邊表裏、三世長短近遠故，爲智過虛空量故，如世虛空無所了知，如無分別智虛空，一念而能分別過虛空等法門，是故經頌言：一

切虚空猶可量，諸佛説法〔一〕不可説。」〔二〕又頌云：「普光明智等虚空，虚空但空智自在。」〔三〕

校注

〔一〕「説法」，新華嚴經論作「境界」。

〔二〕見李通玄撰新華嚴經論卷一七。

〔三〕見李通玄撰新華嚴經論卷二三。

所以無量義經云：「無量義者，從一法生。」〔一〕即知一法能生無量義。所謂一心、一一法，皆生無量義者，以心徧一切法，一一法無非心故。以略代摠，故知略心能含萬法〔二〕。歷一切教，若境、若智，若人、若法，隨諸事釋，一一向心爲觀，觀慧彌成，如海吞流，似薪益火〔三〕。以不能深達故，爲徧爲小；以不能諦觀故，住有住空。是以聲聞覩斯大事，自鄙無堪，或號泣而聲振大千〔四〕，或云「同共一法中，而不得此事」〔五〕。若菩薩聞茲妙旨，懺悔前非，或云「從無量劫來，爲無我之所漂流」〔六〕，或言「我等歸前，盡是邪見人」〔七〕也。

校注

〔一〕見無量義經説法品。

〔二〕智顗説妙法蓮華經玄義卷八上：「若惡是心，心不含善及諸心數；若善是心，心不含惡及諸心數。不知何以目心？以略代總，故知略心能含萬法，況不含五義耶？」

〔三〕智顗説妙法蓮華經玄義卷八上：「隨諸事釋，一一向心爲觀，觀慧彌成，於事無乖，如火益薪，事理無失，即文字無文字，不捨文字而别作觀也。」

〔四〕維摩詰所説經卷中不思議品：「一切聲聞聞是不可思議解脱法門，皆應號泣，聲震三千大千世界。」

〔五〕見妙法蓮華經卷二譬喻品。

〔六〕大般涅槃經卷八：「是菩薩摩訶薩既得見已，咸作是言：『甚奇，世尊！我等流轉無量生死，常爲無我之所惑亂。』」

〔七〕大般涅槃經卷七：「迦葉菩薩白佛言：世尊，我從今日始得正見。世尊，自是之前，我等悉名邪見之人。」

如上所失，皆是不達自心廣大圓融能包能徧故。何以能包能徧？以無相故。如太虚無相，不拒諸相發揮，能含十方浄穢國土。所以昔人云：「夫萬化非無宗，而宗之者無相；虚相非無契，而契之者無心。内外並冥，緣智俱寂。」〔一〕是故若能如是體道，千萬相應，可謂正法中人，真佛弟子。若違斯旨，妄起有心，悉墮邪修，不入宗鏡。

如古德謌云：「只爲無心學無學，亦復正修於不修。若人不知如此處，不得稱名爲比丘。」〔二〕洞山和尚云：「吾家本住在何方？鳥道無人到處鄉。君若出家爲釋子，能行此路萬相當。」

校　注

〔一〕出釋曇影中論序，見出三藏記集卷一一。

〔二〕善慧大士語録卷三行路難二十篇第十九章明無覺精進：「只用非心覺非覺，亦復正修於不修。若人不知如此處，不應稱名作比丘。」

所以初祖大師云：「若一切作處，即無作處，無作法即見佛。若見相時，則一切處見鬼。」〔一〕何者？若作時無作者、無作法，即人、法俱空，覺此成佛〔二〕。若迷無作法，則幻相現前。故經云：「凡所有相，皆是虛妄。」〔三〕如熱病所見，豈非鬼耶？所以古德云：「萬法浩然，宗一無相。」〔四〕又云：「念滿一萬八千徧，徧徧入於無相定。」〔五〕亦云「無相道場」「無相法門」等。

是以若於宗鏡發真，最省心力。華嚴經云：「以少方便，疾得菩提。」〔六〕古德云：「學雖不多，可齊上賢。」〔七〕即斯意矣。

校注

〔一〕初祖大師：即菩提達摩。據本書卷九七，此説出菩提達磨安心法門。「若一切作處，即無作處」，卷九七中作「即一切處無處，即是法處，即作處無作處」。

〔二〕實叉難陀譯大方廣佛華嚴經卷五〇：「但以諸佛威德力故，令諸衆生具佛功德，而佛如來無有分別，無成無壞，無有作者，亦無作法。」

〔三〕見金剛般若波羅蜜經。

〔四〕出僧衛十住經含注序，見出三藏記集卷九。

〔五〕按，據顯密圓通成佛心要集卷下，或出白傘蓋頌：「誦滿一萬八千遍，遍遍入於無相定。號成堅固金剛幢，自在得名人中佛。縱使罵詈不爲過，諸天常聞梵語聲。」白傘蓋，喻指如來藏，性本無染，徧覆有情，故稱。子璿首楞嚴義疏注經卷七：「悉怛多般怛囉，云『白傘蓋』，即指藏心。不與妄染相應，故云白；遍覆一切法，故云蓋。」思坦集楞嚴經集注卷八：「荆公云：白以實相純浄爲義，傘蓋以圓成陰覆衆生爲義。」白傘蓋頌，撰者不詳。

〔六〕見佛陀跋陀羅譯大方廣佛華嚴經卷三三。

〔七〕出道安撰遺誡九章之七，見續高僧傳卷二四周京師大中興寺釋道安傳。

又，此一心皆因理、事無礙，得有如是周徧含容。如理事無礙觀〔一〕云：「但理、事鎔融，存、亡逆順，通有十門：

「一、理偏於事門。謂能偏之理，性無分限；所偏之事，分位差別。一一事中，理皆全偏，非是分偏。何以故？彼真理不可分故。是故一一纖塵，皆攝無邊真理，無不圓足。

「二、事偏於理門。謂能偏之事，是有分限；所偏之理，要無分限。此有分限之事，於無分限之理，全同非分同。何以故？以事無體，還如理故。是故一塵不壞而偏法界也。如一塵，一切法亦然。思之。」〔二〕

又，一、理性不唯無分故，在一切處而全體在於一内；二、不唯分故，常在一中，全在一切處。一、事法不唯分故，常在此恒在他方；二、不唯無分故，偏一切處而不移本位。又，一、由理性不唯無分故，不在一事外；二、不唯分故，不在一事内。一、事法不唯分故，常在此處而無在；二、不唯無分故，常在他處而無在。是故無在無不在而在此在彼，無障礙也〔三〕。

「此全偏門，超情離見，非世喻能況。如全一大海，在一波中而海非小；如一小波，匝於大海而波非大。同時全偏於諸波而海非異，俱時各匝於大海而波非一。又，大海全偏一波時，不妨舉體全偏諸波；一波全匝大海時，諸波亦各全匝互不相礙。思之。」〔四〕

釋曰：以海爲真理，以波爲事況，理、事相偏而非一異，則海處波而不小，同濕性而廣狹無差；波匝海而非大，不壞相而一多全匝。

「問：理既全徧一塵，何故非小？既不同塵而小，何得説爲全體徧一塵？一塵全匝於理性，何故非大？若不同理而廣大，何得全徧於理性？既成矛盾，義甚相違。

「答：理、事相望，各非一異，故全收而不壞本。先、理望事，有其四句：一、真理與事非異故，真理全體在事中；二、真理與事非一故，真理體性恒無邊際；三、以非一即非異故，無邊理性全在一塵；四、以非異即非一故，一塵理性無有分限。次、事望理，亦有四句：一、事法與理非異故，全匝於理性；二、事法與理非一故，不壞於一塵；三、以非一即非異故，一小塵匝於無邊理性；四、以非異即非一故，一塵匝無邊理性而塵不大。思之。

「問：無邊理性全徧一塵時，外諸事處爲有理性？爲無理性？若塵外有理，則非全體徧一塵；若塵外無理，則非全徧一切事。義甚相違。

「答：以一理性融故，多事無礙，故得全在内而全在外，無障無礙，各有四句：

「先、就理四句：一、以理性全體在一切事中時，不礙全體在一塵處，是故在外則在内；二、全體在一塵中時，不礙全體在餘事處，是故在内則在外；三、以無二之性，各全在一切中時，是故亦在内亦在外；四、以無二之性，非一切故，是故非内非外。前三句，明與一切法非異。此之一句，明與一切法非一。良爲非一非異故，内外無礙。

「次、就事四句：一、一塵全匝於理時，不礙一切事法亦全匝，是故在内即在外；二、一切法各匝理性時，不礙一塵亦全匝，是故在外則在内；三、以諸法同時各匝故，是故全内亦全外，無有障礙；四、以諸事法各不壞故，彼此相望，非内非外。思之。」〔五〕

釋曰：以理在一爲内，在多爲外；事亦以一爲内，以多爲外。何故如是一多、内外相徧相在而無障礙？唯是一心圓融故，寄理、事以彰之。以體寂邊，目之爲理；以用動邊，目之爲事。以理是心之性，以事是心之相，性、相俱心，所以一切無礙。如上無邊分限差别之事，唯以一理性鎔融，自然大小相含，一多即入。如金鑄十法界像，若消鎔則無異相，如和融但是一金。以理性爲洪爐，鎔萬事爲大冶，則銷和萬法，同會一真。

「三、依理成事門。謂事無别體，要因真理而得成立，以諸緣起皆無自性故，由無性理事方成故，如波要因於水能成立故。依如來藏，得有諸法，當知亦爾。思之。

「四、事能顯理門。謂由事攬理故，則事虚而理實。以事虚故，全事中之理，挺然露現，猶如波相虚，令水體露現，當知此中道理亦爾。思之。

「五、以理奪事門。謂事既攬理成，遂令事相皆盡，唯一真理，平等顯現，以離真理外，無片事可得故，如水奪波，波無不盡，此則水存於已壞波令盡。

「六、事能隱理門。謂真理隨緣，成諸事法，然此事法既匝於理，遂令事顯理不現也，如水成波，動顯静隱。經云：法身流轉五道，名曰衆生〔六〕。故令衆生現時，法身不現也。

「七、真理即事門。謂凡是真理，必非事外，以是法無我理故；事必依理，以理虚無體故。是故此理舉體皆事，方爲真理，如水即波，動而非濕。

「八、事法即理門。謂緣起事法，必無自性，舉體即真故。説衆生即如，不待滅也，如波動相，舉體即水，無異相〔七〕也。

「九、真理非事門。謂即事之理，而非是事，以真妄異故，實非虚故，所依非能依故，如即波之水非波，以動濕異故。

「十、事法非理門。謂全理之事，事恒非理，性相異故，能依非所依故。是故舉體全理，而事相宛然，如全水之波，波恒非水，以動義非濕故。」〔八〕

校　注

〔一〕按，法藏述華嚴發菩提心章，分發心第一、簡教第二、顯過第三、表德第四四部分，其中「第四表德者，自有五門：一、真空觀，二、理事無礙觀，三、周徧含容觀，四、色空章十門止觀，五、理事圓融義」。此「理事無礙觀」即表德「五門」中之第二。

〔二〕見法藏述華嚴發菩提心章。

〔三〕「理性不唯無分故」至此，詳見法藏述華嚴經明法品内立三寶章卷下玄義章理事分無門第五。

〔四〕見法藏述華嚴發菩提心章。

〔五〕見法藏述華嚴發菩提心章。
〔六〕不增不減經:「即此法身,過於恒沙無邊煩惱所纏,從無始世來隨順世間,波浪漂流,往來生死,名爲衆生。」
〔七〕「相」,原無,據華嚴發菩提心章補。
〔八〕見法藏述華嚴發菩提心章。

華嚴經云:「如色與非色,此二不爲一。〔一〕」又云:「生死及涅槃,分别各不同。」

釋曰:理事逆順自在者〔二〕,「事、理相望,各有四義。四義中,皆二義逆,二義順。謂依理成事,真理即事,順也;以理奪事,真理非事,逆也。事能顯理,事法即理,順也;事能隱理,事法非理,逆也。欲成即成,欲壞即壞,故云『自在』。成不礙壞,壞不礙成;顯不礙隱,隱不礙顯,故云『無礙』。正成時即壞等,故云『同時』。五對皆無前卻,故云『頓起』。」

「又,上四對,何以約理望事,但云『成』等,不云『顯』等?約事望理,但云『顯』等,不云『成』等,深有所以。何者?事從理生,可許云『成』;理非新有,但可言『顯』。事成必滅,故得云『壞』;真理常住,故但云『隱』。其即之與一、離之與異,大旨則同,細明亦異。理無形相,但可即事。而事有萬差,故言與理冥一。理絶諸相,故云『離事』;事有差異,故云『異理』。

「上約義别，有此不同。若統收者，應成五對無礙之義：一、相偏對，二、相成對，三、相害對，四、相即對，五、不即對。五中前四明事理不離，後一明事理不即。又，五對之中，共有三義：成顯一對，是事理相作義；奪隱及不即二對，是事理相違義；相偏及相即二對，是事理不相礙義。又，由第二相作故，有第四相即，由相即故相偏。由有第三相違故，有第五不即。

「又，若無不即，無可相偏，故説真空、妙有，各有四義。約理望事，即真空四義：一、廢己成他義，即依理成事門；二、泯他顯己義，即真理奪事門；三、自他俱存義，即真理非事門；四、自他俱泯義，即真理即事門。由其即故，而互泯也。又，初及三即理偏事門，以自存故，舉體成他，故偏他也。

「後約事望理，即妙有四義：一、顯他自盡，即事能顯理門；二、自顯隱他義，即事能隱理門；三、自他俱存義，即事法非理門；四、自他俱泯義，即事法即理門。又，初及三即事偏於理門，以自存故，而能顯他，故偏他也。故説約空有存亡無礙，真空隱顯自在。」〔三〕

理、事鎔融者，鎔，冶也，謂初銷義；融，和也，謂終成義。以理鎔事，事與理融。觀之於心，即名此觀。觀事當俗，觀理當真。今觀理、事無礙，中道第一義觀，自然悲智相導，成無住行。

又，理事十門，揔分五對：一、理事相徧，二、理事相成，三、理事相害，四、理事相即，五、理事相非〔一〕。理即性空真理，一相無相；事即染浄心境，互爲緣起。起滅時分，此彼相貌不可具陳。

相徧二門，是全徧全同，理不可分故。華嚴經頌云：「法性徧在一切處，一切衆生及國土，三世悉在無有餘，亦無形相而可得。」〔二〕三句即全徧，末句即不可分。

相成二門，依理成事，則如因水成波，似依空立色，真如不守自性，能隨萬緣；事能顯理，則如影像表鏡明，識智表本性。華嚴經頌云：「了知一切法，自性無所有。如是解諸法，即見盧舍那。」〔三〕

相害二門，以理奪事，如水奪波；事能隱理，似煙鬱火。

校注

〔一〕見實叉難陀譯大方廣佛華嚴經卷一九。下一處引文同。

〔二〕法藏述華嚴發菩提心章：「此上十義同一緣起，約理望事，則有成、有壞，有即、有離；事望於理，有顯、有隱，有一、有異。逆順自在，無障無礙，同時頓起。」

〔三〕見澄觀述大方廣佛華嚴經隨疏演義鈔卷一〇。

相即二門，真理即事，如水不離冰，若但是空，出於事外，則不即事。今即法爲無我理，離事何有理耶？事法即理，則緣起無性，一切衆生亦如也。

相非二門，能、所有異，真、妄不同，則於解常自一，於諦常自二。

相即則非二，相非則非一，非一故不壞俗諦，非二故不隱真諦。此真諦性空之理，空而不空；斯俗諦幻有之事，有而不有。不有之有，有不礙空；不空之空，空不絶有。彼此無寄，遞互相成。若心内定一法是有，即墮常；若心外執一法是無，即沉斷。俱成見網，不入圓宗。

如上圓融，約理事無礙訖。

校注

〔一〕按，「分五對」者，出澄觀述華嚴法界玄鏡卷上。

〔二〕見實叉難陀譯大方廣佛華嚴經卷二八。

〔三〕見實叉難陀譯大方廣佛華嚴經卷一六。盧舍那：即報身佛。智顗説妙法蓮華經文句卷九下釋壽量品：「報身如來名盧舍那，此翻淨滿。」玄應一切經音義卷一：「盧舍那，或云『嚧柘那』，亦言『盧折羅』，此譯云『照』，謂遍照也，以報佛淨色遍周法界故也。又，日月燈光遍周處，亦名盧舍那，其義是也。」

音義

鐶，户關反，指鐶。　窟，苦骨反，穴也。　蹉，七何反，蹉跎也。　佉，丘伽反。　緒，徐侶反，由也。　熾，昌志反。　琳，力尋反。　瑯，魯當反。　瀼，汝陽反，濃露也。　謀，莫浮反，謀計也。　儉，巨斂反，約也。　廓，苦郭反。　奚，胡雞反，何也。　吞，吐根反，咽也。　鄙，方美反，陋也。　號，胡刀反，呼咷也。　泣，去急反。　振，章刃反。　鑄，之戍反，鎔也。　鎔，餘封反。　冶，羊〔一〕者反，銷也。　挺，徒頂反。　鬱，紆物反。

丙午歲分司大藏都監開板

校注

〔一〕「羊」，原作「半」，據文意改。

宗鏡録卷第十三

慧日永明寺主智覺禪師延壽集

夫前已明一心理事無礙，今約周遍含容觀中事事無礙者。如法界觀序云：「使觀全事之理，隨事而一一可見；全理之事，隨理而一一可融。然後一多無礙，大小相含，則能施爲隱顯，神用不測矣。乃至〔一〕欲使學人冥此境於自心，心慧既明，自見無盡之義。」〔二〕此周遍含容觀〔三〕，亦具十門：

「一、理如事門。謂事法既虛，相無不盡；理性真實，體無不現。此則事無別事，即全理爲事。是故菩薩雖復看事即是觀理，然説此事爲不即理。」〔四〕

釋云：「由此真理全爲事故，如事顯現，如事差別，大小一多，變易無量。又此真理，即與一切千差萬别之事俱時歷然顯現，如耳目所對之境，亦如芥瓶〔五〕，亦如真金，爲佛、菩薩、比丘及六道衆生形像之時，與諸像一時顯現，無分毫之隱，亦無分毫不像。今理性亦爾，無分毫隱，亦無分毫不事，不同真空，但觀理奪事門中，唯是空理現也。『故菩薩雖復看事即是觀理，然説此事爲不即理』者，以事虚無體而不壞相。」〔六〕所以觀衆生見諸佛，觀生死見涅槃，以全理之事，恒常顯現，是以事既全理，故不即理；若也即理，是不全矣。如金鑄十法界像，一一像全體是金，不可更言即金也。

「二、事如理門。謂諸事法與理非異故，事隨理而圓遍，遂令一塵普遍法界。法界全體遍諸法時，此一微塵亦如理性，全在一切法中。如一微塵，一切事法亦爾。」〔七〕

釋云：「一一事，皆如理普遍廣大，如理徹於三世，如理常住本然。例一切諸佛、菩薩、緣覺、聲聞及六道衆生，一一皆爾。」〔八〕乃至一塵一念，性相作用，行位因果，無不圓足。

「三、事含理事門。謂諸事法與理非一故，存本一事而爲廣容。如一微塵，其相不大，而能容攝無邊法界，由刹等諸法既不離法界故，俱在一塵中現。如一塵，一切法亦爾。此理事融通，非一非異故，總有四句：一、一中一，二、一切中一，三、一中一切，四、一切中一切。各有所由，思之。」〔九〕

釋云：「『一中一』者，上一是能含，下一是所含；下一是能遍，上一是所遍。餘三句，一一例知。」〔一〇〕

「四、通局無礙門。謂事與理非一即非異故，令此事法不離一處，即全遍十方一切塵内；非異即非一故，全遍十方而不動一位，即遠、即近，即遍、即住，無障、無礙。

「五、廣狹無礙門。謂事與理非一即非異故，不壞一塵，而能廣容十方刹海；由非異即非一故，廣容十方法界而微塵不大。是則一塵之事，即廣、即狹，即大、即小，無障、無礙。」

「六、遍容無礙門。謂此一塵望於一切，由普遍即是廣容故，遍在一切中時，即復還攝一切諸法，全住自中。又由廣容即是普遍故，令此一塵還則遍在自内一切差別法中。是故此塵自遍他時，即他遍自，能容、能入同時，遍攝無礙。思之。」

「七、攝入無礙門。謂彼一切望於一法，以入他即是攝他故，一切全入一中之時，即彼全一還復在自一切之内，同時無礙。思之。又，由攝他即是入他故，一法全在一切中時，還令一切恒在一内，同時無礙。思之。」〔一二〕

釋云：此上無礙，猶如鏡燈，即十鏡互入〔一三〕。「如九鏡入彼一鏡中時，即攝彼一鏡還入九鏡之内，同時交互，故云無礙。」〔一三〕

「八、交涉無礙門。謂一望於一切，有攝、有入。通有四句，謂一攝一切、一入一切；一切攝一、一切入一；一攝一、一入一；一切攝一切、一切入一切。同時交參無礙。」〔一四〕

釋云：「『一攝一、一入一』者，如東鏡攝彼西鏡，入我東鏡中時，即我東鏡入彼西鏡中去。『一切攝一切、一切入一切』者，圓滿常如此句，但以言不頓彰，故假前三，句句皆圓滿。」〔一五〕

「九、相在無礙門。謂一切望一，亦有攝有入。亦有四句，謂攝一入一，攝一切入一，攝一入一切，攝一切入一切，同時交參無礙。」〔一六〕

釋云：「此與前四句不同。前但此彼同時攝入，今則欲入彼時，必別攝餘法，帶之將入彼中，發起重重無盡之勢。『攝一入一』者，如東鏡能攝南鏡，帶之將入西鏡之中，即東鏡爲能攝能入，南鏡爲所攝，西鏡爲所入也。此則釋迦世尊攝文殊菩薩入普賢中也。『攝一切入一』者，如東鏡攝餘八鏡，帶之將入南鏡之中時，東鏡爲能攝能入，八鏡爲所攝，南鏡爲所入，則一佛攝一切衆生，帶之同入一衆生中也。『攝一入一切』者，如東鏡能攝南鏡，帶之將入餘八鏡中。『攝一切入一切』者，如東鏡攝九鏡，帶之將入九鏡之中時，東一鏡爲能攝能入，九鏡爲所攝，亦即便爲所入也。此句正明諸法互相涉入，一時圓滿，重重無盡也。今現見鏡燈但入一燈當中之時，則鏡鏡中各有多多之燈，無前後也。則知諸佛、菩薩、六道衆生不有則已，有即一刹那中，便徹過去、未來、現在十方一切凡聖中也。」〔一七〕

「十、普融無礙門。謂一切及一，普皆同時，更互相望，一一具前兩重四句，普融無礙，准前思之，令圓明顯現，稱行境界，無障無礙。深思之，令現在前。是以前九門文不頓顯故，此攝令同一刹那，既總、別同時，則重重無盡也。」〔一八〕

校注

〔一〕乃至：表示引文中間有删略。

〔二〕見裴休注華嚴法界觀門序。

〔三〕按，法藏述華嚴發菩提心章：「周遍含容觀者，謂事如理融，遍攝無礙，交參自在。」

〔四〕見法藏述華嚴發菩提心章。

〔五〕澄觀撰大方廣佛華嚴經疏序：「炳然齊現，猶彼芥瓶。」大方廣佛華嚴經隨疏演義鈔卷二：「炳然者，明也。如瑠璃瓶盛多芥子，隔瓶頓見。」宗密撰圓覺經大疏釋義鈔卷一：「炳然齊現，猶彼芥瓶，意取歷歷分明不錯亂之狀。」

〔六〕見宗密注華嚴法界觀門。

〔七〕見法藏述華嚴發菩提心章。

〔八〕見宗密注華嚴法界觀門。

〔九〕見法藏述華嚴發菩提心章。

〔一〇〕見宗密注華嚴法界觀門。

〔一一〕見法藏述華嚴發菩提心章。

〔一二〕宗密注華嚴法界觀門：「若以鏡燈喻者，如四方、四維布八鏡，又上、下各安一鏡爲十，於中安一燈，即十鏡互入。如一鏡遍九鏡時，即容九在一内也。」

〔一三〕見宗密注華嚴法界觀門。

〔一四〕見法藏述華嚴發菩提心章。
〔一五〕見宗密注華嚴法界觀門。
〔一六〕見法藏述華嚴發菩提心章。
〔一七〕見宗密注華嚴法界觀門。
〔一八〕見法藏述華嚴發菩提心章。

又，華嚴演義云：「夫能所相入，心境包含，總具四義，能成無礙：一、稱性義，二、不壞相義，三、不即義，四、不離義。由稱性故不離，由不壞相故不即。又如諸刹入毛孔，皆有稱性及不壞相義。今毛上取稱性義，故知法性之無外；刹上取不壞相義，故不遍稱性之毛。」〔一〕以一毛稱性故，能含廣刹；以廣刹不壞相故，能入一毛。

又，「内外緣起，非即非離，亦有二義：一、約内外共爲緣起，由不即故，有能所入；由不離故，故得相入。二、約内外緣起，與真法性不即不離。此復二義：一、由内外不即法性，有能所入；不離法性故，毛能廣包，刹能遍入。二者、毛約不離法性，如理而包；刹約不即法性，不遍毛孔。思之」。

校注

〔一〕見澄觀述大方廣佛華嚴經隨疏演義鈔卷七六。下一處引文同。

此事事無礙觀，如群臣對王，各各全得王力；猶諸子對父，一一全得爲父。又如百僧同住一寺，各各全得受用而寺不分；若空中大小之華，一一遍納無際虚空而華不壞。則十方一切衆生，全是佛體而無分劑。以不知故，甘稱眇劣。禀如來之智德，反墮愚盲；具廣大之威神，而跧小器。所以志公云：「法性量同太虚，衆生發心自小。」〔一〕

如上無礙，但是一心，如海涌千波，鏡含萬像，非一非異，周遍圓融，互奪互成，不存不泯，遂得塵含法界，無虧大小；念包九世，延促同時〔二〕。等事現前，此乃華嚴一部法界緣起自在法門，如在掌中，爛然可見。又，非獨華嚴之典，乃至一代時教難思之妙旨、十方諸佛無作之神通、觀音秘密之悲門、文殊法界之智海，一時顯現，洞鑒無疑矣。

校注

〔一〕按，據景德傳燈録卷二九，出寶誌和尚大乘讚十首之一。然寶誌和尚作品係後人依託，詳見本書卷一注。

〔二〕法藏述修華嚴奥旨妄盡還源觀：「色是幻色，必不礙空；空是真空，必不礙色。（中略）若證此理，即得塵含十方，無虧大小；念包九世，延促同時。」

若非智照深達自心，又焉能悟此希奇之事？如先德云：「證佛地者，爲〔一〕塵〔二〕空無我無性是也〔三〕。乃至〔四〕稱理而言，非智所知。如空中鳥飛之時跡，不可求依止跡處也，然空中之跡，既無體相可得，然跡非無。此跡尋之逾廣，要依鳥飛，方詮跡之深廣。當知佛地要因心相而得證佛地之深廣，然證入此地，不可住於寂滅。一切諸佛，法不應爾。當示教利喜，學佛方便、學佛智慧。」〔五〕

校注

〔一〕「爲」，華嚴經義海百門作「謂」。

〔二〕「塵」，諸校本作「真」。按，冥樞會要作「塵」。

〔三〕「性是也」，華嚴經義海百門作「相是地」。

〔四〕乃至：表示引文中間有删略。

〔五〕見法藏述華嚴經義海百門決擇成就門。

夫佛智慧者，即一切種智。所以般若經中，以種智爲佛，則無種不知，無種不見，斯乃以無知知一切知，以無見見一切見。

如華嚴離世間品「十種無下劣心」中云：「菩薩摩訶薩又作是念：『三世所有一切諸佛、一切佛法、一切衆生、一切國土、一切世間、一切三世、一切虚空界、一切法界、一切語言施設界、一切寂滅涅槃界，如是一切種種諸法，我當以一念相應慧，悉知悉覺，悉見悉證，悉修悉斷。然於其中無分别、離分别，無種種、無差别，無功德、無境界，非有非無，非一非二。以不二智知一切二，以無相智知一切相，以無分别智知一切分别，以無異智知一切異，以無差别智知一切差别，以無世間智知一切世間，以無世智知一切世，以無衆生智知一切衆生，以無執著智知一切執著，以無住處智知一切住處，以無雜染智知一切雜染，以無盡智知一切盡，以究竟法界智於一切世界示現身，以離言音智示不可説言音，以一自性智入於無自性，以一境界智現種種境界。知一切法不可説而現大自在言説，證一切智地；爲教化調伏一切衆生故，於一切世間示現大神通變化。』是爲第十無下劣心。」〔一〕

如上微細剖析理事根源，方見全佛之衆生，惺惺不昧；全衆生之佛，歷歷無疑。悟本而似達家鄉，得用而如親手足。云何迷真抱幻，捨實憑虚？辜負己靈，沉埋家寶？高推上聖，自鄙下凡？都爲但誦空文，未窮實義。唯記即心是佛之語，親省何年？只學萬法唯識之言，誰當現證？

校注

〔一〕見實叉難陀譯大方廣佛華嚴經卷五五。

既乖教觀，又闕明師，雖稱紹隆，但成自誑。宗鏡委細，正爲斯人。使了其義而識其心，披其文而見其法。感諸聖苦口，愧先賢用心。覽卷方知，終不虛謬。如高拂雲霧，豁覩青天；似深入龍宫，親逢至寶。始悟從來未諦，學處麁浮，可驗時中，全無力量。未到實地，莫言其深；未至劬勞，莫言其苦。唯當見性，可以息言。

且諸聖所以垂言教者，普爲生盲凡夫，令不著生死；眇目二乘〔一〕，令不住涅槃；夜視小菩薩〔二〕，令捨於權乘；羅縠别菩薩〔三〕，令不執教道。此爲未知有自心，即具如是廣大神德無邊妙用者，分明開示，令各各自知：十方諸佛，莫不承我威光；一切異生，莫不賴我恩力。勸生忻慕，進道弘修，破一微塵，出大千經卷。然後以定慧力，内外莊嚴，發起本妙覺心，真如相用，似磨古鏡，如瑩神珠，光徹十方，影透法界，無令一小含識不承此光。猶如善財，一生可辦。又如龍女，親獻靈山，如來印可。故云：「我獻寶珠，世尊納受，是事疾不？」答言：「甚疾。」女言：「以汝神力，觀我成佛，復速於此。」〔四〕

校注

〔一〕吉藏撰法華義疏卷七：「目視不正爲眇。又云，一目少爲眇。譬二乘所見空、有，悉皆不正。涅槃云『見菩薩八相成道，名二乘曲見』，謂有見不正也；又言『若以聲聞辟支佛心言無布施，是則名爲破戒邪見』，謂空見不正也。」窺基撰妙法蓮華經玄贊卷七本：「眇目者，視不正。説文：一目少也。目匡陷急曰眇。眇，小也。爲二乘説安立諦教，能詮顯、義不圓，名爲眇目。」

〔二〕湛然述法華文句記卷四中：「初住菩薩乃至等覺，猶有無明，今且斥方便教菩薩未見中者，並如夜視。」智顗説妙法蓮華經文句卷三下：「如來遍照，横竪悉周，如觀掌果。秖爲凡夫如雙盲，二乘如眇目，菩薩夜視，矇朧不曉，不可得説，止止絶言，其意在此耳。」

〔三〕菩薩地持經卷一〇畢竟方便處建立品：「究竟地菩薩智如羅縠中視，如來智如去羅縠；菩薩智如遠見色，如來智如近見色。」吉藏撰大乘玄論卷三：「十住菩薩方見佛性，猶如羅縠。九住以還，未見佛性。」玄應一切經音義卷一〇：「羅縠，胡木反，似羅而疏，似紗而密者也。有懞縠、霧縠，言細如霧也。」

〔四〕「故云」至此，見妙法蓮華經卷四提婆達多品。

是知纔悟此法，因果同時，成道度生，不出一刹那之際。如法華經信解品云：「疾走往捉。」〔一〕又，譬喻品云：「其疾如風。」〔二〕豈滯多生，枉修功行？有如是速疾念念相應之力，而不肯承當，故諸聖驚嗟，廣爲開演，布八教網，備三乘車，大小俱收，權實並載，提携誘引，密赴機宜，或見或聞，而前而後，悉令入此一乘金剛寶藏以爲究竟。

如方便品中，引十方三世諸佛，皆「以無量無數方便，種種因緣、譬喻言詞，而爲衆生演説諸法。是法皆爲一佛乘故，是諸衆生，從佛聞法，究竟皆得一切種智」〔三〕。則不可迷諸佛方便門，執其知解，領成現之語，起法我之心。如般若經中佛言：我於一切法無所執故，得常光一尋、身真金色〔四〕。

校注

〔一〕見妙法蓮華經卷二信解品。
〔二〕見妙法蓮華經卷二譬喻品。
〔三〕見妙法蓮華經卷一方便品。
〔四〕大般若波羅蜜多經卷三九八：「我等住此無所執故，便能獲得真金色身、常光一尋，具三十二大丈夫相，八十隨好圓滿莊嚴。」

是以但於人、法二執俱亡，一道常光自現，還同釋迦，親證金色之身。所以諸佛教門，皆爲顯宗破執。依前住著，反益迷心，如熱金丸〔一〕，執則燒手，令甘露聖教，出苦良緣，若遇斯人，有損無益。如方便品偈云：「舍利弗當知，諸佛法如是，以萬億方便，隨宜而説法，其不習學者，不能曉了此。汝等既已知，諸佛世之師，隨宜方便事，無復諸疑惑，心生大歡喜，自知當作佛。」〔二〕

校注

〔一〕龍樹造、鳩摩羅什譯大智度論卷四二：「是色無常、苦、空等，過罪故不受。譬如熱金丸，雖有金可貪，但以熱故，知不可取。」卷六八：「佛言：聲聞經雖深，不應貪著。譬如燒熱金丸，色雖妙好，不可捉。」

〔二〕見妙法蓮華經卷一方便品。

故知若不習定學慧，且不知隨宜之説，妄認爲真，不可徇文以爲悟道。直如善財登閣，龍女獻珠，當此之時，自然親見。應須剋己辦事，曉夜忘疲。若問程而不行，家鄉轉遠；似見寶而不取，還受貧窮。所以古德頌云：「學道先須細識心，細中之細細難尋。可中尋到無尋處，方信凡心是佛心。」〔一〕

故知即於一念生死心中，能信有諸佛不思議事，甚爲難得。如大涅槃經云：「佛言：『若有人能以藕根絲懸須彌山，可思議不？』『不也，世尊。』『善男子，菩薩摩訶薩於一念頃，悉能得量一切生死，是故復名不可思議。』」〔二〕

校　注

〔一〕按，據宋行霆圓覺經類解卷一末：「藥山告李翱曰：『大守欲得保任此事，直須向高高峰頂立，深深海底行，閨閤中物捨不得，俱爲滲漏。所以道：學道先須細識心，細中之細最難尋。可中尋到無尋故，方信凡心是佛心。』故此「古德」者，或即藥山。藥山，即惟儼，絳州人，俗姓韓，傳見宋高僧傳卷一七唐朗州藥山惟儼傳。

〔二〕見大般涅槃經卷一八，南本見卷一六。

問：理唯一道，事乃萬差，云何但了一心，無邊佛事悉皆圓滿？

答：出世之道，理由心成；處世之門，事由心造。若以唯心之事，一法即一切法，舒之無邊；以唯心之理，一切法即一法，卷之無跡。因卷而説一，此法未曾一；因舒而説多，此法未曾多。非一非多，有而不有；而多而一，無而不無。一多相依，互爲本末。通有四義：一、相成義，則一多俱立，以互相持，有力俱存也；二、相害義，形奪兩亡，以相依故，各無性也；三、互存義，以此持彼，不壞彼而在此，彼持此亦爾。經頌云：「一中解無量，無量中解一。」〔一〕四、互泯義，以此持彼，彼相盡而唯此；以彼持此，此相盡而唯彼。經云：「知一即多，多即一。」〔二〕

校注

〔一〕見實叉難陀譯大方廣佛華嚴經卷一三。

〔二〕實叉難陀譯大方廣佛華嚴經卷一六：「佛智有盡或無盡，三世一相種種相。一即是多多即一，文隨於義義隨文。」

又，由彼此相成，資攝無礙，是故得有大小即入，一多相容，遠近互持，主伴融攝，致使塵塵現而無盡，等帝網以參差；故得事事顯而無窮，若定光而隱映。

又，一多無礙之義，古德以喻顯示，如數十錢法〔一〕。此有二體：一、異體，二、同體。就異體中有二：一、相即，二、相入。又以諸緣起法有二義：一、空有義，此即自體；二、有力無力義，此望力用。由初義故約相即，由後義故得相入。初、空有義中，由自若有時他必無故，他即自。何以故？由他無性，以自作故。二、由自若空時他必有故，自即他故。何以故？由自無性，用他作故。以空有無二體故，所以常相即。若不尒者，緣起不成，有自性等過。二力用中，自有全力，所以能攝他；他全無力故，所以能入自。不據自體，故非相即；力用交徹，故成相入〔二〕。

校注

〔一〕「數十錢法」者，法藏華嚴一乘教義分齊章卷四：「此中有二門，一者向上去，二者向下來。初門中有十門：一者一。何以故？緣成故。一即十。何以故？若無一即無十故。由一有體，餘皆空故，是故此一即是十矣。如是向上乃至第十，皆各如前，準可知耳。言向下者，亦有十門：一者十。何以故？緣成故。十即一。何以故？若無十即無一故。由一無體，餘皆有故，是故此十即一矣。如是向下乃至第一，皆各如是，準前可知耳。以此義故，當知一一錢即是多錢耳。」

〔二〕「古德以喻顯示」至此，參見法藏華嚴一乘教義分齊章卷四。此古德者，當即法藏。

十數爲譬者，復有二門〔一〕：一、異體門，二、同體門。就異體門中，復有二：一者、一中多，多中一。如經頌云：「一中解無量，無量中解一。了彼互生起，當成無所畏。」〔二〕此約相説。二者、一即多，多即一。如經頌云：「一即是多多即一，義味寂滅悉平等。遠離一異顛倒相，是名菩薩不退住。」〔三〕此約理説。

問：既其各各無性，那得成其一多耶？

答：此由法界實德，緣起力用，普賢境界相應，所以一多常成，不增不減也。次明一即多、多即一者，如似一即十，緣成故，若十非一，一不成故〔四〕。何但一不成，十亦不成？如柱若非舍，爾時則無舍；若有舍，亦有柱。即以柱即是舍故，有舍復有柱；一即十、十即一故，成一復成十也。

問：若一即十，此乃無有一；若十即一，此乃無有十。那言一之與十，復言以即故得成耶？

答：一即非一者，是情謂一，今所謂緣成一〔五〕。緣成一者，非是情謂一故。經頌云：「一亦不爲一，爲破諸數故。淺智著諸法，見一以爲一。」〔六〕

問：前明一中多、多中一者，即一中有十、十中有一。此明一即十，有何别耶？

答：前明一中十者，離一無有十，而十非是一。若此明一即十者，離一無有十，而十即是一，緣成故也。

二、同體門者，還如前門相似，還明一中多、多中一，一即多、多即一。今就此門中説者，前異體門言一中十者，以望後九，故名一中十。此門言一中十者，即一中有九，故言一中十也。

問：若一中即有九者，此與前異體門中一即十有何别耶？

答：此中言有九者，有於自體九，而一不是九。若前異體説者，一即是彼異體十，而十不離一。

問：一中既自有九者，應非緣成義？

答：若非緣成，豈得有九耶？

問：一體云何得有九？

答：若無九，即無一。

次明同體門中一即十者。還言一者，緣成故一即十。何以故？若十非一，一不成故。一即十既爾，一即二、三亦然。

問：此中言自體一即十者，與前同體一中十，有何别耶？

答：前明自體中有十而一非是十，此明一即十而一即是十，以此爲異。

問：此明一體即十，爲攝法盡不？

答：隨智差别故，亦盡亦不盡。何者？如一若攝十，即名〔七〕爲盡。若具説，即無盡也。

問：爲攝自門無盡？爲攝餘門亦無盡耶？

答：一無盡，餘亦無盡；若餘不盡，一亦不盡。若一成，一切即成；若一不成，一切即不成。是故此攝法，即無盡復無盡，成一之義也。於三四義，猶若虚空，即是盡；更不攝餘，故名無盡。故知亦攝盡不盡也。

問：既言一即能攝者，爲只攝一中十？亦得攝他處十？

答：攝他十亦有盡不盡義。何以故？離他無自故，一攝他處即無盡，而成一之義；他處十義如虚空，故有盡。經云：菩薩在於一地，普攝一切諸地功德〔八〕。

校注

〔一〕按，「十數爲譬者，復有二門」後，詳見智儼撰華嚴一乘十玄門（此書據題署，「承杜順和尚説」）。

〔二〕見實叉難陀譯大方廣佛華嚴經卷一三。

〔三〕見佛陀跋陀羅譯大方廣佛華嚴經卷八。

〔四〕「如似一即十，緣成故，若十非一，一不成故」，華嚴一乘十玄門作「如似一即十，緣成故，若一非十，十不成也。從上向下來，亦如是，十即一，緣成故，若十非一，一不成也」。

〔五〕「一即非一者，是情謂一，今所謂緣成一」，華嚴一乘十玄門作「一即十即非一者，非是情謂一，所謂緣成一」。

〔六〕敦煌本法句經普光問如來慈偈答品：「一亦不爲一，爲欲破諸數。淺智之所聞，見一以爲一。」

〔七〕「名」，原作「不」，據華嚴一乘十玄門改。

〔八〕佛陀跋陀羅譯大方廣佛華嚴經卷一：「同一法性，覺慧廣大，甚深智境，靡不明達，住於一地，普攝一切諸地功德。」又，此處所引經文，亦當據華嚴一乘十玄門轉引。

此宗鏡録是一乘別教不思議門圓融無盡之宗，不同三乘教中所說。如上一多無礙之義，不可以意解情思，作限量之見，唯浄智眼，以六相、十玄〔一〕該之，方盡其旨耳。則知融攝無邊，包含匪外。

校注

〔一〕六相：總相、別相、同相、異相、成相、壞相。十玄：同時具足相應門、因陀羅網境界門、秘密隱顯俱成門、微細相容安立門、十世隔法異成門、諸藏純雜具德門、一多相容不同門、諸法相即自在門、唯心回轉善成門、託事顯法生解門。參見本書卷一注。

如法華神力品云：「諸佛於此得阿耨多羅三藐三菩提，諸佛於此轉于法輪，諸佛於此而般涅槃。」〔一〕

校注

〔一〕見妙法蓮華經卷六如來神力品。

又，經云：「慈悲爲佛眼，正念爲佛頭，妙音爲佛耳，香林爲佛鼻，甘露爲佛口，四辯〔一〕爲佛舌，六度爲佛身，四攝〔二〕爲佛手，平等爲佛指，戒定爲佛足，種智爲佛心。」

校注

〔一〕四辯：善於説法的四種才智，即法無礙辯、義無礙辯、辭無礙辯、辯無礙辯。

〔二〕四攝：即四攝法。仁王護國般若波羅密多經卷上菩薩行品：「行四攝法：布施，愛語，利行，同事。」布施攝，謂若有衆生樂財則布施財，若樂法則布施法，使因是生親愛之心，依我受道。愛語攝，謂隨衆生根性而善言慰喻，使因是生親愛之心，依附我受道。利行攝，謂起身口意善行利益衆生，使由此生親愛之心而受道。同事攝，謂以法眼見衆生根性，隨其所樂而分形示現，使同其所作霑利益，由是受道。

金光明經疏云：「法性身佛者，非是凡夫二乘下地之所能見，唯應度者示令得見。此即無身之身、無相之相，一切智爲頭，第一義諦髻，八萬四千法門髮，大悲眼，中道白毫，無漏鼻，十八空舌，四十不共齒，弘誓肩，三三昧腰，如來藏腹，權實智手，定慧足。如此等相，莊嚴法性身佛也。」〔一〕

校注

〔一〕見智顗説、灌頂録金光明經文句卷三釋讚歎品。知禮述金光明經文句記卷三下：「『無身』等者，非質礙身，是微妙身；非差別相，是智浄相。一切智是萬行首，故以爲頭。第一義諦，諸法中最，故以爲髻。八萬塵勞，轉爲法門，數多名髮。大悲爲眼，見苦即拔。中道白毫，不偏不染。無漏爲鼻，嗅功德香。十八空舌，遍嘗理味。不共爲齒，四十數齊。大論以十八不共法、十力、四無畏、大慈、大悲、三念處等爲四十，皆不與下地共故。四弘爲肩，荷負不息。三三昧止散，如腰束衣。圓三三昧，秪是三觀。空即空觀；無相即假觀，不得空相故；無願即中觀，於二邊不作願求故。如來藏腹，含三千故。權實智手，遍拔衆生。定慧等足，究踐理地。」

牛頭初祖云：「諸佛於此得菩提者，此是心處得菩提，色處轉法輪，眼處入涅槃。若爾者，身中究竟解脱，法身常在，浄土具足，更少何物？復更何求？初發心時，便成正覺。

此宗鏡中所有智行主伴，皆同一際，纔有信者，悉同法流。但如一圓鏡之中，無別分析。如華嚴論云：「此經法門，揔是十方諸佛同行共行，更無新故。如大王路，發跡登之者即是，無奈不行之何？一念隨善根，少分見性，智慧現前，揔是不離佛正覺根本智故，不離普賢行故。如普賢一念中少分善心，揔是向法流者。故經云：聞如來名號及所説法門，聞而不信，猶能畢竟至於金剛智地〔一〕。何況信修者也？」〔二〕

又云：「此華嚴經中解行法門，修學悟入，必能成就十住法門，住佛種性，生如〔三〕來家，爲佛真子，不同權教初地菩薩，以誓願成佛。此華嚴經直論實證位，不論誓願。爲此教門，揔一時一際一法界，無異念，前後情絶，凡聖一性，不論情繫，應以無念、無作法界照之可見。若立情見，不可信也。設生信者，玄信佛語故，非是自見。若自見者，情絶想亡，心與理合，智與境冥，方知萬境，性相通收。若不如斯，心常彼此，是非競作，垢浄何休？若也稱性情亡，法界重玄之門自達，一多純雜，自在含容。揔、別之門，圓融自在。於利生之法，善達諸根，隨所堪能，悉皆成益，敬承親近者，皆能友〔四〕之。」〔五〕

校注

〔一〕詳見佛陀跋陀羅譯大方廣佛華嚴經卷三六。金剛智，即佛智。如來智慧無法不知，無惑不斷，如金剛至堅至利，故云金剛智。

〔二〕見李通玄撰新華嚴經論卷一〇。

〔三〕「如」，原作「一」，據磧砂藏、嘉興藏本及新華嚴經論改。

〔四〕「友」，原作「拔」，據新華嚴經論改。

〔五〕見李通玄撰新華嚴經論卷五。

所以稱性故，凡行一事，悉徧法界。若隨事作，則有分限。如摩訶般若經云：「欲以一食供養十方各如恒河沙等諸佛及僧，當學般若波羅蜜。欲以一衣、華香、瓔珞、粖香、塗香、燒香、燈燭、幢幡、華蓋等供養諸佛及僧，當學般若波羅蜜。」〔一〕論：「問曰：菩薩若以一食供養一佛及僧，尚是難事，何況十方如恒河沙等諸佛及僧？答曰：供養功德，在心不在事也。若菩薩以一食大心，悉供養十方諸佛及僧，亦不以遠近爲礙，是故諸佛皆見皆受。」〔二〕

校注

〔一〕見摩訶般若波羅蜜經卷一序品。

〔二〕見龍樹造、鳩摩羅什譯大智度論卷三二。

是知但運一心，廣大無際，功德、智慧二種莊嚴〔一〕，六度萬行，無不圓滿，則知一毫空性，法界無差；一微塵中，具十方分〔二〕。是以法華會上，十方佛國通爲一土，分身共座，同證一乘。亦如華嚴教明，此土説法，十刹咸然〔三〕。仰先聖之同歸，令後學之堅信。偶〔四〕斯教者，莫大良緣。如秉大炬以燭幽關，炳然見性；似駕迅航而渡深濟，倏爾登真。故云一句染神，必當成佛〔五〕；二〔六〕字經耳，七世不沉〔七〕。「所利唯人，所約唯己。」〔八〕「百福殊相，同入無生。萬善異流，俱會平等。」〔九〕

校注

〔一〕大般涅槃經卷二七：「若有人能爲法諮啓，則爲具足二種莊嚴：一者智慧，二者福德。」

〔二〕方分：指上、下、左、右等方位。

〔三〕實叉難陀譯大方廣佛華嚴經卷六：「佛演一妙音，周聞十方刹，衆音悉具足，法雨皆充遍。一切言辭海，一切隨類音，一切佛刹中，轉於浄法輪。一切諸國土，悉見佛神變，聽佛説法音，聞已趣菩提。」

〔四〕「偶」，諸校本作「遇」。「偶」「遇」通。

〔五〕智顗説、湛然略維摩經略疏卷五：「經言一句染神，彌劫不朽。」湛然述法華文句記卷一〇下：「一句染神，咸資彼岸。」支婁迦讖譯雜譬喻經：「法言：染神億劫不朽，煎熬生死，得道乃止。」

〔六〕「二」，嘉興藏本及明通潤述疏大乘起信論續疏卷下引作「一」。

〔七〕廣弘明集卷一九陸雲公御講般若經序：「一句奉持，尚生衆善；二字經耳，猶階勝報。」

〔八〕出蕭子顯御講摩訶般若經序，見廣弘明集卷一九。

〔九〕出法彪發般若經題論義，見廣弘明集卷一九。

今宗鏡中亦復如是。「正直捨方便，但説無上道。」〔一〕一切諸法中，唯以等觀入〔二〕。若執方便，廣辯諸乘，則失佛本懷，違於大旨。如法王經云：若定根機，爲小乘人説小乘法，爲闡提人説闡提法，是斷佛性，是滅佛身，是説法人當歷百千萬劫墮諸地獄。何以故？衆生之性，即是法性，從本已來，無有增減，云何於中分別藥、病〔三〕？如是解者，即一切法無非佛法矣。

校注

〔一〕見妙法蓮華經卷一方便品。

〔二〕智顗説妙法蓮華經玄義卷三下：「一切諸法中，皆以等觀入。」

〔三〕法王經：「一切衆生，皆有佛性，無無佛性，但覺有遠近，無無法身分者。若定根機，爲小乘人説小乘法，爲闡提人説闡提法。若如是説，即名不説佛道法，是斷佛性，是滅佛身。是説法人當歷百千萬劫墮諸地獄，縱佛出世，由不得出；縱令得出，若生人中，即生邊地下賤無有三寶處，缺脣無舌，獲如是報。何以故？菩薩、衆生之性，則是法性。法性常浄，具一切諸實相好，從本以來，無得無失、無出無没，性常真實，亦無虚妄，亦無煩惱，亦無涅槃，亦無增減，究竟清浄，一性清浄，即是菩提清浄性。菩提性一性無二，平等清浄，言語道斷，猶如虚空。内外清浄，是一清浄，亦不處内外，亦不處中間，無言無説，云何於中分别病、藥？若無分别，是無分别智。」按，此經見敦煌遺書斯二六九二寫卷，首殘。大正藏第八十五册收。又，法王經一卷，明佺等撰大周刊定衆經目録卷一五僞經目録中著録，開元釋教録卷一八别録中僞妄亂真録據大周刊定衆經目録著録。

問：如何是一切法皆是佛法？

答：一切法唯心，心即是佛，心即是法。如學人問忠國師〔一〕：經云「一切法皆是佛法」〔二〕，殺害還是佛法不？答：一切施爲，皆是佛智之用。如人用火，香臭不嫌；亦如其水，浄穢非汙。以表佛智也。是知火無分别，蘭艾俱焚；水同上德，方圓任器。所以文殊執劍於瞿曇〔三〕，鴦掘持刀於釋氏〔四〕，豈非佛事乎？若心外見法而生分别，直饒廣作勝妙之事，亦非究竟。

校注

〔一〕忠國師：釋慧忠，俗姓冉，越州諸暨人。傳見宋高僧傳卷九唐均州武當山慧忠傳。

〔二〕見金剛般若波羅蜜經。

〔三〕大寶積經卷一〇五神通證説品：「今有世界名曰娑婆，彼土有佛號釋迦牟尼如來、應供、正遍覺，現在説法。然彼世界有一上首菩薩摩訶薩名文殊師利，久已不退於阿耨多羅三藐三菩提。爲欲破壞新學菩薩執著心故，躬秉利劍，馳走趣彼釋迦如來，顯發深法。」

〔四〕央掘魔羅經卷一：「爾時，央掘魔羅母念子當飢，自持四種美食，送往與之。子見母已，作是思惟：『當令我母得生天上。』即便執劍，欲前斷命。去舍衛國十由旬少一丈，於彼有樹，名阿輸迦。爾時，世尊以一切智如是知時如雁王來。央掘魔羅見世尊來，執劍疾往，作是念言：『我今復當殺是沙門瞿曇。』爾時，世尊示現避去。」

問：心性本淨，寂照無遺，何假智光而爲鑒達？

答：心是正因，雖然了照，以客塵煩惱所遮，若無智慧了因，而不能顯。古德云：「智照心原，即是了因，如空與日，略有十義，以辯難思：一、謂日與空，非即非離；二、非住非不住；三、如日善作破暗良緣，顯空之要；四、雖復滅暗顯空，空無損益；五、理實無損，事以推之，暗蔽永除，性乃無增，空界所含，萬像皆現；六、而此虚空，性雖清浄，若無日光，則有暗起；七、非以虚空空故，自能除暗，暗若除者，必假日光；八、日若無空，無光無照，空若無日，暗不自除；九、然此暗性，無來無去，日之體相，亦不生不滅；十、但有日照空，則乾坤洞曉。以智慧日照心性空，亦復如是。」〔二〕

釋曰：一、智與心非即非離。云何非即？以智是能照，心是所照，能、所異故。云何非離？智是心之用，用不離體故。二、非住非不住。云何非住？智性離故。云何非不住？與心相應故。三、智能破客塵，顯了心性。四、智雖去塵現性，而心本無隱顯。五、心雖本空，要盡客塵，方能普現法界。六、心雖清淨，若無智光，則爲客塵所蔽。七、非心自空，不染客塵。塵若除者，要因智光。八、智無心不照，心無智不明。九、客塵雖盡，本無來去。智雖起照，亦無生滅。十、但得智光，則心性湛然寂照，法界洞朗，究竟清淨。

故知萬法無修，策修而至無修；本性雖空，亦由修空而顯空。今宗鏡所録，深有所以。只爲衆生無智不修而墮愚闇，不照心性，枉陷輪迴。若不得宗鏡之智光，何由顯於心寶？且衆生無漏智性，本自具足，以客塵所蔽，似鏡昏塵，但能知鏡本明，塵即漸盡。客塵盡處，真性朗然。

如大涅槃經云：「如大村外，有娑羅林，中有一樹，先林而生，足一百年。是時林主，灌之以水，隨時修治。其樹陳朽，皮膚枝葉，悉皆脱落，唯貞實在。如來亦爾，所有陳故，悉已除盡，唯有一切真實法在。」〔二〕

校注

〔一〕見澄觀撰大方廣佛華嚴經疏卷七。

校注

〔一〕見大般涅槃經卷三九，南本見卷三五。

所以一鉢和尚謌云：「萬代金輪聖王子，只者真如靈覺是。菩提樹下度衆生，度盡衆生出生死。不生死，真丈夫，無形無相大毗盧。塵勞滅盡真如在，一顆圓明無價珠。」〔一〕

校注

〔一〕出一鉢歌。一鉢歌，詳見本書卷一注。此八句，景德傳燈録卷三〇一鉢歌作：「萬代金輪聖王子，只遮真如靈覺是。菩提樹下度衆生，度盡衆生不生死。不生不死真丈夫，無形無相大毗盧。塵勞滅盡真如在，一顆圓明無價珠。」

音義

眇，亡少反。　跧，莊緣反，屈也。　爛，郎旰反。　洞，徒弄反。　剖，普后反，破也。　惺，桑經反。　埋，莫皆反。　謬，靡幼反，誤也。　豁，呼括反。　劬，其俱反，勞也。　縠，胡谷反，羅也。　瑩，烏定反，飾也。　髻，古詣反。　秉，兵永反。　炳，兵永反。　駕，古訝反。　迅，私閏反，疾也。　航，胡郎反，艀也。　倐，式竹反，忽也。　灌，古玩反〔一〕。

丙午歲分司大藏都監開板

校注

〔一〕「反」，原無，據文意補。

宗鏡録卷第十四

慧日永明寺主智覺禪師延壽集

夫釋迦文佛開衆生心，成佛知見；達磨初祖直指人心，見性成佛。若體此一心，云何是成佛之理？

答：一心不動，諸法無性，以無性故，悉皆成佛。

華嚴經云：「佛子，如來成正覺時，於其身中，普見一切衆生成正覺，乃至普見一切衆生入涅槃，皆同一性，所謂無性。無何等性？所謂無相性、無盡性、無生性、無滅性、無我性、無非我性、無衆生性、無非衆生性、無菩提性、無法界性、無虚空性，亦復無有成正覺性。知一切法皆無性故，得一切智，大悲相續，救度衆生。佛子，譬如虚空，一切世界，若成若壞，常無增減。何以故？虚空無生故。諸佛菩提，亦復如是，若成正覺、不成正覺，亦無增減。何以故？菩提無相、無非相、無一、無種種故。

「佛子，假使有人能化作恒河沙等心，一一心復化作恒河沙等佛，皆無色、無形、無相，如是盡恒河〔一〕沙等劫，無有休息。佛子，於汝意云何？彼人化心，化作如來，凡有幾何？如來性起妙德菩薩言：『如我解於仁所説義，化與不化，等無有别，云何問言凡有幾何？』普賢菩薩言：『善哉，善哉！佛子，如汝所説，設一切衆生於一念中悉成正覺，與不成正覺等無有異。何以故？菩提無相故。若無有相，則無增減。佛子，菩薩摩訶薩應如是知，成等正覺，同於菩提一相無相。』」〔二〕

校注

〔一〕「河」，原作「何」，據諸校本改。

〔二〕見實叉難陀譯大方廣佛華嚴經卷五二。

疏釋云：「所以知佛智徧者，無一衆生不有本覺，與佛體無殊故。經云佛智潛流，即似佛智徧他衆生〔一〕。今顯衆生自有佛智，故云徧耳。此有三意：一、明無一衆生不有。則知無性者，非衆生數，謂草木等，已過五性之見〔二〕。二者、衆生在纏之因，已具出纏之果法，故云『有如來智慧』〔三〕。非但有性後方當成，亦非理先智後。是知涅槃，對昔方便，且説有性。後學尚謂談有藏無〔四〕，況聞等有果智，誰當信者？三、彼因中之果智，即他佛之果智。以圓教宗，自他因果，無二體故。不爾，此説衆生有果，何名説佛智耶？斯則玄又玄矣，非華嚴宗，無有斯理。

「疑云：涅槃云：佛性者，名爲智慧[五]。『有智慧時，則無煩惱。』[六]今有佛智，那作衆生？

「釋云：謂顛倒故不證，豈得言無？如壯士迷於額珠[七]，豈是膚中無寶？謂若先無，離倒寧有？既離則現，明本不無，如貧得珠，非今授與。是以涅槃恐不修行，故云言定有者，即爲執著；恐不信有，故云若言定無，則爲妄語。乍可執著，不可妄語。又，如來藏等經，説有九種喻，喻如來藏：謂如青蓮華在泥水中，未出泥，人無貴者[八]；又如貧女而懷聖胎[九]；如大價寶垢衣所纏[一〇]；如摩尼珠落在深厠[一一]；如真金像弊衣所覆[一二]；如菴羅樹華實未開[一三]；亦如稻米在糠檜中[一四]；如金在鑛[一五]；如像在模[一六]；皆是塵中有佛身義，與此大同也。」[一七]

校注

〔一〕實叉難陀譯大方廣佛華嚴經卷五一：「譬如大海，其水潛流四天下地及八十億諸小洲中，有穿鑿者無不得水，而彼大海不作分别：『我出於水。』佛智海水，亦復如是，流入一切衆生心中。若諸衆生觀察境界、修習法門，則得智慧清淨明了，而如來智平等無二、無有分别，但隨衆生心行異故，所得智慧各各不同。」

〔二〕澄觀述大方廣佛華嚴經隨疏演義鈔卷七九：「即涅槃經云除牆壁瓦石，皆有佛性故，無佛性則非衆生。凡是有心，定當作佛。則無一不有，以一切人皆有心故。故即知言無佛性，則無心也，無心寧異瓦礫？此是涅槃一性之宗，故云已過五性。」五性：聲聞定性、緣覺定性、菩薩定性、不定性、無性。

〔三〕實叉難陀譯大方廣佛華嚴經卷五一：「無一衆生而不具有如來智慧，但以妄想顛倒執著而不證得。若離妄想，一切智、自然智、無礙智則得現前。」

〔四〕澄觀述大方廣佛華嚴經隨疏演義鈔卷七九：「『後學尚謂談有藏無』者，即大乘法師法華疏意。彼意涅槃經言一切衆生皆有佛性，總談皆有，欲奬衆生，實而明之，亦有無者，藏在一切總有之中。言通別類異者，通相皆有，別揀有無，有無不同，不應一類。」「大乘法師法華疏意」者，詳見窺基妙法蓮華經玄贊卷一。

〔五〕大般涅槃經卷二七：「佛性者，名第一義空。第一義空，名爲智慧。」

〔六〕見大般涅槃經卷三一，南本見卷二九。

〔七〕詳見大般涅槃經卷七，參卷三注。

〔八〕大方等如來藏經：「如佛所化無數蓮花忽然萎變，無量化佛在蓮花内，相好莊嚴，結加趺坐，放大光明，衆覩希有，靡不恭敬。」

〔九〕大方等如來藏經：「譬如女人貧賤醜陋，衆人所惡而懷貴子，當爲聖王，王四天下。此人不知經歷時節，常作下劣生賤子想。如是，善男子，如來觀察一切衆生，輪轉生死，受諸苦毒，其身皆有如來寶藏，如彼女人而不覺知。」

〔一〇〕楞伽阿跋多羅寶經卷二：「世尊修多羅説，如來藏自性清浄，轉三十二相，入於一切衆生身中，如大價寶，垢衣所纏。」

〔一一〕大方等如來藏經：「譬如真金墮不浄處，隱没不現，經歷年載，真金不壞而莫能知。有天眼者，語衆人言：『此不浄中，有真金寶，汝等出之，隨意受用。』如是，善男子，不浄處者，無量煩惱是。真金寶者，如來藏是。有天眼者，謂如來是。」

〔一二〕大方等如來藏經：「譬如有人持真金像，行詣他國，經由險路，懼遭劫奪，裹以弊物，令無識者。此人於道忽便命終，於是金像棄捐曠野，行人踐蹈，咸謂不浄。得天眼者，見弊物中有真金像，即爲出之，一切禮敬。如是，善男子，我見衆生種種煩惱，長夜流轉，生死無量，如來妙藏在其身内，儼然清浄，如我無異。」

〔一三〕大方等如來藏經：「譬如菴羅果，内種不壞，種之於地，成大樹王。如是，善男子，我以佛眼觀諸衆生，如來寶藏在無明殼，猶如果種在於核内。善男子，彼如來藏清涼無熱，大智慧聚妙寂泥洹，名爲如來、應供、等正覺。」

〔一四〕大方等如來藏經：「譬如粳糧，未離皮檜，貧愚輕賤，謂爲可棄，除蕩既精，常爲御用。如是，善男子，我以佛眼觀諸衆生，煩惱糠檜覆蔽如來無量知見，故以方便如應説法，令除煩惱浄一切智，於諸世間爲最正覺。」

〔一五〕大乘入楞伽經卷四：「法本性如金等在鑛，若佛出世，若不出世，法住法位，法界法性皆悉常住。」

〔一六〕大方等如來藏經：「譬如鑄師鑄真金像，既鑄成已，則置于地，外雖焦黑，内像不變，開摸出像，金色晃曜。如是，善男子，如來觀察一切衆生，佛藏在身衆相具足。」按，智儼集華嚴五十要問答後卷：「如來藏義者，依大方等如來藏經：我以佛眼觀一切衆生，諸煩惱中，有如來智、如來眼、如來身，結跏趺坐，儼然不動。一、舉彼天眼，觀未敷華内，有如來身，結跏趺坐。明如來藏本性具德喻。二、譬如淳蜜，在巖樹中，無數群峰圍繞守護，有人巧智，除蜂取蜜。明本德去染成淨喻。三、譬如粳糧米，未離皮檜，貧愚輕賤，謂爲可棄，除蕩既精，常爲御用。明藏在染同愚異淨喻。四、譬如真金墮不淨處，隱没不現，經歷年載，真金不壞。明藏在染難壞喻。五、譬如貧家有珍寶藏，寶不能言『我在於此』。又無語者，不能開發。明藏在染闕緣喻。六、譬如菴羅菓，内種不壞，種之於地，成大樹王。明藏德會緣成果喻。七、譬如有人，持真金像，行諸他國，經於險路，懼遭劫奪，裹以弊物，令無識者。棄捐曠野，人謂不淨。有天眼者，知有真像，即爲出之，令他禮敬。明真德除染生信喻。八、譬如女人貧賤醜陋，而懷貴子，經歷多時，人謂賤想。明轉想會真成智喻。九、譬如鑄師鑄真金像，既鑄成已，外雖燋黑，内像不變。開模出像，金色見曜。明反染歸真應體喻。」

〔一七〕見澄觀撰大方廣佛華嚴經疏卷四九。

又，此無性理，能成一切，能壞一切，則一成一切成，一壞一切壞。一成一切成者，即因果交徹，於中有二：一、明生、佛不二。華嚴經云：「如來成正覺時，於其身中，普見一切衆生成正覺等。」〔一〕淨名經云：「一切衆生，即菩提相。」〔二〕即菩提相，于何不成？二、明能、所不二。即華嚴經云：「皆同一性，所謂無性。」〔三〕淨名經云：「不行是菩提，離意法故。」〔四〕法即是所，意即是能。良以心、境同一性故，生、佛亦然。是以真心不守自性故，舉體隨緣，成諸萬法，性即體也。以諸法唯心所現，各無自體，虚假相依，無決定性，以無性故，能隨異緣成立一切。若有定性，猶如金石，各有堅性，不可令易。今此無性，猶如於水，遇冷成冰，逢火便煖。故中論偈云：「集若有定性，先來所不斷，於今云何斷？道若有定性，先來所不修，於今云何修？」〔五〕故知若有定性，一切諸法皆悉不成；若無定性，一切皆成。

校　注

〔一〕見實叉難陀譯大方廣佛華嚴經卷五二。

〔二〕見維摩詰所説經卷上菩薩品。

〔三〕見實叉難陀譯大方廣佛華嚴經卷五二。

〔四〕見維摩詰所説經卷上菩薩品。

〔五〕「猶如金石」至此，見澄觀述大方廣佛華嚴經隨疏演義鈔卷三二。按，「中論偈云」者，今檢中論，未見此説，或據意述者。詳參龍樹造、鳩摩羅什譯中論卷四觀四諦品：「如苦諦性，先不可見者，後亦不應見。如是，亦不應有斷集滅證修道。何以故？是集性先來不斷，今亦不應斷。性不可斷故，滅先來不證，今亦不應證。先來不證故，道先來不修，今亦不應修。先來不修故，是故四聖諦見、斷、證、修四種行皆不應有。四種行無故，四道果亦無。何以故？是四道果性，先來不可得，諸法性若定，今云何可得？」

又，若衆生各各有性，自體不移，則永作衆生，無因成佛。所以無性理同，以有空義故，一切法得成，於畢竟空中，熾然建立一切法。若此一微塵法成，則盡十方虚空界一切異法一時成；若有一微塵異法不成者，此間一毫之法亦不成，失圓頓義。

以一心一切心故，若悟宗鏡成佛，即一切處成佛。所以金剛經云：「所在之處，則爲有佛。」〔一〕若有一微塵處不成佛，則不入宗鏡中。故經云「唯我一人」者，三界六道凡聖無非我，是一是人，故唯我一人耳。故知若離此而修，皆成權漸，如待空華而結果，期燄水以成冰，任滿三祇，不入真實。但自觀心見佛，了諸法空，則不動念而親覩毫光，靡運身而徧參法界。

校注

〔一〕金剛般若波羅蜜經：「若是經典所在之處，則爲有佛。」

如佛在忉利，一夏安居。佛以神力制諸人天，不知處所。夏受歲已，佛攝神足，欲還閻浮。爾時，須菩提於石室中住，自思惟言：「佛忉利下，當至佛所禮佛耶？爲不至耶？」復自思惟：「佛常説法，若人以智慧力觀佛法身，是名見佛中最。」佛時已從忉利下閻浮提，四衆皆集，人、天相見。座中有佛，及轉輪王、諸天大集，衆會莊嚴，先未曾有。須菩提念：「今此大衆，雖復殊特，勢不久停。」因此無常，觀之初門，悉知諸法空無有實。作是觀時，即得道證。時一切衆欲先見如來，禮拜供養。有蓮華色比丘尼，常爲他人呼爲婬女，欲除惡名，便化爲輪王，七寶千子，衆人見之，皆悉避座。化王見佛，還復本身爲比丘尼，最先禮佛。佛告尼言：「非汝先禮我，唯須菩提最初禮我。所以者何？須菩提觀諸法空，爲見法身，得真供養，供養中最，非供養生身名供養也。」〔一〕

校　注

〔一〕「如佛在忉利」至此，詳見龍樹造、鳩摩羅什譯大智度論卷一一。此處引文，據湛然述止觀輔行傳弘決卷六之一。

是知若不自信心佛，求他勝緣，功業雖勤，終非究竟。如華嚴如來出現品云：「佛子，設有菩薩於無量百千億那由他〔二〕劫行六波羅蜜〔三〕，修習種種菩提分法〔三〕，若未聞此如來不思議大威德法門，或時聞已，不信、不解、不順、不入，不得名爲真實菩薩，以不能生如來家故。」〔四〕

校注

〔一〕那由他：又作「那術」「那述」「那庾多」「那由多」等。玄應撰一切經音義卷三：「那術，經又作『述』，同食聿反。或言『那由他』，當中國十萬也，光讚經云億，那術劫是也。案，佛本行經云：一百百千是名俱致，此當千萬。百俱致名阿由多，此當千億。百阿由多名那由他，此當萬億。此應上筭也。」澄觀撰大方廣佛華嚴經疏卷一三：「此方黄帝算法，數有三等，謂上、中、下。下等數法十十變之，中等百百變之，上等倍倍變之。（中略）測公深密記第六云：俱胝相傳釋有三種：一者十萬，二者百萬，三者千萬。」圓測解深密經疏卷六：「言拘胝者，此云『億』也。（中略）拘胝傳釋有三：一者十萬，二者百萬，三者千萬。」

〔二〕六波羅蜜：波羅蜜，意譯「度」「到彼岸」。從生死此岸度到涅槃彼岸，有六種法門（布施、持戒、忍辱、精進、禪定和智慧）。

〔三〕菩提分法：即三十七菩提分法。智周大乘入道次第：「三十七菩提分法者，菩提，梵音，此譯名『覺』，即如來等盡無生智，照境窮源，故稱爲覺。分者，因也，此三十七能爲覺因，故名爲分。次别名者，種類不同，分爲七例：一、四念住，二、四正斷，三、四神足，四、五根，五、五力，六、七覺支，七、八正聖道。一、四念住者，謂身、受、心、法。身等四法，是所觀境，慧是能觀，慧與念俱，故慧從念稱爲念也。住者，即境是。能觀慧所住之境，總稱念住。别言身者，五根四大積集名身。領納於境，目之爲受。集起名心，軌持稱法。二、四正斷者，體一精進，義用不同，分之爲四：已生惡法斷之令滅，未生惡法令永不生，已生善法修令增長，未生善法修令得生。此四功能斷自所除懈怠障故，故名四斷。三、四神足者，神謂神通，妙用難測故名神也，即慧之用。足者彼因，體即勝定。由依勝定能發通故，故名神足。足雖一定，定因有四，故名四也。其四者何？謂欲、勤、心、觀。於境樂觀名欲，止惡進善曰勤，定能攝心稱心，於境簡擇名觀。此四非足，足之因也。四、五根者，增上之義是根義也。由五能生諸善法故，故總名根。其五者何？謂信、精進、念、定、慧也。謂於三寶四諦等中，能深忍樂清淨之性，名之爲信。勇猛進修，目爲精進。於境憶持，故稱爲念。專注所緣，號之爲定。簡擇德失，故得慧名。五、五力者，不可屈伏，故名爲力。即前五根據不可屈轉立力名。故瑜伽云：誰不能屈？答：此清淨信，若天若魔，乃至諸煩惱纏，亦不能屈，故名難伏。體即五根，更無別也。六、七覺支者，覺者是智，支者分類，分類不同而有七種，名七覺支。其七數者，一念，二擇法，三精進，四喜，五輕安，六定，七捨。於境明記，名之爲念。觀察德失，故名擇法。熾然修善，號爲精進。於意適悦，故得喜名。調暢身心，名爲輕安。專注所緣，故名爲定。遠離沈掉，平等寂静，目之爲捨。（中略）七、八聖道者，契理通神，目之爲聖；運載遊履，稱之爲道。其八者何？謂正思惟、正語、正業、正命、正精進、正念、正定、正見。籌量義理，名正思惟；語離四非，稱爲正語；身遠三過，名爲正業；無漏身語，離五邪命，名爲正命；修善斷惡，有勝堪能，目爲精進；明記所緣，稱爲正念；攝心不亂，號爲正定；推察諦理，故名正見。」

〔四〕見實叉難陀譯大方廣佛華嚴經卷五二。

又，以從緣故，緣亦無自性，則一切不成，念念散壞。如隨差別雜染之緣，因名言建立，故號衆生。於諸緣中，求衆生性了不可得，則衆生體空，即是壞義。以有諸法故，則空義得顯。若此一衆生義不成，則盡十方法界一切衆生悉皆不成，故名一壞一切壞。所以諸佛知一切法皆無性故，得成就一切智，起同體悲，相續不斷，盡未來際廣度有情。以一心無性成佛之理，願一切衆生與我無異，知衆生本來一心不動，常合天真。以無性故，不覺隨緣六趣昇降，枉受妄苦，虚墮輪迴，所以能起大悲，相續度脱。若無此無性之理，則大化不成，善惡凡聖，不可移易。若能如是解悟，則是入不思議方便法門。

佛藏經云：「諸法若有決定體性，如析毛髮百分之一者，是則諸佛不出於世，亦終不説諸法空。」〔一〕並證頓義。

校注

〔一〕見佛藏經卷上念佛品。

華嚴經頌云：「能於一念悉了知，一切衆生無有餘，了彼衆生心自性，達無性者所行道。」〔一〕

校注

〔一〕見實叉難陀譯大方廣佛華嚴經卷二〇。

不退轉法輪經云：「爾時，三菩薩住世尊前，以曼陀蓮華散於佛上。散已，作如是言：『我於此法，深生信解，無有疑惑。』其第一者白佛言：『世尊，若有人説如來，我即如來，於此法中都無疑惑。』第二菩薩復白佛言：『世尊，若有人稱説世尊，我即世尊，亦於此法悉無疑惑。』第三菩薩白佛言：『世尊，若有人稱説阿羅訶、三藐三佛陀，我即阿羅訶、三藐三佛陀，亦於此法悉無疑惑。』乃至[一]阿難白佛言：『世尊，云何菩薩作如是説？』佛言：『此三菩薩，善解假名，故作是説。』」[二]

故知但是凡聖諸法，皆是假名，從心建立。若能了達一切平等，即知凡聖諸法不出假名，假名不出真如之性。

如大般若經云：「爾時，善現告欲、色界諸天衆言：『汝諸天衆，説我善現佛真弟子，隨如來生。云何善現隨如來生？謂隨如來真如生故。所以者何？如來真如，無來無去；善現真如，亦無來無去，故説善現隨如來生。如來真如，即一切法真如；一切法真如，即如

校注

〔一〕乃至：表示引文中間有删略。

〔二〕見不退轉法輪經卷四受記品。

來真如。如是真如，無真如性，亦無不真如性。善現真如，亦復如是，故説善現隨如來生。』」〔一〕

釋曰：若「如來真如，即一切法真如」者，非獨善現隨如來生，乃至一切法界衆生悉隨如來生。何者？以如來真如即自真如故。「如是真如，無真如性」者，以此真如是言説中極，亦不可立。故云：「唤作如如，早是變也。」〔二〕既無真如之性，亦無非真如之性，如是了達，方爲究竟真如矣。

校　注

〔一〕見大般若波羅蜜多經卷四四七。

〔二〕按，據祖堂集卷一六南泉和尚、古尊宿語録卷一二，此説出池州南泉普願禪師語要。

鴦掘經〔一〕云：「爾時，舍利弗問諸比丘言：『大德，何縁説如是語：我今始於六師〔二〕出家？』諸比丘言：『大德舍利弗，從今已往，六師、諸佛，等同一相，無增無減。大德舍利弗，我等今知諸師不異，於出家中，無所分別，故言出家。』舍利弗言：『大德，何縁説言從今佛非我尊？』諸比丘言：『大德舍利弗，我從今往，自然明了，熾然明了，不假餘明。我自歸依，非餘歸依，自歸自尊。是故説言佛非我尊。何以故？我不離佛，佛不離我。』乃至〔三〕舍利弗言：『大德，何故説從今往説無有業？』諸比丘言：『大德舍利弗，我從今往，知一切説究竟涅槃，是中無有調伏，無非調伏。以是故言，我説無業。』』〔四〕

校注

〔一〕鴈腋經：諸經録中，未見此名，當爲象腋經之誤。「象腋」，或譯作「象脇」。

〔二〕六師：指佛陀時代佛教以外勢力較大的六種外道，具體名稱，詳見本書卷四六。

〔三〕乃至：表示引文中間有删略。

〔四〕見象腋經。

如來藏經云：「世尊告金剛慧言：『善男子，我以佛眼，觀一切衆生貪欲、恚、癡諸煩惱中，有如來智、如來眼、如來身，結加〔一〕趺坐，儼然不動。善男子，一切衆生，雖在諸趣，煩惱身中，有如來藏，常無染汙，德相備足，如我無異。』」〔二〕

校注

〔一〕「加」，嘉興藏本作「跏」。慧琳一切經音義卷八：「跏趺，上音加，下音夫，皆俗字也，正體作『加跗』。鄭注儀禮云：跗，足上也。顧野王云：足面上也。案，金剛頂及毗盧遮那等經，坐法差別非一，今略舉二三，明四威儀皆有深意。結跏趺坐，略有二種：一曰吉祥，二曰降魔。凡坐，皆先以右趾押左股，後以左趾押右股，此即左押右，手亦左居上，名曰降魔坐，諸禪宗多傳此坐。若依持明藏教瑜伽法門，即傳吉祥爲上，降魔坐有時而用。其吉祥坐，先以左趾押右股，後以右趾押左股，令二足掌仰於二股之上，手亦右押左，仰安跏趺之上，名爲吉祥坐。如來昔在菩提樹下成正覺時，身安吉祥之坐，手作降魔之印。是故如來常安此坐，轉妙法輪。若依祕密瑜伽，身語意業，舉動威儀，無非密印，坐法差别，並須師授。或曰半加，或名賢坐，或象輪王，或住調伏，與此法相應，即授此坐，皆佛密意有所示也。」

〔二〕見佛陀跋陀羅譯大方廣如來藏經。

楞伽經云：「如來藏自性清浄，轉三十二相，入於一切衆生身中。」〔一〕

校注

〔一〕見楞伽阿跋多羅寶經卷二。

華嚴入法界品中，鞞瑟胝羅居士得菩薩解脱不般涅槃際法門，常供養栴檀座佛塔，「告善財言：我開栴檀座如來塔門時，得三昧名佛種無盡。善男子，我念念中入此三昧，念念得知一切無量殊勝之事。乃至〔一〕善男子，我唯得此菩薩所得不般涅槃際解脱。如諸菩薩摩訶薩，以一念智普知三世，一念徧入一切三昧，如來智日恒照其心，於一切法無有分别，了一切佛，悉皆平等，如來及我一切衆生，等無有二，知一切法自性清浄，無有思慮，無有動轉，而能普入一切世間，離諸分別，住佛法印，悉能開悟法界衆生」〔二〕。

又頌云：「如心境界無有量，諸佛境界亦復然。如心境界從意生，佛境如是應觀察。」〔三〕

校注

〔一〕乃至：表示引文中間有删略。

〔二〕見實叉難陀譯大方廣佛華嚴經卷六八。

〔三〕見實叉難陀譯大方廣佛華嚴經卷五二。

法華經云：「如是，我成佛已來，甚大久遠，壽命無量，阿僧祇劫，常住不滅。」〔一〕「衆有疑云：成道既久，常此教化，中間所有然燈、毗婆沙、尸棄等佛成道入滅，説法度衆生復是誰耶？古釋云：於是中間説然燈佛等成道入滅，如是皆以智慧方便，善巧分別説於他佛，非離我身別有彼佛。」〔二〕

校注

〔一〕見妙法蓮華經卷五如來壽量品。

〔二〕見窺基妙法蓮華經玄贊卷九末。

非外有，並非密也。衆生即是，故名爲密〔一〕。

金剛經論云：衆生身内有佛亦非密、身外有亦非密，乃至非身内非身外有、非非内非

校　注

〔一〕按，灌頂撰大般涅槃經疏卷六：「論云：衆生身内有佛亦非密，身外有、非身内非身外有、非非内非非外有，並非密也，衆生即是，故名爲密。」此中「論云」者，出菩提達磨譯涅槃論：「願佛開微密，廣爲衆生説。云何微密？身外有佛亦不密、身内有佛亦非密、非有非無亦非密，衆生是佛故微密。云何衆生是佛？衆生非有、非無、非非有非非無，是故衆生是佛。」「金剛經論云」者，當誤。

寶藏論云：「不遺一法，不得一法，不修一法，不證一法，性浄天真，可〔一〕謂大道乎？是〔二〕以偏觀天下，莫非真人。孰得此理，同其一倫？」〔三〕

校　注

〔一〕「可」，嘉興藏本及寶藏論作「而」。

〔二〕「是」，原作「真一是」，據嘉興藏本及寶藏論改。

〔三〕見寶藏論廣照空有品。

台教云：只觀十法界衆生即是佛，十法界衆生陰佛陰，無毫芥之殊。三世佛事，衆生四儀，無不圓足〔一〕。

校注

〔一〕「台教云」者，見智顗説、灌頂記四念處卷四：「觀十法界衆生即是佛，十法界五陰即是法。衆生與佛，無二無别。衆生陰佛陰，無毫芥之殊。三世佛事，衆生四儀，無不具足。」

華嚴論云：「若少見性者，亦得佛乘。如大海中一毫之渧，乃至多渧，一一渧中，皆得大海。如是菩薩五位〔二〕之中，十住〔三〕、十地一一位内，皆有佛果。如彼海水一毫之渧，不離佛性，得諸行故，以彼佛性而有進修。如華嚴經，直以全佛〔三〕果不動智等十智如來〔四〕示凡信修，如有凡夫頓昇寶位，身持王位，徧知臣下一切群品，無不該含。華嚴經中法門，菩薩行相，亦復如是，從初發心十住之始，頓見如是如來法身佛性，無作智果，徧行普賢一切萬行，隨緣不滯，悉皆無作。涅槃經云：『佛性非是作法，但爲客塵煩惱所覆故。』〔五〕是故今從十住初位，以無作三昧〔六〕自體應真，煩惱客塵，全無體性，唯真體用，無貪、瞋、癡，任運即佛。故一念相應，一念成佛；一日相應，一日成佛。何須數劫漸漸而修，多劫積修三祇至果？心緣劫量，見障何休？諸佛法門，本非時攝，計時立劫，非是佛乘。」〔七〕

校注

〔一〕五位：指十住、十行、十回向、十地和等覺位。

〔二〕「住」，原作「位」，據新華嚴經論改。十住指發心住、治地住、修行住、生貴住、方便具足住、正心住、不退住、童真住、法王子住和灌頂住。

〔三〕「全佛」，新華嚴經論作「佛全」。全佛果，即十個佛果，亦即後云「十智如來」。

〔四〕十智如來：據實叉難陀譯大方廣佛華嚴經卷一三：「所謂不動智佛、無礙智佛、解脱智佛、威儀智佛、明相智佛、究竟智佛、最勝智佛、自在智佛、梵智佛、觀察智佛。」

〔五〕見大般涅槃經卷八。

〔六〕無作三昧：指對一切法無所願求之禪定。

〔七〕見李通玄撰新華嚴經論卷二。

又，經云「一切世界海微塵數劫，所有諸佛出興于世，親近供養」〔一〕者，「明無功之智偏周，無法不佛，佛即法也。十方虚空，無有間缺，針鋒毛端，無不是一切法一切佛故。但有微塵許是非染浄心，皆不是見佛也，以智眼印之」〔二〕。

校注

〔一〕見實叉難陀譯大方廣佛華嚴經卷七三。

〔二〕見李通玄撰新華嚴經論卷三九。

又云：「都舉『佛刹微塵數佛』〔一〕者，智滿行徧，無非佛故。『皆悉承事』〔二〕者，即聖、凡同體，無一不佛法〔三〕，空無間也。以普眼觀之，徹其心境無不佛也。智隨諸〔四〕行，一切皆佛故。如是見者，以事而論，亦實如是；表法而論，一切摠實是佛故。若一法一物不是佛見者，當知是人即是邪見，非正見也，即有能所、是非諸見競生，不得入此普賢、文殊智眼境界。」〔五〕

校注

〔一〕按，此説大方廣佛華嚴經多見。
〔二〕見實叉難陀譯大方廣佛華嚴經卷六四。
〔三〕「無一不佛法」，新華嚴經論作「無一法不佛」。
〔四〕「諸」，新華嚴經論作「敬」。
〔五〕見李通玄撰新華嚴經論卷三八。

是以若有異想雜念續續而起，故號衆生，則能、所互興，是、非交諍，即是邪見。若了妄念無相，外境自虚，則一切刹塵，無非正覺。所以釋摩訶衍論云：一念初起無有初相者，「謂『心起者，無有初相可知，而言知初相，即謂無念』[一]者，則是除疑，令生勝解，謂有衆生作如是疑：極解脱道會本覺時，微細初生，知得有耶？知得無耶？若知有者，極解脱道當非無念。所以者何？知有初念有初念故；若知無者，極解脱道當不能有。所以者何？既無初念，待何念無？立解脱有？

「如是疑故，今自通言：所知之相，從本已來自性空無；能知之智，從本已來無有起時。既無所覺之相，亦無能覺之智，豈可得言有細初相智慧可知？而言説知初相者，即是現示無念道理。所以者何？法性之理，雖無所知之初起相，亦無能知之始覺智，而能通達無所知相，無能知智。無所有覺，都非空無。是故今且依此道理，作如是説，知初相耳。

「『是故一切衆生不名爲覺，以從本來念念相續，未曾離念故，説無始無明』[二]者，即是成立上無念義。謂金剛已還，一切衆生獨力業相大無明念未出離故，則是現示一切衆生皆是有念，名爲衆生；一切諸佛皆得無念，名爲佛故。自此已下，現示始覺境界，周徧圓滿。謂大覺者已到彼岸，徧知一切無量衆生，一心流轉，作生、住、異、滅四相故。

「如論云：『若得無念者，則知心相生、住、異、滅故。』以何義故，如是知耶？得自無念時，一切衆生平等得故。如論云：『以無念等故。』以何義故，唯一行者得無念時，一切衆生悉得無念？一一衆生皆悉各各有本覺故。此義云何？謂一行者始覺圓滿同本覺時，徧同一切無量衆生本覺心中，非自本覺。所以者何？自性本覺徧衆生界無不至故。

「清淨覺者得無念時，一切衆生皆得無念者，清淨覺者斷無明時，一切衆生亦可斷耶？若爾何過？若始覺者斷無明時，一切衆生皆得斷者，何故上言『金剛已還，一切衆生獨力業相大無明念未出離故』，不名爲覺？若諸衆生無始無明未得出離，而與諸佛同得無念者，無念等義，唯有言説，無有實義，豈可得言一切衆生皆有本覺，亦有始覺？決斷此難，則有二門：一者、自宗決斷，二者、望別決斷。

「自宗決斷者，此論正宗，爲欲現示一切衆生同一相續，無差別故，可得一修行者無始無明究竟斷時，一切衆生亦同斷盡；一修行者滿始覺時，一切衆生亦同得滿。是故三身本有契經〔三〕中，作如是説：爾時，世尊告文殊言：『文殊師利，我由二等而成正覺：一者、斷等，二者、得等。言斷等者，我極解脱道初發起時，一切衆生所有無始無明，一時究竟頓決斷故；言得等者，我初成道滿始覺時，一切衆生皆滿足故。是名二等故。』

「望別決斷者，舉圓滿者望衆生界，無一一法而非清淨。舉諸衆生望無上尊，入無明藏，無所覺知，皆悉清淨，無所障礙，無念等義而得成立，入無明藏，無所覺知。

「上〔四〕所説文，無相違過，舉此一隅，應廣觀察。自此已下，融諸始覺，令同本覺。謂五十一分滿始覺時，實無轉勝漸次之果，亦無究竟圓滿之極。所以者何？一切始覺四相俱時而得住止，皆無自立。從本已來，一味平等，自性圓滿，契同無二，一相覺故。如論云：『而實無有始覺之異，以四相俱時而有皆無自立，本來平等一覺故。』」〔五〕

校注

〔一〕見真諦譯大乘起信論。

〔二〕見真諦譯大乘起信論。下兩處「論云」同。

〔三〕筏提摩多譯釋摩訶衍論卷一：「摩訶衍論別所依經，總有一百。（中略）五十二者，三身本有經。」

〔四〕「上」，原作「上上」，據釋摩訶衍論改。

〔五〕見筏提摩多譯釋摩訶衍論卷三。「論云」者，見真諦譯大乘起信論。

起信疏云：「豁然大悟，覺了自心，本無所轉，今無所静，本來平等，種種夢念，動其心原。『覺心初起』〔一〕者，是明所覺相。『心初起』者，依無明有生相迷〔二〕心體令動念，今乃證知，離本覺無不覺，即動念是静心，故言『覺心初起』。如迷東爲西，悟時乃知西即是東。『心無初相』者，本由不覺有心生起，今既覺故，心無所起，故言『無初相』。今究竟位，動念都盡，唯一心在，故言『無初相』。無明永盡，歸一心原，更無起動，故言『得見心性』。心即常住，更無所進，名究竟覺。未至心原，夢念未盡，欲滅此動，望到彼岸。而今既見心性，夢相都盡，覺知自心本無流轉。今無明静息，常自一心，是以證知佛地無念，此是舉因而證果也。」〔三〕

校注

〔一〕真諦譯大乘起信論：「如菩薩地盡，滿足方便，一念相應，覺心初起，心無初相。以遠離微細念故，得見心性，心即常住，名究竟覺。」

〔二〕「迷」，原作「之」，據起信論疏、大乘起信論别記等改。

〔三〕見元曉起信論疏卷上。

馬祖大師〔一〕云：汝若欲識心，祇今語言即是汝心。喚此心作佛，亦是實相法身佛，亦名爲道。經云「有三阿僧祇百千名號」〔二〕，隨世應處立名，如隨色摩尼珠，觸青即青，觸黄即黄，體非一切色，如指不自觸，如刀不自割〔三〕，如鏡不自照，隨緣所見之處，各得其名。此心與虛空齊壽〔四〕，乃至輪迴六道，受種種形，即此心未曾有生，未曾有滅。爲衆生不識自心，迷情妄起，諸業受報，迷其本性，妄執世間風息四大之身，見有生滅，而靈覺之性，實無生滅。汝今悟此性，名爲長壽，亦名如來壽量，唤作本空不動性，前後諸聖，秖會此性爲道。今見聞覺知，元是汝本性，亦名本心，更不離此心别有佛。此心本有今有，不假造作；本浄今浄，不待瑩拭。自性涅槃，自性清浄，自性解脱，自性離故，是汝心性本自是佛，不用别求佛。汝自是金剛定，不用更作意凝心取定。縱使凝心斂念作得，亦非究竟。

校注

〔一〕馬祖大師：道一，俗姓馬。傳見宋高僧傳卷一〇唐洪州開元寺道一傳。

〔二〕見楞伽阿跋多羅寶經卷四等。

〔三〕大乘入楞伽經卷七：「身資土影像，如夢從心生，心雖成二分，而心無二相。如刀不自割，如指不自觸，而心不自見，其事亦如是。」

〔四〕「祇今語言即是汝心」至此，本書卷九七引云「吉州思和尚云」，文字略有出入。吉州思和尚，即青原行思，俗姓劉，爲慧能法嗣。傳見景德傳燈録卷五吉州青原山行思禪師、宋高僧傳卷九唐京兆慈恩寺義福傳附。據本書卷九七，此説或爲道一引行思之説。

志公和尚生佛不二科〔一〕云：「衆生與佛不殊，大智不異於愚。何用外求珍寶〔二〕，身内〔三〕自有明珠。正道邪道不二，了知凡聖同途。迷悟本無差别，涅槃生死一如〔四〕。究竟攀緣空寂，推〔五〕求憶想清虚。無有一法可得，翛然直入無餘。」

校　注

〔一〕生佛不二科，即佛與衆生不二科，爲誌公和尚十四科頌之一。按，十四科頌署名誌公，景德傳燈録卷二九等有收録，學術界多認爲屬後人僞託。詳參賈晉華古典禪研究：中唐至五代禪宗發展新探（修訂版），第一七八—一八四頁，上海人民出版社，二〇一三年。

〔二〕「何用外求珍寶」，景德傳燈録卷二九收十四科頌、王隨傳燈玉英集收十四科頌作「何須向外求寶」。

〔三〕「内」，景德傳燈録卷二九收十四科頌、王隨傳燈玉英集收十四科頌作「田」。

〔四〕一如：不二不異。一者，平等不二；如者，恒常不變。

〔五〕「推」，景德傳燈録卷二九收十四科頌、王隨傳燈玉英集收十四科頌作「惟」。

傅大士頌云：「還原去，何須次第求？法性無前後，一念一時修。」〔一〕又頌云：「凡地修聖道，果地習凡因，恒行無所踐，常度無度人。」〔二〕

校　注

〔一〕見善慧大士語録卷三還源詩十二章。

〔二〕見善慧大士語録卷一。

真覺大師謌云：「雪山肥膩更無雜，純出醍醐我常納。一性圓通一切性，一法徧含〔一〕

一切法。一月普現一切水，一切水月一月攝。諸佛法身入我性，我性同共如來合。一地具足一切地，非色非心非行業。彈指圓成八萬門，刹那滅卻阿鼻業〔二〕。一切數句非數句，與吾靈覺何交涉？」〔三〕

校注

〔一〕「含」，原作「合」，據諸校本及永嘉證道歌改。

〔二〕「阿鼻業」，永嘉證道歌作「三祇劫」。

〔三〕見永嘉證道歌。真覺大師，即永嘉玄覺禪師，傳見宋高僧傳卷八唐温州龍興寺玄覺傳。

百門義海云：「發菩提者，今了達一切衆生及塵毛等無性之理，以成佛菩提智故，所以於佛菩提身中，見一切衆生成等正覺。又，衆生及塵毛等，全以佛菩提之理成衆生故，所以於衆生菩提中，見佛修菩提行。是故佛是衆生之佛，衆生即佛之衆生，縱有開合，終無差别。如是見者，名菩提心，起同體大悲，教化衆生也。」〔一〕

校注

〔一〕見法藏述華嚴經義海百門緣生會寂門。

又，策林「問云：衆生爲迷，諸佛爲悟，體雖是一，約用有差。若以衆生通佛，佛亦合迷？若以佛通衆生，衆生合悟？」

答：「恒以非衆生爲衆生，亦以非佛爲佛。不礙存而恒奪，不妨壞而常成。隨緣且立衆生之名，豈有衆生可得？約體權施法身之號，寧有諸佛可求？莫不妄徹真原，居一相而恒有；真該妄末，入五道而常空。情該〔一〕則二界難通，智説乃一如易就。然後雙非雙是，即互壞互成，見諸佛於衆生身，觀衆生於佛體。」〔二〕

校注

〔一〕「該」，原作「談」，據華嚴策林改。

〔二〕見法藏述華嚴策林六通二界。

仰山和尚問潙山和尚云：「真佛住何處？」潙山云：「以思無思之妙，反思〔一〕靈燄之無窮。思盡還原，性相常住。事理不二，真佛如如。」〔二〕斯則無住無離，能見真佛，履平等道矣。故云：「六道之道，離善之惡，離惡之善；二乘之道，離漏之無漏；菩薩之道，離邊之中；諸佛之道，無離無至。何以故？一切諸法即是佛道故。」〔三〕

校注

〔一〕「思」，原無，據諸校本及冥樞會要、祖堂集、景德傳燈録等補。

〔二〕參見祖堂集卷一八仰山和尚、景德傳燈録卷一一前潙山靈祐禪師法嗣。仰山和尚，慧寂，俗姓葉，韶州懷化人，傳見宋高僧傳卷一二唐袁州仰山慧寂傳。潙山和尚，釋靈祐，俗姓趙，傳見宋高僧傳卷一一唐大潙山靈祐傳。

〔三〕見灌頂大般涅槃經疏卷一五。

所以先德云：夫大道唯心，即心是佛。只依一心而修，即是根本之智，亦是無分别智，即能分别無窮，自具一切智故，不同起心偏計。故知凡有心者，悉皆成佛。如今行是佛行，坐是佛坐，語是佛語，默是佛默。所以云：「阿鼻依正，常處極聖之自心；諸佛法身，不離下凡之一念。」〔一〕此非分得，可謂全收。以不信故，決定爲凡；以明了故，舊來成佛。然成佛之義，約性虚玄，隨相對機〔二〕，即有多種。

校注

〔一〕見湛然金剛錍。

〔二〕對機：根據衆生根機而施相應手段。

如華嚴演義云：「隨門不同，種種有異。門雖〔一〕有多，且略分四：一、約性，即一真法界；二、約相，即無盡事法；三、性相交徹，顯此二門，不即不離；四、以性融相，德用重重。「初、約性〔二〕門者。問：性是佛不？答：應成四句：一、是佛，法性身無所不至故，經云『性空即是佛』〔三〕故；二、非佛，絶能所覺，爲其性故，平等〔四〕真法界，非佛非衆生故；三、亦佛非佛，以法性身無自性故；四、雙非，性與無性，雙泯絶故。經頌云：『無中無有二，無二亦復無。三世一切空，是則諸佛見。』〔五〕

「二、就相門，有二：一、情，二、非情。真心隨緣，變能所故。然此二門，各分染浄，謂無明熏真如成染緣起，真如熏無明成浄緣起，染成萬類，浄至成佛，以修浄緣，斷彼染緣，方得成佛。依此二義，則生佛不同。於浄緣中，復有因果，因有純雜，果有依正。若約純門，隨一菩薩，盡未來際，唯修一行，一一皆然；若約雜門，萬行齊修，盡未來際。若約因門，盡未來際，常是菩薩；若約果門，盡未來際，常是如來。經云：爲衆生故，念念新新，成等正覺〔六〕。若雙辯門，盡未來際，修因得果；若約雙非，盡未來際，非因非果，便同真性。前之二〔七〕門，雙具悲智，雙融心境。

「第三、性相交徹門，曲有四門：一、以性隨相，同第二門；二、寄〔八〕相歸性，同第一門；三、雙存無礙，具上二門，依此則悲智雙運，性相齊驅，寂照雙流，成大自在；四、互奪雙亡，則性相俱絶，没同果海，無成不成。

「第四、以性融相門。相雖萬差，無不即性；性德無盡，全在相中。以性融相，相如於性，令上諸門，皆無障礙，因果交徹，純雜相融，事事相參，重重無盡。

「今就性門四句之内，是即佛門，不取餘三；就相門中，約有情門，是淨非染，是果非因，是一分義，非此所用；就交徹門，佛則性相雙融，生則會相歸性。今經正約第四，以性融相，一成一切皆成，謂以佛之淨性融生之染，以佛一性融生之多，令多染生隨一真性，皆如於佛。已成佛竟，非唯有情，會萬類相，融爲佛體，無不皆成。故肇公云：『會萬物而成已者，其唯聖人乎！』〔九〕又云：故聖人空同其體〔一〇〕，萬物無非我〔一一〕。以佛之性融於物性，同佛皆成；以物之性融佛之相，故令三業等於萬類。即今經意而非餘門，故云『隨門不同』，今是成佛門也。

「頓教多同約性四門，終教即同性相交徹。始教有二門，幻有即空，同會相歸性；但唯心現，多同第二。小乘人天，皆同相門。由此有云無情成佛，是約性相相融，以情之性融無情相，以無情相隨性融同有情之相，故説無情有成佛義。若以無情不成佛義融情之相，亦得説言諸佛衆生不成佛也。以成與不成、情與無情無二性故，法界無限故，佛體普周故，色空無二故，法無定性故，十身圓融故，緣起相由故，生界無盡故，爲因周徧故，遠離斷常故，

萬法虚融故，故説一成一切成也。非謂無情亦有覺性，同情成佛。若許此成，則能修因，無情變情，情變無情，便同邪見。」〔一三〕

校注

〔一〕「雖」，磧砂藏、嘉興藏本作「唯」。按，大方廣佛華嚴經隨疏演義鈔作「雖」。

〔二〕「性」，原作「體」，據大方廣佛華嚴經隨疏演義鈔改。下一「體」同。

〔三〕見實叉難陀譯大方廣佛華嚴經卷一六。

〔四〕「故平等」，大方廣佛華嚴經隨疏演義鈔作「平等一」。

〔五〕見實叉難陀譯大方廣佛華嚴經卷一六。

〔六〕佛陀跋陀羅譯大方廣佛華嚴經卷三〇：「一切諸佛調伏教化一切衆生故，於念念中成等正覺，非不先覺諸佛正法，亦不住學地而成正覺。」華嚴一乘十玄門：「不思議品云：諸佛如來非不先覺，爲衆生故，於念念中新新斷結，亦不住學地而成正覺。」或爲此處所本。

〔七〕「二」，原作「三」，據大方廣佛華嚴經隨疏演義鈔改。

〔八〕「寄」，大方廣佛華嚴經隨疏演義鈔作「會」。

〔九〕見肇論涅槃無名論通古第十七。

〔一〇〕「故聖人空同其體」，肇論、大方廣佛華嚴經隨疏演義鈔作「夫至人空洞無象」。

〔一一〕「萬物無非我」，大方廣佛華嚴經隨疏演義鈔作「無物非我」。肇論涅槃無名論通古：「夫至人空洞無象，而萬物無非我造。」

〔三〕見澄觀述大方廣佛華嚴經隨疏演義鈔卷八〇。

是以性非巧拙，解有精麁。智妙而見在須臾，機鈍而悟經塵劫。所以古德云：「夫佛體幽玄，非即色蘊，亦不離色蘊〔一〕。一異性空，真性自現。如密嚴經偈云：「碎抹於金鑛，鑛中不見金，智者巧融鍊，真金方乃顯。分剖於諸色，乃至爲極微，及析求諸蘊，若一若異性，佛體不可見，亦非無有佛。」〔二〕

校注

〔一〕玄奘譯大般若波羅蜜多經卷五一五：「色蘊真如，非即色蘊，非離色蘊，是故甚深；受、想、行、識蘊真如，非即受、想、行、識蘊，非離受、想、行、識蘊，是故甚深。廣説乃至一切菩薩摩訶薩行真如，非即一切菩薩摩訶薩行，非離一切菩薩摩訶薩行，是故甚深；諸佛無上正等菩提真如，非即諸佛無上正等菩提，非離諸佛無上正等菩提，是故甚深。」

〔二〕見地婆訶羅譯大乘密嚴經卷上密嚴會品。

且如悟入宗鏡中，成佛不離一念。若前念是凡，後念是聖〔一〕，此猶別教所收，今不動無明，全成正覺。故華嚴論云：「如將寶位直授凡庸，如夜夢千秋，覺已隨滅。」〔二〕傅大士白梁武帝云：「今欲將如意寶珠，清浄解脱，照徹十方，光色微妙，難可思議，意欲施於人主，若受者，疾得阿耨多羅三藐三菩提。」

故知若一念決定信受者，不間〔三〕剎那，便登覺位。如維摩經云：「維摩詰言：然！汝等便發阿耨多羅三藐三菩提心，是即出家，是即具足。」〔四〕

校　注

〔一〕法海本壇經：「不修即凡，一念修行，法身等佛。善知識，即煩惱是菩提。前念迷即凡，後念悟即佛。」宗寶本壇經般若第二：「凡夫即佛，煩惱即菩提。前念迷即凡夫，後念悟即佛；前念著境即煩惱，後念離境即菩提。」

〔二〕見李通玄撰新華嚴經論卷二。

〔三〕「間」，諸校本及冥樞會要作「隔」。

〔四〕見維摩詰所説經卷上弟子品。

又，法華經云：「爾時，龍女有一寶珠，價直三千大千世界，持以上佛，佛即受之。龍女謂智積菩薩、尊者舍利弗言：『我獻寶珠，世尊納受，是事疾不？』答言：『甚疾。』女言：『以汝神力，觀我成佛，復速於此。』」〔一〕

故知一切含生，心珠朗耀，理無前後，明昧隨機。或因鬬而隱膚中，對明鏡而顯現〔二〕；或因遊而沉水底，在安徐而得之〔三〕；或處輪王髻中，建大功而受賜〔四〕；或繫貧人衣裏，惺智願而猶存〔五〕。

校　注

〔一〕見妙法蓮華經卷四提婆達多品。

〔二〕典出大般涅槃經卷七，參卷三注。

〔三〕大般涅槃經卷二：「譬如春時，有諸人等，在大池浴，乘船遊戲，失琉璃寶，没深水中。是時諸人悉共入水，求覓是寶，競捉瓦石、草木、沙礫，各各自謂得琉璃珠，歡喜持出，乃知非真。是時寶珠猶在水中，以珠力故，水皆澄清。於是大衆乃見寶珠故在水下，猶如仰觀虚空月形。是時衆中有一智人，以方便力，安徐入水，即便得珠。」

〔四〕妙法蓮華經卷五安樂行品：「（轉輪聖王）見兵衆戰有功者，即大歡喜，隨功賞賜，或與田宅、聚落、城邑；或與衣服、嚴身之具；或與種種珍寶：金、銀、琉璃、車渠、馬腦、珊瑚、虎珀，象馬車乘，奴婢人民。唯髻中明珠，不以與之。所以者何？獨王頂上有此一珠，若以與之，王諸眷屬必大驚怪。」

〔五〕典出妙法蓮華經卷四五百弟子受記品，參卷三注。

宗鏡明文，同證於此。如是信者，究竟無餘，即是一念知一切法是道場，成就一切智如人不識真金，認爲銅鐵，銅鐵但有虚名，金性未曾暫變。如今執者，不知本是，卻謂今非，亦匪昔迷而方始悟。

如上廣引，委曲證明，只爲即生死中，有不思議性；於塵勞内，具大菩提身。以障重之人，聞皆不信，甘稱絶分，唯言我是凡夫，既不能承紹佛乘，弘持法器，遂乃一向順衆生之業，背覺合塵，生死之海彌深，煩惱之籠轉密，所以徧集祖佛言教，頓釋群疑，令於言下發明，直見無生自性，方知與佛無異，萬法本同，始信真詮，有兹深益。

問：六祖云：「善惡都莫思量，自然得入心體。」〔一〕洞山和尚云：「學得佛邊事，猶是錯用心。」〔二〕今何廣論成佛之旨？

答：今宗鏡録正論斯義，以心冥性佛，理合真空，豈於心外妄求，隨他勝境？如華嚴記云：「若達真空，尚不造善，豈況惡乎？若邪説空，謂豁達無物，或言無礙，不妨造惡。若真知空，善順於理，恐生動亂。尚不起心慕善，惡背於理，以順妄情，豈當可造？若云無礙不礙造惡，何不無礙不礙修善而斷惡耶？猒修善法，尚恐有著心，恣情造惡，何不懼著？明知邪見惡衆生也。乃至〔三〕入理觀佛，猶恐起心，更造業思，特違至理。」〔四〕

校注

〔一〕宗寶本壇經宣詔第九：「一切善惡都莫思量，自然得入清浄心體。」

〔二〕洞山和尚：洞山良价，傳見宋高僧傳卷一二唐洪州洞山良价傳。此説參見祖堂集卷六洞山和尚。按，據景德傳燈録卷一七洪州雲居山道膺禪師：「學佛邊事，是錯用心。」五燈會元卷一三洪州雲居道膺禪師：「汝等諸人，直饒學得佛邊事，早是錯用心，不見古人講得天花落、石點頭，亦不干自己事。」雲居道膺爲洞山良价法嗣，道膺所説，當即源於洞山。

〔三〕乃至：表示引文中間有删略。

〔四〕見澄觀述大方廣佛華嚴經隨疏演義鈔卷二〇。

故楞伽經云：「佛告大慧：前聖所知，轉相傳授，妄想無性，菩薩摩訶薩獨一静處，自覺觀察，不由於他，離見妄想，上上昇進，入如來地，是名自覺聖智相。」〔一〕又云：「一切無涅槃，無有涅槃佛。無有佛涅槃，遠離覺所覺。」所覺是相，能覺是見，遠離覺所覺名自覺聖智，以亡能所處成佛故。夫限量所知，從他外學，欲窮般若海，莫得其源。如於恒河中投一升鹽，水無鹽味，飲者不覺。若内照發明，徹法原底，無理不照，無事不該。如經云：「佛言：我住於無念法中，得如是黄金色身、三十二相，放大光明，照無餘世界。」〔二〕

校注

〔一〕見楞伽阿跋多羅寶經卷一。下一處引文同。

〔二〕見小品般若波羅蜜經卷一〇薩陀波崙品。

音義

厠，初吏反。　穅，苦崗反，米皮也。　穭，苦會反，麁也。　鑛，古猛反。　腋，羊益反，肘腋。　儼，魚檢反。　鞞，部迷反。　瑟，所櫛反，樂器也。　胝，古尼反。　渧，都計反。　缺，苦穴反，破也。　隅，虞俱反，角也。　拭，賞職反，刷也。　膩，女利反，肥膩。　策，楚革反。　驅，豈居反。　虧，去爲反。

宗鏡録卷第十五

慧日永明寺主智覺禪師延壽集

問：既博地凡夫〔一〕位齊諸佛者，云何不具諸佛神通作用？

答：非是不具，但衆生不知。故華嚴宗云：「諸佛證衆生之體，用衆生之用。」〔二〕所以志公和尚謌云：「日昳未，心地何曾安了義？他家文字有〔三〕親疏，莫起功夫求的意。任蹤〔四〕横，絶忌諱，長在人間不居世。運用元來〔五〕聲色中，凡夫不了争爲計。」〔六〕

校注

〔一〕博地凡夫：即凡夫。從義撰法華經三大部補注卷一一：「博地，博，廣多也，下凡之地廣多故耳。」按，「博」，多作「薄」。允堪述淨心誡觀發真鈔卷中末：「薄地，文選注云：薄，逼也，謂逼下地而居耳。此通收四洲人也。」元照述阿彌陀經義疏：「薄地凡夫業惑纏縛，流轉五道百千萬劫。」

〔二〕見澄觀撰大方廣佛華嚴經疏卷三。

〔三〕「有」，景德傳燈録、傳燈玉英集作「没」。

〔四〕「蹤」，磧砂藏、嘉興藏本及景德傳燈録、傳燈玉英集作「縱」。「蹤」，通「縱」。

〔五〕「元來」，景德傳燈録、傳燈玉英集作「不離」。

〔六〕按，景德傳燈録卷二九、傳燈玉英集卷九收録，云寶誌和尚十二時頌，此爲其一。然寶誌和尚作品，係後人依託，詳見本書卷一注。又，「凡夫不了争爲計」，景德傳燈録、傳燈玉英集作「歷劫何曾暫抛棄」。

如有學人問大安和尚〔一〕：「如何是諸佛神通？」師云：「汝從何處來？」對云：「江西來。」師云：「莫不謾語不？」對云：「終不謬言。」學人再問：「如何是神通？」師云：「果然妄語，斯皆可驗，並是現前日用不知。故諸佛將衆生心中真如體、相、用三大之因，爲法、報、化三身之果，豈可更論具不具耶？」如今若實未薦者，但非生因之所生，唯在了因之所了。大涅槃經云：「生因者，如泥作瓶；了因者，如燈照物。」〔二〕

校　注

〔一〕大安和尚：俗姓陳，懷讓禪師法嗣。參見景德傳燈録卷九。祖堂集卷一七福州西院和尚：「福州西院和尚，嗣百丈。師諱大安，福州福唐縣人也。未睹行狀，不知姓族。」宋高僧傳卷一二唐福州怡山院大安傳：「釋大安，姓陳氏，閩城人也。」宗門統要卷五目録云大安爲潙山靈祐法嗣。景德傳燈録卷九：「同參祐禪師，創居潙山也。」其生平，王榮國唐大安禪師生平考（載宗教學研究二〇〇一年第三期）有考證。

〔二〕見大般涅槃經卷三九，南本見卷三五。

若智燈纔照，凡聖一如；若意解觀之，真俗似別。然世間多執事相，迷於真理，故法華經云：「取相凡夫，隨宜爲説。」〔一〕金剛經云：「但凡夫之人，貪著其事。」〔二〕所以一切經論，皆破衆生身心事相等執。

校注

〔一〕見妙法蓮華經卷二信解品。

〔二〕見金剛般若波羅蜜經。

如寶藏論離微品云：「夫經論者，莫不就彼凡情，破彼根量，種種方便，皆不住於形事。若不住形事者，則不須一切言説及以離微也〔一〕。故經云：『隨宜説法，意趣難解。』〔二〕雖説種種之乘，皆是權接方便助道法也，然非究竟解脱涅槃。如有人於虚空中，畫作種種色相及種種音聲，然彼虚空，實無異相，受〔三〕入變動。故知諸佛化身及以説法，亦復如是，於實際中，都無一異。是以天地合〔四〕離，虚空合微，萬物動作，變化無爲。

「夫神中有智，智中有通，通有五種，智有三種。何爲五種通？一曰道通，二曰神通，三曰依通，四曰報通，五曰妖通。妖通者，狐狸老變，木石精化，附傍人神，聰慧奇異，此謂妖通。何謂報通？鬼神逆知，諸天變化，中陰了生，神龍隱變，此謂報通。何謂依通？約法而知，緣身而用，乘符往來，藥餌靈變，此謂依通。何謂神通？静心照物，宿命記持，種種分別，皆隨定力，此謂神通。何謂道通？無心應物，緣化萬有，水月空華，影像無主，此謂道通。

「何謂三智？一曰真智，二曰内智，三曰外智。何謂外智？謂分別根門，識了塵境，博覽古今，皆通俗事，此名外智。何謂内智？自覺無明，割斷煩惱，心意寂静，滅無有餘，此名内智。何謂真智？體解無物，本來寂静，通達無涯，净穢不二，故名真智。真智道通，不可名目，餘所有者，皆是邪僞。僞則不真，邪則不正，惑亂心生，迷於本性，是以深解離微，達彼諸有，自性本真，出於群品。夫智有邪正，通有真僞，若非法眼精明，難可辯了。是以俗間多信邪僞，少信正真，大教偃行，小乘現用，故知妙理難顯也。」〔五〕

校注

〔一〕「也」，寶藏論作「之義」。

〔二〕見妙法蓮華經卷一方便品。

〔三〕「受」，寶藏論作「亦無受」。

〔四〕「合」，寶藏論作「含」。下一「合」同。

〔五〕見寶藏論離微體净品。

百丈廣語云：「應物隨形，變現諸趣，離我、我所，猶屬小用，是佛事門收。大用者，大身隱於無形，大音匿於希聲。」〔一〕

校注

〔一〕百丈：釋懷海，傳見宋高僧傳卷一〇唐新吴百丈山懷海傳。參見景德傳燈録卷六洪州百丈山懷海禪師。「廣語」，古尊宿語録作「廣録」，古尊宿語録卷一、二收載。古尊宿語録卷二大鑑下三世語之餘：「應物殊形，變現諸趣，離我、我所，猶屬彼邊事，猶是小用，亦是佛事門中收。大用者，大身隱於無形，大音匿於希聲。」

龐居士偈云：「世人多重金〔二〕，我愛〔三〕刹那静。金多亂人心，静見真如性。心通法亦通〔三〕，十八斷〔四〕行蹤。但自心無礙，何愁神不通？」〔五〕

如是解者，方入宗鏡之中，所有施爲，皆入律行，自然成辦一切佛事。如浄名私記〔六〕云：得入律行者，如優波離章，是名奉律，是名善解〔七〕。端坐不用，經營辦供養具而常作佛事，心行中求。

已上並約性用心通，不約事解。或諸家兼事説者，或云衆生理具，諸佛事圓；或云衆生在因，諸佛證果；或云衆生客塵所遮，諸佛種現俱盡；或云衆生妄見所隔，諸佛五眼圓通。

校注

〔一〕「多重金」，龐居士語録作「重珍寶」。

〔二〕「愛」，龐居士語録作「貴」。

〔三〕「心通法亦通」，龐居士語録作「性空法亦空」。

〔四〕「斷」，龐居士語録作「絶」。

〔五〕見于頔編集龐居士語録卷下。

〔六〕日最澄撰傳教大師將來台州録，著録維摩經疏私記三卷，子注曰：「上卷玄義，傳法弟子道邃撰。」道邃，傳見宋高僧傳卷二九唐天台山國清寺道邃傳。最澄爲道邃弟子，其説當不誣。又，玄日録天台宗章疏著録維摩疏私記三卷、維摩玄疏記一卷，子注皆曰「道暹述」。東域傳燈目録著録爲維摩詰經疏私記三卷，子注曰：「道暹撰。上卷玄記。」據佛祖統紀卷二二，「法師道暹，天台人，大歷中入京傳教，盛有著述」。閑居編卷三維摩經略疏垂裕記序：「又有道暹師者，乃荆溪之門人，亦嘗撰記，雖解義無取，而援據或當。」則道邃、道暹皆有注疏維摩詰經而名曰「私記」者。道暹私記，卍新續藏第一九册收有殘本，題維摩經疏記鈔。此處引文，殘存部分中未見。此浄名私記，不知是否其中之一？又，本書引浄名私記凡七處，其中卷二五引云「牛頭浄名私記」。牛頭者，即法融，傳見續高僧傳卷二一唐潤州牛頭沙門釋法融傳。據福州温州台州求得經律論疏記外書等目録，著録有牛頭山融大師維摩經記一卷，子注曰：「上下。」智證大師請來目録著録爲維摩經記二卷，子注曰：「牛頭。」惠運律師書目録著録爲維摩經記一卷，子注曰：「江寧牛頭山惠融和尚譯。」此「譯」者，當即「撰」等之誤。「惠融」者，當即「法融」。「牛頭浄名私記」者，或即上引諸目録中之維摩經記。此處及餘五處浄名私記，亦不知是否即牛頭浄名私記？參見本書卷二五注。

〔七〕維摩詰所説經卷上弟子品：「優波離，一切法生滅不住，如幻如電，諸法不相待，乃至一念不住；諸法皆妄見，如夢、如炎、如水中月、如鏡中像，以妄想生。其知此者，是名奉律；其知此者，是名善解。」優波離章，即弟子品中「佛告優波離：汝行詣維摩詰問疾」部分。

又〔一〕，台教多約本迹，明凡聖不二，辯生佛之因果，故肇法師云：「本迹雖殊，不思議一。」〔二〕所以湛然尊者約三觀、四教、十如〔三〕、十乘〔四〕、一念三千〔五〕等，於此迹門，論其十妙。若知迹門尚妙，本門可知，遂撮略色心不二等十門，明權、實之宗，辯能、所之化。故云：「爲實施權，則不二而二；開權顯實，則二而不二。」〔六〕斯則始終明不二。

校注

〔一〕「又」，磧砂藏、嘉興藏本作「天」。

〔二〕出僧肇維摩詰經序，見出三藏記集卷八。

〔三〕十如：如是相、性、體、力、作、因、緣、果、報、本末究竟等。妙法蓮華經卷一方便品：「佛所成就第一希有難解之法，唯佛與佛乃能究盡諸法實相，所謂諸法如是相、如是性、如是體、如是力、如是作、如是因、如是緣、如是果、如是報、如是本末究竟等。」

〔四〕十乘：即十乘觀，觀不思議境（就一念心中觀即空、即假、即中之理）、真正發菩提心（中根之人，未得真證時發上求菩提、下化衆生之真正菩提心，助成觀法）、善巧安心（以種種善巧之術安住己心）、破法徧（以空假中三觀，徧破諸惑）、識塞通（能了别煩惱、生死、六蔽等爲塞，菩提、涅槃、六度等爲通，離塞從通）、道品調適（一一調試三十七道品而以其中適於自己機邊者入道）、對治助開（行相應之法對治邪倒之心，以助彼正道，開前進之道）、知次位（知自己之位次）、能安忍（於内外之障礙安然耐忍）、無法愛（不愛著於已得之法，益進而入於法性）。修行之人，依此十法觀之，則能運出生死之苦，到達涅槃彼岸。上根者，唯觀不思議境即得破惑顯理。其次者，於初種觀法修之不入，須用真正發菩提心乃至對治助開，方能破惑顯理。又其次者，於前七種觀之不入，須用第八知位次乃至第十離法愛，方能破惑顯理。參見本書卷二三。

〔五〕一念三千：天台宗之觀法，觀一念之心而具三千諸法。智顗説摩訶止觀卷五上：「夫一心具十法界，一法界又具十法界百法界，一界具三十種世間，百法界即具三千種世間，此三千在一念心。」

〔六〕見湛然十不二門。按，十不二門，由湛然法華玄義釋籤卷一四析出單行。

十門者，「一、色心不二門者，且十如境〔一〕乃至無諦，一一皆有揔、别二意，揔在一念分别色心。何者？初十如中，相唯在色，性唯在心，體、力、作、緣義兼色、心，因、果唯心，報唯約色；十二因緣苦業兩兼，惑唯在心；四諦〔二〕則三兼色、心，滅唯在心；二諦〔三〕三諦〔四〕

皆俗具色、心，真中唯心；一實諦〔五〕及無諦，准此可見。既知別已，攝別入揔，一切諸法，無非心性；一性無性，三千宛然。當知心之色心，即心名變，變名爲造，造謂體用。是則非色非心，而色而心，唯色唯心，良由於此。故知但識一念，徧見己他生佛。他生他佛，尚與心同，況己心生佛，寧乖一念？故彼彼境法，差而不差。

「二、内外不二門者，凡所觀境，不出内外。外謂託彼依正色心即空假中，即空假中妙故色心體絶，唯一實性無空假中，色心宛然，豁同真淨，無復衆生七方便〔六〕異，不見國土淨穢差品而帝網依、正，終自炳然。所言内者，先了外色心一念無念，唯内體三千即空假中，是則外法全爲心性。心性無外，攝無不周。十方諸佛、法界有情性體無殊，一切咸徧，誰云内外、色心、己他？此即用向色心不二門成。

「三、修性不二門者，性德只是界如一念，此内界如，三法具足。性雖本爾，藉智起修。由修照性，由性發修。在性則全修成性，起修則全性成修。性無所移，修常宛爾。修又二種：順修、逆修。順謂了性爲行，逆謂背性成迷。迷了二心，心雖不二，逆、順二性，性事恒殊。可由事，不移心，則令迷修成了，故須一期迷了，照性成修，見性修心，二心俱泯。又，了順修對性，有離有合。離謂修、性各三，合謂修二性一。修二各三，共發性三，是則修雖具九，九只是三。爲對性明修故，合修爲二。二與一性，如水爲波，二亦無二，亦無波水。

應知性指三障，是故具三，修從性成，成三法爾。達無修性，唯一妙乘，無所分别，法界洞朗，此由内外不二門成。

「四、因果不二門者，衆生心因既具三軌〔七〕，此因成果，名三涅槃〔八〕，因果無殊，始終理一。若爾，因德已具，何不住因？但由迷因，各自謂實。若了迷性，實唯住因，故久研此因，因顯名果。只緣因果理一，用此一理爲因，理顯無復果名，豈可仍存因號？因果既泯，理性自忘，只由忘智親疎，致使迷成厚薄。迷厚薄故，强分三惑，義開六即〔九〕，名智淺深。故如夢勤加，空冥〔一〇〕惑絶，幻因既滿，鏡像果圓。空像雖即義同，而空虚像實，像實故稱理本有，空虚故迷轉成性。是則不二而二，立因果殊；二而不二，始終體一。若謂因異果，因亦非因，曉果從因，因方剋果。所以三千在理，同名無明；三千果成，咸稱常樂；三千無改，無明即明；三千並常，俱體俱用，此以修性不二門成。

「五、染浄不二門者，若識無始，即法性爲無明，故可了今無明爲法性。法性之與無明，偏造諸法，名之爲染；無明之與法性，偏應衆緣，號之爲浄。濁水、清水，波濕無殊。清濁雖即由緣而濁成本有，濁雖本有而全體是清，以二波理通、舉體是用故，三千因果，俱名緣起。迷悟緣起，不離刹那，刹那性常，緣起理一，一理之内而分浄穢，别則六穢四浄，通則十通浄穢。故知刹那染體悉浄，三千未顯，驗體仍迷。故相似位成，六根偏照。照分十界，各具灼然，豈六根淨人，謂十定十？分真垂跡，十界亦然。乃至果成，等彼百界。故須初心而遮而照，照故三千恒具，遮故法爾空中，終日雙亡，終日雙照。不動此念，偏應無方。隨感而施，淨穢斯泯。亡淨穢故，以空以中，仍由空中轉染爲淨。由了染淨，空中自亡，此以因果不二門成。

「六、依正不二門者，已證遮那[二]一體不二，良由無始一念三千。以三千中，生陰二千爲正，國土一千屬依。依正既居一心，一心豈分能所？雖無能所，依正宛然，是則理性、名字、觀行已有不二依正之相，故使自他因果相攝。但衆生在理，果雖未辦，一切莫非遮那妙境，然應復了諸佛法體非偏而偏，衆生理性非局而局，始終不改、大小無妨，因果理同，依正何別？故淨穢之土、勝劣之身，塵身與法身量同，塵國與寂光無異。是則一一塵刹一切刹，一一塵身一切身，廣狹勝劣難思議，淨穢方所無窮盡。若非三千空假中，安能成茲自在用？如是方知生佛等，彼此事理互相收，此以染淨不二門成。

「七、自他不二門者，隨機利他，事乃憑本。本爲一性，具足自他，方至果位，自即益他。如理性三德、三諦三千，自行唯在空中，利他三千赴物。物機無量，不出三千；能應雖多，不出十界。界[三]界轉現，不出一念；土土互生，不出寂光。衆生由理具三千故能感，諸佛由三千理滿故能應。應偏機偏，欣赴不差。不然，豈能如鏡現像？鏡有現像之理，形有生像之性。若一形對不能現像，則理鏡有窮、形事未通；若與鏡像隔，則容有是理，無有形對而不像者。若鏡未現像，由塵所遮，去塵由人磨，現像非關磨者，以喻觀法，大旨可知。應知理雖自他具足，必藉緣了〔一三〕爲利他功，復由緣了與性一合，方能稱性施設萬端，則不起自性，化無方所，此由依正不二門成。

「八、三業不二門者，於化他門事分三密，隨順物理，得名不同。心輪鑒機、二輪設化，現身説法，未曾毫差。在身分於真、應，在法分於權、實。二身若異，何故乃云即是法身？二説若乖，何故乃云皆成佛道？若唯法身，應無垂世；若唯佛道，誰施三乘？身尚無身，説必非説，身口平等，等彼意輪，心色一如，不謀而化，常冥至極，稱物施爲，豈非百界一心？界界無非三業，界尚一念，三業豈殊？果用無虧，因必稱果，若信因果，方知三密有本。百界三業，俱空假中，故使稱宜，徧赴爲果。一一應色、一一言音，無不百界，三業具足，化復作化，斯之謂歟？故一念凡心已有理性三密相海，一塵報色同在本理毗盧遮那，方乃名爲三無差別，此以自他不二門成。

「九、明權實不二門者，平等大慧常鑒法界，亦由理性九權一實。實復九界，權亦復然，權實相冥，百界一念，亦不可分別任運常然。至果乃由契本一理，非權非實，而權而實，此即如前心輪自在，致令身口赴權實機。三業一念，無乖權實，不動而施，豈應隔異？對説即以權實立稱，在身則以真應爲名，三業理同，權實冥合，此以三業不二門成。「十、受潤不二門者，物理本來性具權實，無始熏習，或權或實，權實由熏，理恒平等。遇時成習，願行所資。若無本因，熏亦徒設。遇熏自異，非由性殊。性雖無殊，必藉幻發。幻機幻感，幻應幻赴，能化所化，並非權實。然由生具非權非實，成權實機，佛亦果具非權非實，爲權實應。物機應契，身土無偏，同常寂光，無非法界。故知三千同在心地，與佛心地三千不殊，四微〔一四〕體同，權實益等，此以權實不二門成。」〔一五〕

校注

〔一〕「境」，原作「鏡」，據清藏本及十不二門、法華玄義釋籤改。

〔二〕四諦：苦、集、滅、道。大般涅槃經卷一二：「苦、集、滅、道，是名四聖諦。迦葉，苦者逼迫相，集者能生長相，滅者寂滅相，道者大乘相。」

〔三〕二諦：即真、俗二諦。真諦，聖智所見真實之理；俗諦，凡夫所見世間之事相。

〔四〕三諦：即空諦、假諦和中諦。空諦，又稱真諦、無諦，謂諸法空無自性，體不可得；假諦，又稱俗諦、有諦，謂諸法宛然而有，施設假立；中諦，又稱中道第一義諦，謂諸法其體絶待，不可思議，全絶言思。中論卷四觀四諦品：「衆因緣生法，我説即是無，亦爲是假名，亦是中道義。」

〔五〕一實諦：謂平等不二之實相。對二諦、三諦而言，謂究竟無二之實義。大般涅槃經卷一三：「善男子，言實諦者，名曰真法。善男子，若法非真，不名實諦。善男子，實諦者，無有顛倒，無顛倒者，乃名實諦。

善男子，實諦者，無有虚妄，若有虚妄，不名實諦。」

〔六〕七方便：人乘、天乘、聲聞乘、緣覺乘、藏教之菩薩乘、通教之菩薩乘、别教之菩薩乘。湛然述止觀輔行傳弘決卷二之五：「七方便者，謂人、天、二乘、三教菩薩。」卷四之三：「此開三草二木爲此七位，開小草爲人、天，開中草爲二乘，上草二木爲三教菩薩。二草二木，皆依於地。七種方便，以實爲本。故三草二木雖隨其種性各得生長，究其根栄，莫非地、雨。地，圓理也；雨，圓教也。據漸引入邊，稱爲方便。當位未轉，名不能到。最上處者，即實相也。」或謂藏教之聲聞、緣覺，通教之聲聞、緣覺、菩薩，别教與圓教之菩薩爲七方便。

〔七〕三軌：真性軌、觀照軌和資成軌。真性軌，即真如實相的本體；觀照軌，即破迷情、顯真理的智慧（般若）；資成軌，是資助觀照智用（智慧之作用）的萬行。詳見本書卷二一及注。

〔八〕三涅槃：指性浄、圓浄、方便浄涅槃。詳見本書卷二一及注。

〔九〕六即：天台圓教所立的六種行位。智顗説、灌頂記摩訶止觀卷一下：「六即謂理即、名字即、觀行即、相似即、分真即、究竟即。此六即者，始凡終聖，始凡故除疑怯，終聖故除慢大。」詳參本書卷三七。

〔一〇〕「冥」，十不二門、法華玄義釋籤作「名」。按，宋宗翌述注法華本迹十不二門作「冥」，並云：「根本無明無自性故，名之曰空。空相亦空，故名之曰冥。」

〔一一〕遮那：「毗盧遮那」之略。慧琳一切經音義卷二一：「毗盧遮那，案梵本『毗』字，應音云無廢反，此云『種種』也。『毗盧遮那』，云『光明照』也。言佛於身智，以種種光明照衆生也。或曰『毗』，遍也；『盧遮那』，光照也。謂佛以身智無礙光明，遍照理事無礙法界也。」

〔三〕「界」，原作「十」，據十不二門改。

〔三〕緣了：即緣因、了因。緣謂緣助，了謂曉了。本來具有的真如謂之正因，智慧謂之了因，其他一切善根謂之緣因。

〔四〕四微：色、香、味、觸。湛然述止觀輔行傳弘決卷五之五：「言四微者，色、香、味、觸。」

〔五〕見湛然十不二門。

已上並是約理事、權實、因果、能所等解釋。大凡理事二門，非一非異。如大智度論云：「有二種門：一、畢竟空門，二、分別好惡門。」〔一〕今依分別門中，則理是所依，爲本；事是能依，爲末。又，理妙難知，爲勝；事麁易見，爲劣。如今秖可從勝，不可徇劣，但得理本，本立而道生，事則自然成矣。又，理實應緣，無礙事之理；事因理立，無失理之事。如今不入圓信之者，皆自鄙下凡，遠推極聖，斯乃不唯失事，理亦全無。但悟一心無礙自在之宗，自然理事融通，真俗交徹。若執事而迷理，永劫沉淪；或悟理而遺事，此非圓證。何者？理事不出自心，性相寧乖一旨？

校注

〔一〕見龍樹造、鳩摩羅什譯大智度論卷八八。

修。若人宗鏡，頓悟真心，尚無非理非事之文，豈有若理若事之執？但得本之後，亦不廢圓修。如有學人問本浄和尚〔一〕云：「師還修行也無？」對云：「我修行與汝别，汝先修而後悟，我先悟而後修。」是以若先修而後悟，斯則有功之功，功歸生滅；若先悟而後修，此乃無功之功，功不虚棄。所以融大師信心銘云：「欲得心浄，無心用功。」〔二〕

校　注

〔一〕本浄和尚：俗姓張，絳州人，嗣六祖，謚大曉禪師，傳見宋高僧傳卷八唐金陵天保寺智威傳附，參見祖堂集卷三司空山本浄和尚。此事未見他處。

〔二〕見法融心銘，全文見景德傳燈録卷三〇牛頭山初祖法融禪師心銘。

又，若具智眼之人，豈得妄生叨濫？況似明目之者，終不墮於溝坑。若盲禪闇證之徒，焉知六即？狂慧徇文之等，奚識一心？如今但先令圓信無疑，自居觀行之位。古人云：「一生可辦。」〔一〕豈虚言哉！切不可迷性徇修、執權害實，棄本逐末，認妄遺真，據世諦之名言，執無始之熏習，將言定旨，立解明宗，一向合塵，背於本覺。如昔人云：「妄情牽引何年了，辜負靈臺一點光。」〔二〕

校注

〔一〕見智顗説、灌頂記摩訶止觀卷六下。

〔二〕按，據祖堂集卷七雪峰和尚，此出雪峰義存造偈：「苦屈世間錯用心，低頭曲躬尋文章。妄情牽引何年了，辜負靈臺一點光。」「昔人」者，即義存。義存，俗姓曾，泉州南安縣人，傳見宋高僧傳卷一二唐福州雪峰廣福院義存傳。

又，真覺大師謌云：「覺即了，不施功，一切有爲法不同。住相布施生天福，猶如仰箭射虚空。勢力盡，箭還墜，招得來生不如意。争似無爲實相門，一超直入如來地。但得本，莫愁末，如浄瑠璃含寶月。既能解此如意珠，自利利他終不歇。」〔一〕

校注

〔一〕見永嘉證道歌。「歇」，嘉興藏本及永嘉證道歌、景德傳燈録等作「竭」。

且如世間有福之人，於伏藏内，得摩尼珠，法爾以種種磨治，然後自然雨寶。況悟心得道之者，亦復如是，既入佛位，法爾萬行莊嚴，悲智相續。如華嚴經中，第十法雲地菩薩〔一〕，況如大摩尼珠，有十種性。十地品云：「佛子，譬如大摩尼珠，有十種性，出過衆寶。

何等爲十？一者、從大海出；二者、巧匠治理；三者、圓滿無缺；四者、清净離垢；五者、内外明徹；六者、善巧鑽穿；七者、貫以寶縷；八者、置在瑠璃高幢之上；九者、普放一切種種光明；十者、能隨王意，雨衆寶物，如衆生心，充滿其願。佛子，當知菩薩亦復如是，有十種事，出過衆聖。何等爲十？一者、發一切智心；二者、持戒頭陀，正行明净；三者、諸禪三昧，圓滿無缺；四者、道行清白，離諸垢穢；五者、方便神通，内外明徹；六者、緣起智慧，善能鑽穿；七者、貫以種種方便智縷；八者、置於自在高幢之上；九者、觀衆生行，放聞持光；十者、受佛智職，墮在佛數，能爲衆生廣作佛事。故知悟道如得珠，豈無磨治莊嚴等事？」〔二〕

校注

〔一〕法雲地菩薩：第十地菩薩，謂此地菩薩修行功滿，以大慈悲普覆一切衆生，唯務化利，如雲之普覆萬物，雖施作利潤而本寂不動。

〔二〕見實叉難陀譯大方廣佛華嚴經卷三九。

問：若不具神變，將何攝化？

答：若純取事相神通，有違真趣。如輔行記云：「修三昧者，忽發神通，須急棄之，有漏之法，虚妄故也。故止觀云：「能障般若〔一〕。何者？種智般若，自具諸法，能泯諸相。未具已來，但安於理，何須事通？若專於通，是則障理。」〔二〕又，不唯障理，反受其殃，如鬱頭〔三〕、勝意〔四〕之徒，即斯類矣。

校注

〔一〕智顗說、灌頂記摩訶止觀卷二下：「取相障般若。」

〔二〕見湛然述止觀輔行傳弘決卷四之三。

〔三〕鬱頭：即鬱頭藍弗，又稱鬱陀羅羅摩子，說非想非非想定的外道仙人。其事詳見本書卷八一引。慧琳一切經音義卷二六：「鬱頭藍弗，此云『獺戲子坐』，得非想定，獲五神通，飛入王宫，遂失通定，途步歸山。」

〔四〕勝意：菩薩比丘（内證菩薩而外現聲聞比丘之形者）名，行菩薩道，護持禁戒，得四禪、四無色定，行十二頭陀。「聞佛所説便歡喜，聞外道語便瞋恚；聞三不善則不歡悦，聞三善則大歡喜；聞説生死則憂，聞涅槃則喜。」（大智度論卷六）事見諸法無行經卷下，本書卷九三有引。

夫言真實神變者，無非演一乘門，談無生理。一言契道，當生死而證涅槃；目擊明宗，即塵勞而成正覺。刹那而革凡爲聖，須臾而變有歸空。如此作用，豈非神變耶？所以寶積經云：「文殊師利白佛言：世尊，夫説法者，爲大神變。」〔一〕若是下劣根機之者，諸佛大慈，不令孤棄，一期方便，黄葉止啼〔二〕。如維摩經云：以神通惠化愚癡衆生〔三〕。若上上根人，只令觀身實相，觀佛亦然。

校注

〔一〕見大寶積經卷八六。

〔二〕大般涅槃經卷二〇：「嬰兒行者，如彼嬰兒啼哭之時，父母即以楊樹黄葉，而語之言：『莫啼莫啼，我與汝金。』嬰兒見已，生真金想，便止不啼。然此楊葉，實非金也。」

〔三〕維摩詰所説經卷下香積佛品：「以智慧攝愚癡。」

如昔有彭城王，問諸大德等：「貴〔一〕若證果即得成聖者，與我左腋出水，右腋出火，飛騰虚空，放光動地，我即禮拜汝爲師。」牛頭融大師答云：「善哉！善哉！不可思議！今若責我如此證果者，恐與道乖。審如是成佛者，幻師亦得作佛。且與諸大德及諸人〔二〕士證者，昔釋迦在於僧中演無上道，與僧不異〔三〕；維摩在俗説解脱果，與俗不殊；勝鬘女人説大乘法，女相〔四〕不改；善星比丘行闡提行，僧相不移。此乃正據其内心解與不解以爲差隔，何關色身男女相貌衣服好醜？若言形隨證改、貌逐悟遷是聖者，則瞿曇形改，方成釋迦；維摩相遷，乃成金粟〔五〕。即知證是心證，非是形遷；悟是智變，非關相異。譬如世間任官之人，爲遷改官，官高豈即貌别？」

校注

〔一〕「貴」，清藏本作「實」。按，冥樞會要卷上作「貴」。貴，是對對方的尊稱。

〔二〕「人」，諸校本作「大」。

〔三〕大般涅槃經卷二：「如來在僧中，演説無上法。」

〔四〕「相」，諸校本作「人」。

〔五〕金粟：維摩詰（浄名）的前身。智顗説、湛然略維摩經略疏卷一〇：「大士是金粟如來所得法身。」

又，古人云：「不改舊時人，只改舊時行履處。」〔一〕設或改形换質，千變萬化，皆是一心所爲。乃至神通作用，出没自在，易小令大，展促爲長，豈離一心之内？故知萬事無有不由心者，但證自心，言下成聖。若不識道，具相奚爲？故金剛經云：「若以三十二相觀〔二〕如來者，轉輪聖王即是如來。」〔三〕又偈云：「若以色見我，以音聲求我，是人行邪道，不能見如來。」〔四〕

校注

〔一〕按，此説據古尊宿語録卷三二舒州龍門佛眼和尚普説語録，當爲佛眼清遠云。清遠，俗姓李，臨卭人。

〔二〕「觀」，諸校本作「見」。按，經中作「觀」。

〔三〕見鳩摩羅什譯金剛般若波羅蜜經。下一處引文同。

古人云：「若不達此理，縱然步步脚踏蓮華，亦同魔作。」〔一〕龐居士偈云：「色聲〔二〕求佛道，結果反成魔。」〔三〕若決定取神通勝相作佛者，不唯幻士成聖，乃至天魔外道、妖狐精魅、鬼神龍蜃等，皆悉成佛，彼咸具業報五通，盡能變化故。若不一一以實相勘之，何辯真僞？

校　注

〔一〕按，古尊宿語録卷二大鑑下三世：「假使有一法過於涅槃者，亦無少許生珍重想，此人步步是佛，不假脚踏蓮華，分身百億。祇如今於一切有無等法，有纖毫愛染心，縱然脚踏蓮華，亦同魔作。」則此「古人」者，當即懷海。

〔二〕「聲」，嘉興藏本作「身」。

〔三〕于頔編集龐居士語録卷下：「色聲求佛道，結果盡成魔。」

但先悟宗鏡，法眼圓明，則何理而不通？何事而不徹？一切佛事攝化之門，自然成就。如華嚴論云：「經云『入深禪定，得佛神通』〔一〕者，以心稱理原，無出入體，無靜亂體，無造作性，任理自真，不生不滅。理真智應，性自徧周。三世十方，一時普應，對現色身，隨智應而化群品，而無來往，亦不變化，名佛神通。智無依止，無形無色，體無來去，性自徧周，非三世攝而能普應三世之法，名曰神通。是故經云『智入三世』〔二〕而無來往，爲三世是衆生情所妄立，非實有故。爲智體無形、無色，不造、不作而應群品，名之爲神；圓滿十方，無法不知，無根不識，名之爲通。」〔三〕

又云：「法華經云：『種種性相義，我及十方佛，乃能知是事，聲聞及緣覺，不退諸菩薩，皆悉不能知。』〔四〕此等即是門前三乘也，爲未明世間相常住是法住、法位，爲三乘同猒苦集、樂修滅道之心，未明苦、集本唯智起，不了滅、道本自無修、無造、無作，化諸群品，如幻住世，性絶無明，即是佛故。一念相應一念佛，一日相應一日佛〔五〕，何須苦死，要三僧祇？但自了三界業，能空業處，任運接生，即是佛也，何須變易，方言成佛？龍天變易，豈爲佛耶？三乘之人亦變易，何故待〔六〕三僧祇佛方成？故十地之上，方能見性。是故經云：『若以色性大神力，而欲望見調御士，彼即瞖目顛倒見，彼爲不識最勝法。』〔七〕

「佛者，覺也。覺業性真，業無生滅，無得無證，不出不没，性無變化，本來如如〔八〕，即是佛故。隨緣六道，行菩薩行，變化神通，接引迷流，佛非變化。淨名經云：『雖成正覺，轉于法輪，不捨菩薩之道，是菩薩行故。』〔九〕以此善財十住初心，於妙峰山上德雲比丘所，得憶念一切諸佛境界智慧光明普見法門，即便成正覺，然後始詣諸友，求菩薩道，行菩薩行〔一〇〕。當知正覺體用之時，即心無作處即是佛故，不須修行，設當行滿，亦不移今故。如化佛示成化相之時，苦行麻麥，剃髮持衣，捨諸飾好、藉草〔一一〕等事，爲化外道。經中佛自和會，非佛自須如是等行，無增上慢者，豈須如是？一念任無作性，佛智慧現前，無得無證，即是佛也。還如善財證覺之後，方求菩提道菩薩行。所以然者，爲覺道之後，方堪入纏〔一二〕；處俗無縛，始能爲衆生説法解縛。『若自有縛，能解彼縛，無有是處。』〔一三〕説時前後，法是一時故。當知若欲行菩薩行，須先成正覺。」〔一四〕

又，「經頌云『文殊法常爾』〔一五〕者，爲文殊是諸佛之慧。不動智是體，文殊是用。以將此一切諸佛、一切衆生根本智之體用門，與一切信心者作因果體用故，使依本故，迄至究竟果滿，與因不異，無二性故，方名初發心、畢竟心二種不别。明此十信心難發、難信、難入，聞之者，皆云『我是凡夫，何由〔一六〕可得是佛？』故設少分信者，即責神通道力。是故當知，且須如是正信，方始以正信、正見法力加行，如法進修，分分無明薄，解脱智慧明。依自得法淺深，漸當神通德用，隨自己得，信猶未得，何索神通？説言漸漸者，不移一時，一法性一智慧，無依住、無所得中漸漸故，以十玄、六相義圓之法性理中，無有漸頓，但爲無始無明慣習熟，卒令契理純熟難故，而有漸漸」〔一七〕。

校注

〔一〕見實叉難陀譯大方廣佛華嚴經卷一八。

〔二〕見實叉難陀譯大方廣佛華嚴經卷一。

〔三〕見李通玄撰新華嚴經論卷一八。

〔四〕見妙法蓮華經卷一方便品。

〔五〕一日佛：意謂在一日之間，能無掛礙、無煩惱，則清浄如佛。

〔六〕「待」，諸校本作「得」。按，新華嚴經論作「待」。

〔七〕見佛陀跋陀羅譯大方廣佛華嚴經卷五。

〔八〕「如如」，原作「如」，據新華嚴經論改。

〔九〕見維摩詰所説經卷中文殊師利問疾品。

〔一〇〕按，善財事，參見實叉難陀譯大方廣佛華嚴經卷六二等。

〔一一〕藉草：坐卧在草墊上。玄應一切經音義卷一：「藉草，茨夜反，案，藉猶薦也。釋名云：『所以自薦藉也。』」從義法華經三大部補注卷三：「藉，慈夜切。釋名云：『所以自薦藉也。』周易大過卦云：『初六，藉用白茅。』陸德明釋文云：『在下曰藉。』今此文意，即是布草於地，薦進以待於佛而坐之耳。」

〔一二〕「纏」，諸校本作「鄽」。按，新華嚴經論作「纏」。纏者，煩惱之異名。隋慧遠撰大乘義章卷五二障義兩門分別：「能纏行人，目之爲纏。又能纏心，亦名爲纏。」

〔一三〕見維摩詰所説經卷中文殊師利問疾品。

〔一四〕見李通玄撰新華嚴經論卷二。
〔一五〕見實叉難陀譯大方廣佛華嚴經卷一三。
〔一六〕「由」，原作「猶」，據磧砂藏、嘉興藏本及新華嚴經論改。
〔一七〕見李通玄撰新華嚴經論卷一六。

問：佛稱覺義，覺何等法？

答：無法之法，是名真法；無覺之覺，是名真覺。則妙性無寄，天真朗然。華嚴經頌云：「佛法不可覺，了此名覺法。諸佛如是修，一法不可得。」〔一〕無字寶篋經云：「爾時，勝思惟菩薩白佛言：『何等一法是如來所證覺知？』『善男子，無有一法，如來所覺。善男子，於法無覺，是如來覺。善男子，一切法不生而如來證覺，一切法不滅而如來證覺。』」

是以若有覺乃衆生，無覺同木石，俱非真性，不契無緣。無覺之覺，方齊大旨。無覺故不同衆生，覺故不如木石，則一覺一切覺，無覺無不覺。無覺故慧解寂然，無不覺故虚懷朗鑒。又，「見心常住，稱之曰覺」〔二〕。一成一切成，一覺一切覺。言窮慮絶，不壞假名，故云始成正覺〔三〕。

校注

〔一〕見實叉難陀譯大方廣佛華嚴經卷一六。

〔二〕出澄觀撰大方廣佛華嚴經疏卷四。

〔三〕澄觀撰大方廣佛華嚴經疏卷四：「一成一切成，無成無不成；一覺一切覺，無覺無不覺。言窮慮寂，不壞假名，故云始成正覺。」

問：「初發心時，便成正覺」〔一〕者，云何復説後心菩提？

答：非初非後，不離初後。如大智度論云：「不但以初心得，亦不離初心得。所以者何？若但以初心得、不以後心者，菩薩初發心便應是佛。若無初心，云何有第二、第三心？第二、第三心，以初心爲根本因緣。亦不但後心、亦不離後心者，是後心亦不離初心。若無初心，則無後心。初心集種種無量功德，後心則具足。具足故，能斷煩惱習，得無上道。須菩提此中自説難因緣：『初、後心心數法不俱。不俱者，則過去已滅，不得和合。若無和合，則善根不集。善根不集，云何成無上道？』佛以現事譬喻答：『如燈炷，非獨初燄燋，亦不離初燄；非獨後燄燋，亦不離後燄而燈炷燋。』佛語須菩提：『汝自見炷燋，非初非後而炷燋。我亦以佛眼見菩薩得無上道，不以初心得，亦不離初心，亦不以後心得，亦不離後心而得無上道。』燈譬菩薩道，炷喻無明等煩惱，燄如初地相應智慧，乃至金剛三昧相應智慧，燋無明等煩惱炷，亦非初心智燄，亦非後心智燄，而無明等煩惱炷燋盡，得成無上道。」〔二〕

又，如燈雖念念滅，而能相續破闇〔三〕。心亦如是，雖念念不住，前後不俱，而能相續，成其覺慧，成無上道。

校注

〔一〕佛陀跋陀羅譯大方廣佛華嚴經卷八：「初發心時，便成正覺，知一切法真實之性，具足慧身，不由他悟。」

〔二〕見龍樹造、鳩摩羅什譯大智度論卷七五。

〔三〕大般涅槃經卷二九：「如燈雖念念滅，而有光明除破闇冥，念等諸法，亦復如是。」

清涼疏云：「華嚴經云：『了知境界如幻、如夢，如影、如響，亦如變化。若諸菩薩能與如是觀行相應，於諸法中不生二解，一切佛法疾得現前，初發心時，即得阿耨多羅三藐三菩提，知一切法，即心自性，成就慧身，不由他悟』〔一〕者，夫初心爲始，正覺爲終。何以初心便成正覺？故云『知一切法，即心自性』故。覺法自性，即名爲佛。故經頌云：『佛心豈有他，正覺覺世間。』〔三〕斯良證也。斯則發者，是開發之發，非發起之發也。何謂現前之相？夫佛智非深，情迷謂遠，情亡智現，則一體非遥。既言『知一切法，即心自性』，則知此心即一切法性。今理現自心，即心之性，已備無邊之德矣。『成就慧身』者，上觀法盡也。正法當興，今諸見亡也。佛智爰起，覺心則理現，理現則智圓。若鏡淨明生，非前非後，非新非故，寂照湛然。『不由他悟』者，成上慧身，即無師自然智也。又，『不由他悟』，是自覺也。『知一切法』，是覺他也。『成就慧身』，爲覺滿也。『成就慧身』，必資理發，見夫心性，豈更有他？若見有他，安稱爲悟？既曰心性，自亦不存。寂而能知，名爲正覺。」〔三〕

校注

〔一〕見實叉難陀譯大方廣佛華嚴經卷一七。

〔二〕見實叉難陀譯大方廣佛華嚴經卷五九。

〔三〕見澄觀撰大方廣佛華嚴經疏卷一九。

故法華經云：「爲一大事因緣故出現於世，開示悟入佛之知見。」〔一〕夫一者，即古今不易之一道；大者，是凡聖之心體。故十方諸佛，爲此一大事出現於世，皆令衆生於自心中開此知見。若立種種差別，是衆生知見；若融歸一道，是二乘知見；若一亦非一，是菩薩知見。若佛知見者，當一念心開之時，如千日並照，不俟更言，即是祖師西來，即是諸佛普現。故云：念念釋迦出世，步步彌勒下生。何處於自心外，别求祖佛？則知衆生佛智，本自具足，若欲起心别求，即成徧計之性。故六祖云：「本性自有般若之智，自用智慧觀照，不假文字。」〔二〕若如是者，何用更立文字？今爲未知者，假以文字指歸，令見自性。若發明時，即是豁然還得本心，於本心中，無法不了。故云：「悟無念法者，萬法盡通；悟無念法者，見諸佛境界。」〔三〕

校注

〔一〕見妙法蓮華經卷一方便品。

〔二〕法海本壇經：「本性自有般若之智，自用智惠觀照，不假文字。」宗寶本壇經般若第二：「本性自有般若之智，自用智慧，常觀照故，不假文字。」

〔三〕出壇經。按，法海本、宗寶本壇經皆與此引文同。

是知若入無念法門，成佛不出刹那之際；若起心求道，徒勞神於塵劫之中。如釋迦文佛，從過去無量劫來，承事供養無數恒河沙等諸佛，皆不得記。何以故？以依止所行有所得故。至燃燈佛時，因獻五莖蓮華，乃得授記釋迦之號〔一〕，方達五陰性空，心無所著，始見天真之佛，頓入無得之門。故將蓮華獻佛，用表證明。所以華嚴經頌云：「性空即是佛，不可得思量。」〔二〕尚不用瞥起思量，豈況勞功永劫？

校注

〔一〕未曾有因緣經卷上：「釋迦如來當爾之時，爲菩薩道，以五百銀錢，從汝買得五莖蓮華，上定光佛。」定光佛，即燃燈佛。周琪述圓覺經夾頌集解講義卷一：「（文殊菩薩）昔爲妙光菩薩，化八王子次第而成，最後第八王子迺然燈佛。彼時釋迦爲儒童，買五莖蓮華，供養然燈，并布髮掩泥。然燈與之授記曰：『汝將來於五濁世爲佛，號釋迦牟尼。』」

〔二〕見實叉難陀譯大方廣佛華嚴經卷一六。

音義

妖，於喬反，艷也。　狐，户吴反。　狸，里之反。　餌，仍吏反，食也。　涯，五佳反，水際也。　偃，於幰反，倒也。　匿，女力反，藏也。　龐，薄江反，姓也。　軌，居洧反。　灼，之若反。　溝，古侯反，渠也。　鑽，子筭反。　鬘，莫還反。　瞖，於計反。　慣，古患反。　爰，雨元反。

丁未歲分司大藏都監開板

宗鏡録卷第十六

慧日永明寺主智覺禪師延壽集

夫即心成佛者，爲即真心？爲即妄心？

答：唯即真心，悟心真故，成大覺義，故稱爲佛。

問：若即真心，有何勝義？若即妄心，成何過咎？

答：畢竟空門，理無眹迹。分別之道，事有開遮。妄心者，從能所生，因分別起，發浮根〔一〕之暫用，成對境之妄知。若離前塵，此心無體。因境起照，境滅照亡；隨念生塵，念空塵謝。若將此影事而爲佛身，既爲虚妄之因，只成斷滅之果。

校注

〔一〕浮根：又稱浮塵根，外五根（眼、耳、鼻、舌、身之等可見的外形）名浮塵根，内五根（不可見而有能見之作用者）即勝義根。浮謂粗浮；塵以染汙爲名，染汙真性故；根以能生爲義，能生五識故。

真心者，湛然寂照，非從境生；含虚任緣，未嘗作意。明明不昧，了了常知。舒之無蹤，卷之無迹。如澄潭瑩野，明鏡懸空，萬像森羅，豁然虚鑒。不出不入，非有非無。斯則千聖冥歸，萬靈交會。信之者，徹大道之原底；體之者，成常住之法身。祖佛同指此心而成於佛，亦名天真佛、法身佛、性佛、如如佛。亦非離妄，妄無體故；亦非即真，真非即故。真妄名盡，即離情消。妙圓覺心，方能顯現。

又以本具故，方能開示，故云如來正覺心與衆生分别心契同無二，爲開示悟入之方便。是以若衆生心與諸佛心各異，如何説開？只爲契同，方垂方便。如藏中無寶，徒勞掘鑿，只爲有寶，不廢人功，但發信心，終當見性。故云：「我爲汝保任此事，終不虚也。」〔一〕所以云：「摩尼珠，人不識，如來藏裏親收得。六般神用空不空，一顆圓光色非色。」〔二〕如是的指，何用别求耶？故心丹訣云：「茫茫天下虚尋覓，未肯迴頭自相識。信師行到無爲鄉，始覺從來枉施力。」〔三〕所以華嚴論云：「以無明住地煩惱，便爲一切諸佛不動智，一切衆生皆自有之，只爲智體無性無依，不能自了，會緣方了。」〔四〕

校注

〔一〕見妙法蓮華經卷二譬喻品。

〔二〕見永嘉證道歌。

〔三〕按，此心丹訣未見他處。本書卷九八有先洞山和尚心丹訣，此四句不知是否亦出洞山和尚心丹訣，然僅就目前所見，風格似有不同。

〔四〕見李通玄撰新華嚴經論卷一七。

故知一切衆生皆是佛智，不得了緣，無由覺悟，了即成佛。如大品經云：有菩薩初發心，即坐道場爲如佛〔一〕。所以龐居士偈云：「心若如，神自虚，不服藥，病自除。白蓮華，如意珠〔二〕，無勞覓〔三〕，莫驅驅。智者觀財色，了了如〔四〕幻虚。衣食支身命，相勸學如如。時至移庵去，無物可盈餘。」〔五〕

又，古人云：「一丸療萬病，不假藥方多。」〔六〕

校　注

〔一〕摩訶般若波羅蜜經卷一習應品：「菩薩摩訶薩從初發意行六波羅蜜，乃至坐道場，於其中間常爲諸聲聞、辟支佛作福田。」

〔二〕「白蓮華，如意珠」，祖堂集作「自見蓮華如意珠」。

〔三〕「覓」，祖堂集作「事」。

〔四〕「了如」，龐居士語録作「知是」。

〔五〕按，此偈亦見祖堂集卷一五龐居士。又，龐居士語録卷下有「智者觀財色」後六句，然未見「心若如，神自虚，不服藥，病自除。白蓮華，如意珠，無勞覓，莫驅驅」諸句。

〔六〕見于頔編集龐居士語録卷下。亦見祖堂集卷一五龐居士。「丸」，龐居士語録作「丹」。

問：若即真心成佛，妄覺墮凡，則妄念違宗，真心順覺。斯乃真、妄有二，體、用分離，如何會通圓融一旨？

答：真、妄無性，常契一原，豈有二心而互相即？以性淨無染，妄不可得，如幻刀不能斫石，若霧不能染空〔一〕，爲不了一心之人，所以説即。

校注

〔一〕澄觀述大方廣佛華嚴經隨疏演義鈔卷一六：「性淨無染者，因時雖有煩惱，五義不染：一、佛無相故，譬如烟霧不能染空；二、是對治故，譬如鎔鐵不停蚊蚋；三、非處所故，譬如大石不能住空；四、無轉異者，譬如白玉涅而不緇；五、妄不染真，譬如幻刀不能斫石。因時有惑，尚不能染，果時惑盡，豈當有染？」

如台教問云：「無明即法性。無復無明，與誰相即？答：如爲不識冰人指水是冰、指冰是水，但有名字，寧復有二物相即耶？」〔二〕是知時節有異，融結隨緣，濕性常在，未曾變動。乃至即凡即聖，亦復如是，凡、聖但名，一體無異。故先德釋華嚴經云「一世界，盡法界亦如是」〔二〕者，知一眼如，一切眼如皆然，舉譬如一人身有手足，一切人皆有手足。是以不了此一心，皆成二見。若凡夫執著此心，造輪迴業；二乘猒棄此心，求灰斷果〔三〕。又，凡夫無眼，將菩提智照成煩惱火燒，如大富盲兒坐寶藏中，舉動罣礙，爲寶所傷。二乘將如來四德秘藏，爲無常五陰，謂是賊虎龍蛇，怕怖馳走，縛脱雖殊，取捨俱失〔四〕。若諦了通達之者，不起不滅，無得無生。了此妄心，念念無體，從何起執？念念自離，不須斷滅，尚不得一，何況二乎？

校注

〔一〕見智顗説、灌頂記摩訶止觀卷六下。

〔二〕實叉難陀譯大方廣佛華嚴經卷三二：「如於一世界，盡法界、虛空界、一切世界皆亦如是。如爲一衆生，爲一切衆生亦復如是。」

〔三〕灰斷：即灰身滅智，將肉身焚燒成灰，將心智滅除之意，爲小乘佛教最終目的之無餘涅槃。智顗金剛般若疏：「小乘涅槃灰身滅智爲無餘，大乘以累無不盡、德無不圓名爲無餘。」知禮述觀音玄義記卷二：「小乘灰斷，身智俱忘。」

〔四〕智顗説、灌頂記摩訶止觀卷一下：「九縛凡夫不覺不知，如大富盲兒坐寶藏中，都無所見，動轉罣礙，爲寶所傷。二乘熱病，謂諸珍寶是鬼虎龍蛇，棄捨馳走，竛竮辛苦五十餘年，雖縛脱之殊，俱貧如來無上珍寶。起大慈悲誓願，拔苦與樂，是爲非縛非脱，發真正菩提心。」

故知諸法順如，證圓成而情無理有；群情違旨，執徧計而情有理無。順常在違，一道而何曾失體？情不乖理，千途而未暫分岐。洞之而情理絶名，了之而順違無地。是以法法盡合無言之道，念念皆歸無得之宗，天真自然，非干造作。

如無言菩薩經云：「爾時，舍利弗謂無言菩薩曰：『汝族姓子，不能語言，云何欲問如來義乎？』無言曰：『一切諸法，悉無文字，亦無言詞。所以者何？一切衆生，皆悉自然，無諸言教及衆想念。』」〔一〕所以若約事備陳，則凡、聖無差而差；若就理融即，則生、佛差而不差。是以差與不差，俱不離真如之體。

如華嚴演義云：「無差之差者，是圓融上之行布也；差之無差者，是行布上之圓融也。如攬別成揔，非離別外而有此揔。」〔二〕如是融攝，無法不歸，則三乘非三，五性非五。如是妙解，方被宗鏡之光；離此見生，悉乖不二之旨。

校注

〔一〕見無言童子經卷上。按，無言童子經，或云無言菩薩經，是大集經無言品的異譯。

〔二〕見澄觀述大方廣佛華嚴經隨疏演義鈔卷二六。

問：若一切衆生即心是佛者，則諸佛何假三祇百劫積功累德方成？

答：爲復學一乘實法？爲復趣五性權機？此論自證法門，非述化儀方便。且楞伽經説有四佛：一、化佛，二、報生佛，三、如如佛，四、智慧佛〔一〕。隨機赴感，名之爲化；酬其往因，名之爲報；本覺顯照，名爲智慧；理體無二，故曰如如。華嚴經明十種佛，所謂於安住世間成正覺佛，無著見；願佛，出生見；業報佛，深信見；住持佛，隨順見；涅槃佛，深入見；法界佛，普至見；心佛，安住見；三昧佛，無量無依見；本性佛，明了見；隨樂佛，普授見〔二〕。又，佛揔具十身：一、衆生身，二、國土身，三、業報身，四、聲聞身，五、緣覺身，六、菩薩身，七、如來身，八、智身，九、法身，十、虚空身〔三〕。

校注

〔一〕參見楞伽阿跋多羅寶經卷一。

〔二〕詳見實叉難陀譯大方廣佛華嚴經卷五八。

〔三〕實叉難陀譯大方廣佛華嚴經卷三八：「此菩薩遠離一切身想分別，住於平等。此菩薩知衆生身、國土身、業報身、聲聞身、獨覺身、菩薩身、如來身、智身、法身、虚空身。」澄觀撰大方廣佛華嚴經疏卷一：「約融三世間爲十者，一、衆生身，二、國土身，三、業報身，四、聲聞身，五、緣覺身，六、菩薩身，七、如來身，八、智身，九、法身，十、虚空身。」

若别依五教，隨教不定：一、小乘教，有二身佛：一、生身，二、法身。二、大乘初教，有三身佛：一、法身，二、應身，三、化身。三、終教，有四身佛：一、理性身，二、法身，三、報身，四、應化身。四、頓教，唯一佛身：一實性佛。五、一乘圓教，有十身佛矣。

又，約性成佛，五教差别不同：小乘，唯悉達一人爲佛性；初教，半成半不成，以有性、無性分故爲佛；終教，凡有心者，當得作佛，除草木等；頓教，無佛無性，離言説相爲佛；圓教，無所不有佛性，以三種世間皆是爲佛。若三種世間皆是爲佛者，則内外心境無非本不生爲佛，圓教以心無礙無盡爲佛。

又，約心成佛，小乘以善心修所得爲佛，初教心性爲佛，終教以心相性泯爲佛，頓教心本不生爲佛，圓教以心無礙無盡爲佛。

又，天台明四教佛：一、藏教佛，二、通教佛，三、别教佛，四、圓教佛〔一〕。

若以如如佛、心佛、本性佛，誰人不具？若以國土身、法身、虚空身，何法不圓？則處處而皆是寶坊，丘陵誰立？念念而咸成正覺，妄想何分？如盲者不覩光明，非朝陽夕魄之過咎；似小果〔二〕不聞圓頓，豈佛心妙旨之親疎？但以法弱由於根微，道廣在乎量大。淺機自感，妙有證作無常；薄福所宜，珍寶化爲瓦礫。空迷己眼，錯認他身，分實際以千差，致化儀之百變。

校注

〔一〕智顗説、灌頂記摩訶止觀卷九下：「道場有四：若觀十二因緣生滅究竟，即三藏佛，坐道場木樹草座。若觀十二因緣即空究竟，通教佛，坐道場七寶樹天衣座。若觀十二因緣假名究竟，別教舍那佛，坐道場七寶座。若觀十二因緣中究竟，是圓教毗盧遮那佛，坐道場虚空爲座。當知大小道場，不出十二因緣觀也。」

〔二〕「果」，諸校本作「乘」。

如大方等無想經云：「爾時，佛告大雲密藏菩薩言：『善男子，汝今當燃大智慧燈，破諸衆生狂愚黑闇。若言如來真實出生輸頭檀舍，出家學道，修習苦行，壞魔兵衆，坐於道場，成菩提道，當知是人即是謗佛。寧當斷首，拔出其舌，終不出此虚妄之言。何以故？非是善解如來秘密語故。』」〔一〕

校注

〔一〕見大方等無想經卷二大雲初分大衆健度餘。

又，大涅槃經云：若言釋迦如來從兜率天降神母胎，乃至八相成道〔一〕，此是聲聞曲見〔二〕。故云：爲劣解衆生，母胎出現〔三〕。

校注

〔一〕八相成道：佛陀一生的八個階段。以成道爲中心，故稱八相成道。智顗撰四教義卷七：「所言八相成道者，一、從兜率天下，二、託胎，三、出生，四、出家，五、降魔，六、成道，七、轉法輪，八、入涅槃。」

〔二〕大般涅槃經卷二一：「有見、斷見，如是等見，名爲邪曲。菩薩摩訶薩若得聞是大涅槃經，修行聖行，則得斷除如是邪曲。云何名爲聲聞緣覺邪曲見耶？見於菩薩從兜率下，化乘白象，降神母胎，父名淨飯，母曰摩耶。迦毗羅城處胎，滿足十月而生，生未至地，帝釋捧接，難陀龍王及婆難陀吐水而浴，摩尼跋陀大鬼神王執持寶蓋，隨後侍立，地神化花以承其足，四方各行，滿足七步。到於天廟，令諸天像悉起承迎。阿私陀仙抱持占相，既占相已，生大悲苦，自傷當終不覩佛興。詣師學書，算計、射禦、圖讖、伎藝。處在深宫，六萬婇女娱樂受樂。出城遊觀至迦毗羅園，道見老人乃至沙門法服而行，還至宫中見諸婇女形體狀貌，猶如枯骨，所有宫殿，塚墓無異。厭惡出家，夜半踰城，至鬱陀伽、阿羅邏等大仙人所，聞説識處及非有想非無想處。既聞是已，諦觀是處，是非常、苦、不淨、無我，捨至樹下，具修苦行，滿足六年。知是苦行不能得成阿耨多羅三藐三菩提，爾時復到阿利跋提河中洗浴，受牧牛女所奉乳糜，受已轉至菩提樹下，破魔波旬，得成阿耨多羅三藐三菩提。於波羅㮈爲五比丘初轉法輪，乃至於此拘尸那城入般涅槃。如是等見，是名聲聞緣覺曲見。」

〔三〕李通玄撰新華嚴經論卷一三：「問曰：何故此佛蓮華化現出興，釋迦佛母胎出現？答曰：隨根所現。母胎出現，唯劣解衆生自根見爾。如離世間品云：爲劣解衆生，母胎出爾。應大根衆生，皆見蓮華出現也。」

是以入此宗鏡，出語無過，舉念皆真。若未到斯門，説是成非，攝心猶錯。如圓覺經云：「動念之與息念，皆歸迷悶。」〔一〕信心銘云：「不識玄旨，徒勞念静。」〔二〕融大師〔三〕云：悟此宗人，道佛不是亦得。若未信者，設念佛，亦成妄語。故知不達宗鏡，凡有見解，盡成謗佛、謗法、謗僧，任萬慮千思，未有相應之日。纔了此旨，自然一念無差。

校注

〔一〕見大方廣圓覺修多羅了義經。
〔二〕見僧璨信心銘。又，「静」，原作「浄」，據嘉興藏本及信心銘改。
〔三〕融大師：即法融。

所以華嚴論云：「從初發心十住之首，以三昧力，頓印三界。三世一際，諸法一味，解脱涅槃，常寂滅味，更無始終。因果一際，諸性一性，諸智一智，諸相一相，諸行一行，三世一念，一念三世，乃至十世，如是等法，自在無礙。此經法門，無始無終，名爲常轉法輪。是故此經教門，依本安立，以備大根，依本一際，不立始終。爲非虚妄見故，入一摠得餘；爲法界一際故，不同權學；見未盡故，入餘揔得一；爲法界體無礙故，如圓珠無方，如明鏡頓照，如虚空無隔，如響無依，如影不礙，如化人所生。此法門者，是該括始終一際，圓滿無礙，無成無壞，無出無没，常轉法輪。若人了得此法門者，佛智、自然智、無師智之所現前，爲此法無出没故，還以自然無出没智而自能得之，非情繫思量之所能得也。一切權教法門，揔在其中，一時而説，爲諸權教不出法界，無三世故，各依自見，無量差殊。此一乘教，是始成正覺時説。若依情，是最初成佛時説；若依智，無始終説。」〔一〕

故知成佛説法，不離一念。如華嚴經中，毗目仙人執善財手，「即時，善財自見其身往十方十佛刹微塵數世界中，到十佛刹微塵數諸佛所，見彼佛刹及其衆會，諸佛相好，種種莊嚴。乃至〔二〕或經百千億不可説不可説佛刹微塵數劫，乃至時彼仙人放善財手，善財童子即自見身，還在本處。」〔三〕是知不動本位之地，而身徧十方；未離一念之中，而時經億劫。本位不動，遠近之刹歷然；一念靡移，延促之時宛爾。不依宗鏡，何以消文？萬法冥歸，終無別旨。

校注

〔一〕見李通玄撰新華嚴經論卷三。

校注

〔一〕乃至：表示引文中間有删略。下一「乃至」同。

〔二〕見實叉難陀譯大方廣佛華嚴經卷六四。

問：無性理同，一時成佛者，云何三乘等人，見佛有其差别？

答：隨心感現，影像不同；自業差殊，非佛有異。觀一水而俄分四等，皆自見殊〔一〕；共寶器而飯色不同，非他業變〔二〕。則全心是佛，全佛是心。即真如心，是法身佛。且法身無相，真性無形，形相尚無，云何差别？皆是自識，照影不同。如五百婆羅門見灰身而起信〔三〕，劬師羅長者〔四〕覩三尺而發心〔五〕，無邊身菩薩窮上界而有餘〔六〕，住小聖之凡夫觀丈六而無盡〔七〕。

校注

〔一〕按，此即所謂「一水四見」，或稱「一境四心」，一水本無有異，因天、人、餓鬼、畜生果報不同而見有四相分别：天見是寶嚴地、人見是水、餓鬼見是膿血、魚見是住處。無性造、玄奘譯攝大乘論釋卷四：「於餓鬼自業變異增上力故，所見江河皆悉充滿膿血等處；魚等傍生，即見舍宅遊從道路；天見種種寶莊嚴地；人見是處有清冷水，波浪湍洄。」

〔二〕維摩詰所説經卷上佛國品：「譬如諸天，共寶器食，隨其福德，飯色有異。」注維摩詰經卷一：「肇曰：始生天者，欲共試知功德多少，要共一寶器中食天上饍。天饌至白，無白可喻。其福多者，舉飯向口，飯色不異。若福少者，舉飯向口，飯色變異。在器色一，在手不同。飯豈有異？異自天耳。」

〔三〕參後文引觀佛三昧經及後注。

〔四〕劬師羅長者：中印度憍賞彌國之長者，後歸依世尊。慧琳一切經音義卷二五：「瞿師羅，此云『妙音聲』，形長三尺，位登初果也。」大唐大慈恩寺三藏法師傳卷三：「瞿史羅，舊曰『瞿師羅』，訛。」中本起經卷下須達品：「路由一國，名拘藍尼，國有長者，字瞿師羅，晉言『美音』。」

〔五〕大般涅槃經卷二二：「爲瞿師羅長者示三尺身故，是故非非短。」灌頂撰大般涅槃經疏卷二二：「云現三尺身者，河西云：其家無兒，産一子，長三尺而死，父母悲苦失性。佛現兒像，父母見子，還得本心。謂兒言：我言汝死，汝何處來？答言：從死處來。因緣暫會，身屬衆緣，四大假合，遍觀衆緣。何者？是身種種説法，惑心即斷，便現三尺佛身光明色相，長者得阿那含。」

〔六〕大般涅槃經卷一：「爾時，無邊身菩薩摩訶薩即受佛教，從座而起，稽首佛足，右遶三匝，與無量阿僧祇菩薩俱，從彼國發，來至此娑婆世界。應時此間三千大千世界大地，六種震動。於是衆中，梵、釋、四天王、魔王波旬、摩醯首羅，如是大衆，見是地動，舉身毛竪，喉舌枯燥，驚怖戰慄，各欲四散。自見其身，無復光明，所有威德，殄滅無餘。」

〔七〕觀無量壽佛經：「若欲至心生西方者，先當觀於一丈六像在池水上。」又，「五百婆羅門見灰身而起信」至此，見窺基撰阿彌陀經通贊疏卷上等。

如觀佛三昧經云：「佛白父王及敕阿難：『吾今爲汝悉現具足身相。』說是語已，佛從座起，令衆俱起，令觀如來：從頂順觀，至足輪相；復從足相，逆觀至頂。一一身分，分明了了，如人執鏡，自見面像。若生垢惡不善心者，若有能毀佛禁戒者，見像純黑，猶如灰人；五百釋子，但見灰人；有千比丘，見赤土色；優婆塞十六人，見黑象脚色；優婆夷二十四人，見如聚墨；比丘尼見如白銀；優婆塞、優婆夷有見如藍染青色，四衆悲淚。釋子拔髮碎身，自述所見。」〔一〕乃至佛各爲說過去宿因，致茲異色。故識論云：境隨業識轉，是故說唯心〔二〕。

校注

〔一〕按，此處引文，據大方廣佛華嚴經隨疏演義鈔卷二八引。「觀佛三昧經云」者，詳見觀佛三昧海經卷三。

〔二〕玄奘譯成唯識論卷二：「由自心執著，心似外境轉，彼所見非有，是故說唯心。」

又，密跡經云：「一切天人見佛色量，或如黄金、白銀、諸雜寶等。乃至或見丈六，或見一里，或見十里，乃至百億無量無邊徧虛空中，是則名爲如來身密。」〔一〕

校注

〔一〕按，湛然述止觀輔行傳弘決卷一之四引，云「大論十一引密迹經云」。「大論十一引」者，見大智度論卷一〇：「如説密迹金剛經中，佛有三密：身密、語密、意密，一切諸天人皆不解、不知。有一會衆生，或見佛身黄金色、白銀色、諸雜寶色，有人見佛身一丈六尺，或見一里、十里、百千萬億，乃至無邊無量遍虚空中，如是等名身密。」又，開元釋教録卷二竺法護譯經中，著録密迹金剛力士經七卷，子注曰：「或五卷，或四卷，或八卷，太康元年十月八日出。亦直云密迹經，見支敏度、竺道祖及僧祐三録。今編入寶積，當第三會。」大寶積經中，見卷一〇密迹金剛力士會第三之三，此處引文爲撮述大意。

故知隨見不同，跡分多種。不唯見佛，觀法亦然。隨智淺深，法成高下。如大涅槃經云：「十二因緣，下智觀故，得聲聞菩提；中智觀故，得緣覺菩提；上智觀故，得菩薩菩提；上上智觀故，得佛菩提。」〔一〕乃至八相成道，不出刹那際三昧門，隨衆生見聞，自分時分。故先德云：是故如來於一念中，八相成道，不出刹那際者，以降生時即是成道時，即是度人時，即是入滅時〔二〕。何以故？以一切法同時俱成故，一成一切成。

校注

〔一〕見大般涅槃經卷四〇，南本見卷三六。此處或據智顗説妙法蓮華經玄義卷三：「大經云：十二因緣有四種觀：下智觀故，得聲聞菩提；中智觀故，得緣覺菩提；上智觀故，得菩薩菩提；上上智觀故，得佛菩提。」

〔二〕華嚴一乘十玄門：「如來於一念中，八相成道生時即是滅時，同時俱成故。」按，此書釋智儼撰，據題署

「承杜順和尚説」。故「先德」者，或即杜順（釋法順），傳見續高僧傳卷二六唐雍州義善寺釋法順傳。

華嚴經云「不離覺樹而昇釋天」〔一〕者，疏釋云：佛得菩提，智無不周，體無不在，無依無住，無去無來。然以自在即體之應，應隨體徧，緣感前後，有住有昇。閻浮有感，見在道樹；天宫有感，見昇天上。非移覺樹之佛而昇天宫，故云「不離覺樹而昇釋殿」。法慧偈云：「佛子汝應觀，如來自在力，一切閻浮提，皆言佛在中。」〔二〕此不離也。「我等今見佛，住於須弥頂。」此而昇也。又，古師釋有十義：一、約處相入門，以一處中有一切處故。是此天宫等本在樹下，故不須起，然是彼用，故説昇也；二、亦約相入門，以一處入一切處故，樹徧天中，亦不須起，欲用天宫表法昇進，故云昇也；三、由一切即一故，天在樹下；四、由一即一切故，樹在天上，不起等准前；五、約佛身，謂此樹下身即滿法界，徧一切處則本來在彼，不待起也，機熟令見，故云昇也，是故如來以法界身常在此即是在彼；六、約佛自在不思議解脱，謂坐即是行、住等，在此即在彼，皆非下位測量故也；七、約緣起相由門；八、約法性融通門；九、約表示顯法門；十、約成法界大會門〔三〕。

校注

〔一〕實叉難陀譯大方廣佛華嚴經卷一九：「爾時，如來威神力故，十方一切世界，一一四天下南閻浮提及須彌頂上，皆見如來處於衆會。彼諸菩薩悉以佛神力故而演説法，莫不自謂恒對於佛。爾時，世尊不離一切菩提樹下及須彌山頂，而向於彼夜摩天宫寶莊嚴殿。」

〔二〕見實叉難陀譯大方廣佛華嚴經卷一六。下一處引文同。

〔三〕「疏釋云」至此，詳見澄觀撰大方廣佛華嚴經疏卷一七。

不思議經云：「以一切佛、一切諸法，平等平等，皆同一理，如陽燄等。一切衆生及諸如來一切佛土，皆不離想。乃至〔一〕若我分別，佛即現前；若無分別，都無所見。想能作佛，離想無有。如是三界一切諸法，皆不離心。」〔二〕

校注

〔一〕乃至：表示引文中間有删略。

〔二〕見大方廣佛華嚴經不思議佛境界分。

普賢觀經云：「爾時，行者聞普賢説深解義趣，憶持不忘，日日如是，其心漸利。普賢菩薩教其憶念十方諸佛，隨普賢教正心正意，漸以心眼見東方佛，身黄金色，端嚴微妙。見一佛已，復見一佛，如是漸漸徧見東方一切諸佛。心想利故，徧見十方一切諸佛。」〔一〕

校　注

〔一〕見觀普賢菩薩行法經。

無量壽經云：「諸佛如來是法界身，入一切衆生心想中。是故汝等心想佛時，是心即具三十二相、八十隨形好。是心作佛，是心是佛。諸佛正徧知海，從心想生。」〔一〕此無量壽經，爲中下之機作十六觀想〔二〕，令韋提夫人等暫現佛身，恐生外解，故有此說。是心是佛之文，令生實見。

校　注

〔一〕見觀無量壽佛經。

〔二〕十六觀：日觀、水觀、地觀、樹觀、池觀、總想觀、華座觀、佛菩薩像觀、佛身觀、觀世音觀、大勢至觀、自往生觀、雜明佛菩薩觀、上品生觀、中品生觀、下品生觀。韋提希夫人願生西方極樂世界，兼欲未來世之衆生往生，請佛世尊說其所修之法，故佛說此十六種觀門。智顗說觀無量壽佛經疏：「初六觀觀其依果，次七觀觀其正報，後三明三輩九品往生也。」

華嚴出現品云：「佛子，譬如大海，其水潛流四天下地及八十億諸小洲中，有穿鑿者，無不得水，而彼大海，不作分別：『我出於水。』佛智海水，亦復如是，流入一切衆生心中，若諸衆生觀察境界，修習法門，則得智慧清淨明了，而如來智平等無二，無有分別，但隨衆生心行異故，所得智慧各各不同。佛子，是爲如來心相。」〔一〕

又，問明品頌云：「譬如水一味，因器有差別。佛福田亦然，衆生心故異。」〔二〕又頌云：「譬如淨明鏡，隨色而現像。佛福田如是，隨心獲衆報。」

校注

〔一〕見實叉難陀譯大方廣佛華嚴經卷五一。

〔二〕見實叉難陀譯大方廣佛華嚴經卷一三菩薩問明品。下一處引文同。

起信論云：「復次，真如用者，謂一切諸佛，在因地〔一〕時，發大慈悲，修行諸度四攝等行，觀物同己，普皆救脱。盡未來際，不限劫數，如實了知自他平等，而亦不取衆生之相。以如是大方便智，滅無始無明，證本法身，任運起於不思議業，種種自在，差別作用，周徧法界真如等，而亦無有用相可得。何以故？一切如來，唯是法身第一義諦，無有世諦境界作用，但隨衆生見聞等故，而有種種作用不同。此用有二：

「一、依分別事識，謂凡夫、二乘心所見者，是名化身。此人不知轉識影現，見從外來，取色分限，然佛化身無有限量；二、依業識，謂諸菩薩從初發心乃至菩薩究竟地心所見者，名受用身。身有無量色，色有無量相，相有無量好，所住依果亦具〔二〕無量功德莊嚴，隨所應見，無量無邊，無際無斷，非於心外如是而見。此諸功德，皆因波羅蜜等無漏行熏及不思議熏之所成就，具無邊喜樂功德相故，亦名報身。又，凡夫等所見，是其麁用，隨六趣異，種種差别，無有無邊功德樂相，名爲化身。初行菩薩見中品用，以深信真如故，得少分見，知如來身，無去無來，無有斷絶，唯心影現，不離真如。然此菩薩猶未能離微細分别，以未入法身位故。净心菩薩，見微細用，如是轉勝，乃至菩薩究竟地中，見之方盡。此微細用，是受用身，以有業識，見受用身。若離業識，則無可見。一切如來，皆是法身，無有彼此差别色相互相見故。」〔三〕

校注

〔一〕因地：即修行佛道的階位，也就是没有證得佛果以前在因中修行時的階位。也稱因位。
〔二〕「具」，原作「其」，據嘉興藏本及大乘起信論改。
〔三〕見實叉難陀譯大乘起信論卷上。

古釋云：「『依分别事識，謂凡夫、二乘心所見者，是名化身』者，凡夫、二乘未知唯識，計有外塵，即是分別事識義。今見佛身，亦謂心外，順彼事識分別計度，迷於唯心，故言『從外來』。不達即色是心，無有分劑，故云『取色分劑，不能盡知。』

「問：佛身何故唯衆生真心與諸佛體平等無二？

「答：但衆生迷於自理，起諸妄念，是時真如但顯染相，以本覺内熏妄心，故有猒求。有猒求故，真用即顯；猒求劣故，相用即麁；猒求漸增，用亦微細。如是漸漸，乃至心原。無明既盡，猒求都息。始覺同本，用還歸體，平等平等，無二無別。未至心原已還，用於識中，隨根顯現，故云識中現也。

「問：若據此義，用從真起，何説言轉識現耶？

「答：轉識即是賴耶中轉相。依此轉相，方起現識，現諸境界，此識即是真妄和合。

「問：若據此義，乃是衆生自心中真如之用，云何説云佛報化也？

「答：衆生真心，則諸佛體無差別。若隨流生死，即妄有功能，妄雖有功，離真不立；若返流出纏，真有功能，真雖有功，離妄不顯，就緣起和合中説其用耳。既從法身起報、化用，何得不是衆生真心耶？以真心是法家之身，凡聖同共一法身故。經云：『心造諸如來。』〔一二〕所以即心是佛故。

「問：若真心即佛者，何故云從波羅蜜等因緣生？

「答：此約本覺隨染義説。然其始覺，覺至心原，平等一際，有何差别？又，即以諸佛悲智爲增上緣〔二〕，衆生機感種子爲因，託佛本質上自心變影像，故云在自識中現。」〔三〕

校注

〔一〕見佛馱跋陀羅譯大方廣佛華嚴經卷一〇。

〔二〕增上緣：指一切事物中能助成（至少不妨礙）其他事物生起者。大乘義章卷三四緣義四門分别：「增上緣者，起法功强，故曰增上。以此增上爲法緣，故名增上緣。」

〔三〕見法藏撰大乘起信論義記卷下本。

法界品彌伽長者徹見十方佛海〔一〕，顯此定者，唯心之觀，知衆生界無量無邊，皆心現故。明隨心念佛，諸佛現前；以唯心觀，徧該萬法。今約上、中、下根，隨自心觀，見佛不同，有其四等：一、凡夫，由帶過去六道惡業習氣不盡，或見佛是樹神、天神、黑脚象、三尺等身；二、小乘，由帶業生滅之見，見佛是金槍馬麥，打身出血，俱非樂相；三、大乘，初、終、頓等三教菩薩，由是唯識觀佛乃是賴耶識中轉識所現之相，故見此佛身唯是心現，不離真如，無有分劑，徧一切處，隨衆生根自然顯現，此是樂相；四、一乘圓教菩薩，以法界圓明之智，依正該攝理事人法，以此之智，感見十身理事無礙。又，三世融通一切，是故佛身不離十方道樹，常詣六天，智乃徧觀一切，恒無作念。

校注

〔一〕詳見實叉難陀譯大方廣佛華嚴經卷六三。

十四科法身義〔一〕云：經明法身者，跡指丈六，同人身是聚義，而無非法，故有法身之稱。尋經之旨，以如來照體虚存爲身，累盡爲法，乃是所以真法身也。然即以善感應，應即隨類成異，但於見者是有，佛常無身故。經云：如來之身，是幻化身〔二〕。

問：佛必無身者，云何以解感丈六耶？

答：衆生以未足之善，仰感如來至足之地，道足即能應化無方，未足故唯見其所見法，不達即身是虚幻也。

問：夫感應之道，皆由情徹冥契，故致事效於當時，内外理應是同。如婦人詣情幽冥，城爲之崩，孝至而石開。此即事隨心變，云何以善感丈六而云是虚幻身耶？

答：城崩石開，此由情感於物，物實故崩開非虚〔三〕。解感法身，法身非有，但信解爲惑所壅隔，故見丈六爲實，豈非人自見所感耶？

問：丈六若是虚幻，何由傳於實理耶？

答：理妙非麁不傳，猶影之傳於形也。

問：法身無形者，爲即法身是丈六？爲法身外別有丈六耶？

答：感法身爲丈六，何有別也？如聲感谷而出響，豈容谷外別有響哉？

問：衆生爲緣法身生見？爲緣丈六生見耶？

答：感見法身所應，何緣見法身？如見影知有樹，不見樹也。

問：法身是常，丈六亦是常不？

答：丈六理是常，但於人是無常。故經云：如暗中樹影，非肉眼所見也〔四〕。古釋云：佛常無身者，明感應非真，法身是實。感是能感，屬衆生；應謂所應，屬佛。以衆生有感佛之善，自見不同：有見釋迦丈六、弥勒千尺〔五〕，或覩無邊之相，或見三尺之形，與〔六〕衆生根善有淺深，遂令應身精麁隨異〔七〕。故云：「佛真法身，猶若虛空。應物現形，如水中月。」〔八〕

又，佛常無身者，無分段、變易之身，以法身至妙，不可以形質求，故云無身。據乎實理，非無妙色、妙心。妙色故，能分形適變；妙心故，能虛能鑒故。天親頌云：「報化非真佛，亦非説法者。」〔九〕

金光明經云：「應、化二身是假名有，法身是真實有。」〔一〇〕

「道足即能應化無方」者，以法身道足故，能應化無方，即是無所不應，無其定一之身。衆生位居信解，以未足之善，唯隨其所見丈六等身。不足之善者，法雲已還，信解善也。「至足之地」者，佛果極照，道滿菩提，名至足之地。以善未足故，不能了達丈六、三尺等身即是虚幻，唯法身及自受用身〔一二〕可名真實。

「如婦人詣情幽冥，城爲之崩」者，列女傳云：「杞梁妻就其夫屍於城下哭之，十日而城爲之崩。」〔一三〕「孝至而石開」者，漢書云：「李廣無父，問其母曰：『我父何耶？』母曰：『虎殺之。』遂行，射虎於草中。夜見石，似虎，射之，没羽。後射之，終不入矣。」〔一三〕以城、石之事，隨心感變，所以崩、開。「理妙非麁不傳，由〔一四〕影之傳於形」者，明丈六雖麁而能傳妙理，託事表理，寄言顯道，猶影傳於形，亦如指指月。〔一五〕

校注

〔一〕十四科：竺道生撰。宋智圓述涅槃玄義發源機要卷一：「竺道生者，竺姓也，道生名也。本姓魏，鉅鹿人，幼而穎悟，聰哲若神，後值沙門竺法汰，遂改俗受業，因姓竺也。言涅槃聖者，初生遊長安，從羅什請法關中，僧衆咸謂神悟。後還建康，住青園寺，寺即晉恭思皇后褚氏種青之處，因以爲名。以六卷泥洹先至京都，生剖析經理，洞入幽微，乃説闡提皆得成佛，遂撰十四科。」日僧圓珍撰智證大師請來目録，著録生公「十四科義一本」。宋史卷二〇五藝文志中，著録「竺道生十四科元贊義記一卷」，當即此十四科。據本書及澄觀述大方廣佛華嚴經隨疏演義鈔等引，有法身義、浄土義、實相義、善不受報義、釋致義、衆生有佛性義等。湯用彤「疑係後人編輯生公著作而成，故唐以前未聞有此書」（見漢魏兩晉南北朝佛教史第十六章竺道生）。科文多是已有文章的綱要，故湯用彤先生所説當是。

〔二〕按，此或非「經云」。吉藏撰法華玄論卷九：諸經明佛舍利「有無相違，云何領會耶？答：有無之言既是佛説，理無違背。初明有者，據佛迹身。後明無者，就法身也。又，前明有者，示同凡夫二乘，故明此身從業報起，故有舍利。後明無者，不同凡夫二乘，明如來之身，是幻化身，非實業報生，無身骨也」。

〔三〕高僧傳卷一三興福篇「論曰」：「情志慊切，則木石開心。故劉殷至孝誠感，釜庾爲之生銘；丁蘭温清竭誠，木母以之變色。魯陽迴戈而日轉，杞婦下淚而城崩，斯皆隱惻入其性情，故使徵祥照乎耳目。」

〔四〕法顯譯大般泥洹經卷二長壽品：「迦葉白佛言：『云何世尊，夜闇冥中樹影現耶？』佛言：『有影。既有其樹，云何無影？但非肉眼所能見耳。』」

〔五〕窺基撰大乘法苑義林章卷七：「其變化身，化地前衆，資糧、加行二位見別，隨衆所宜，形量不定。釋迦丈六，倍大衆生。彌勒千尺，任生宜見。他受化身，皆是化色。」

〔六〕「與」，清藏本作「由」。

〔七〕智顗説妙法蓮華經玄義卷七下：「經曰：今日座中無央數衆，各見不同：或見如來入涅槃；或見如來住世一劫減一劫；或見如來住世無量劫；或見丈六身；或見小身、大身；或見報身坐蓮華藏世界海，爲百千億釋迦牟尼佛説心地法門；或見法身同於虚空，無有分別，無相無礙，遍同法界虚空；或見此處娑羅樹林悉是土砂、草木、石壁；或見此處金銀七寶清浄莊嚴；或見此處三世諸佛所遊之處；或見此處即是不可思議，諸佛境界真實法體。」崇進述佛頂尊勝陀羅尼經教跡義記卷上：「見身同異者，如大梵王見佛身長千尺，又如應持菩薩見佛身長丈六。即便量佛頂上，過無數世界至華上佛刹，還見如來身長丈六。如報恩經云：外道見佛如孩子想。如聲聞人但見丈六身，菩薩見無邊身，諸佛見法性身。所以華嚴經曰：譬如浄滿月，水水悉能現，影像雖無量，本質未差別。諸佛法如是，隨感現衆像，化相雖無量，法體無差別。」

〔八〕見金光明經卷二四天王品。

〔九〕見天親造金剛般若波羅蜜經論卷上。

〔一〇〕見金光明最勝王經卷二分別三身品。

〔一一〕自受用身：爲佛内證的自受法樂之身，具有無邊的色相莊嚴，周遍法界而無爲常住。

〔一二〕列女傳卷四齊杞梁妻：「杞梁之妻無子，内外皆無五屬之親。既無所歸，乃枕其夫之尸於城下哭之，内誠動人，道路過者莫不爲之揮涕。十日而城爲之崩。」

〔一三〕史記卷一〇九李將軍列傳：「廣出獵，見草中石，以爲虎而射之，中石没鏃，視之石也。因復更射之，終不能復入石矣。廣所居郡聞有虎，嘗自射之。及居右北平射虎，虎騰傷廣，廣亦竟殺之。」漢書襲此説，未有因父仇而射虎者。

〔一四〕「由」，前文作「猶」。

〔一五〕按，以上或皆出十四科法身義。

清涼疏云：「舊佛新成，曾無二體；新成舊佛，法報似分。無不應時，故即真而應；應隨性起，故即應而真。三佛圓融，十身無礙，故辯應現即顯真成。」〔一〕

又，佛身無依，「應機普現，謂色無定色，若金剛之合朱紫；形無定形，猶光影之任脩短；相無定相，似明鏡之對妍媸，故隨樂皆見。乃至〔二〕一身多身，但由衆生分別心起。故無積無從，其猶並安千器，數步而千月不同；一道澄江，萬里而一月孤映。」〔三〕又如，「三舟共觀，一舟停住，二舟南北。南者，見月千里隨南；北者，見月千里隨北；停舟之者，見月不移。是爲此月不離中流而往南北，設百千共觀，八方各去，則百千月各隨其去。」〔四〕是以情隔即法身成異，心通而玄旨必均，紜紜自他，於佛何預？

是以「真身寥廓，與法界合其體；包羅無外，與萬化齊其用。窮原莫二，執迹多端；一身多身，經論異説。今説此經佛，爲真爲應？爲一爲多？若言真者，何名釋迦，居娑婆界，人天同見？若云應者，那言遮那，處蓮華藏，大菩薩見，見佛法身？若云一者，何以多處別現？若云異者，何復言而不分身？故説此經佛，並非前説，即是法界無盡身雲，真應相融，一多無礙，即毗盧遮那是釋迦故，常在此處即他處故，遠在他方恒住此故，身不分異亦非一故，同時異處，一身圓滿皆全現故，一切菩薩不能思故。今先明十身，後彰無礙。言十身者，如前所述〔五〕。今就佛上自有十身：一、菩提身，二、願身，三、化身，四、力持身，五、相

好莊嚴身，六、威勢身，七、意生身，八、福德身，九、法身，十、智身。」〔六〕

校注

〔一〕見澄觀撰大方廣佛華嚴經疏卷四九。

〔二〕乃至：表示引文中間有删略。

〔三〕見澄觀撰大方廣佛華嚴經疏卷一三。

〔四〕見澄觀撰大方廣佛華嚴經疏卷一七。

〔五〕「如前所述」，大方廣佛華嚴經疏作「自有二義：一、約融三世間爲十者，一、衆生身，二、國土身，三、業報身，四、聲聞身，五、緣覺身，六、菩薩身，七、如來身，八、智身，九、法身，十、虚空身」。

〔六〕「真身寥廓」至此，見澄觀撰大方廣佛華嚴經疏卷一。

言無礙者，指歸中有十義：一、用周無礙，謂於念、劫、刹、塵等處，遮那佛現法界身雲，業用無邊，悉周偏故。經頌云「如於此處見佛坐，一切塵中亦如是」〔一〕等。二、相偏無礙，於一一差別用中，各攝一切業用，如在胎中，即有出家成道等類，如是一切自在無礙。三、寂用無礙，雖現如是無邊自在，然不作意、不起念，常在三昧，不礙起用。不思議品云：「於一念中，皆能示現一切三世佛，教化一切衆生，而不捨離諸佛寂滅無二三昧，是爲諸佛不可譬喻、不可思議境界。」〔二〕譬如摩尼雨寶、天鼓出聲，皆無功用，任運成就。四、依起無礙，如此所現，雖無功用，皆依海印三昧之力而得顯現。經頌云：「一切示現無有餘，海印三昧威神力。」〔三〕五、真應無礙，即此應現無盡身雲，即無生滅，即是法身平等一味，不礙業用，無有限量。六、分圓無礙，即此徧法界盧舍那身、一一身、一一支分、一一毛孔，皆亦有自舍那全身，是故分處即圓滿。經頌云：「如來無量功德海，一一毛孔皆悉見。」〔四〕七、因果無礙，謂於身分毛孔處，現自舍那往昔本生，行菩薩行所受之身及佛眉間出勝音等塵數菩薩。八、依正無礙，謂此身雲，即作一切器世間。經頌云：「或作日月遊虚空，或作河池井泉等。」〔五〕又，亦潛身入彼諸刹，一一微細塵毛等處，皆有佛身圓滿普徧。九、潛入無礙，謂入衆生界，如如來藏，雖作衆生，不失自性。故出現品云：佛智潛入衆生。又云：衆生心中有佛，成正覺等〔六〕。又，亦攝一切衆生在一毛孔。善化天王頌云「汝應觀佛一毛孔，一切衆生悉在中」〔七〕等。十、圓通無礙，謂此佛身即理即事，即一即多，即依即正，即人即法，即此即彼，即情即非情，即深即廣，即因即果，即三身，即十身，同一無礙〔八〕。

校注

〔一〕實叉難陀譯大方廣佛華嚴經卷五：「如於此會見佛坐，一切塵中悉如是。」
〔二〕見佛駄跋陀羅譯大方廣佛華嚴經卷三〇。
〔三〕見佛駄跋陀羅譯大方廣佛華嚴經卷六。

〔四〕見佛馱跋陀羅譯大方廣佛華嚴經卷二。

〔五〕見佛馱跋陀羅譯大方廣佛華嚴經卷七。

〔六〕按，澄觀述大方廣佛華嚴經隨疏演義鈔卷四：「疏『故出現品』下，引證，引其二文。初『佛智潛入』者，此以智身通證佛身，佛身隨化，文處蓋多，今取潛入之義，故引出現耳。彼經云：『譬如大海，其水潛流四天下地及八十億諸小洲中，有穿鑿者，無不得水。而彼大海，不作分別：我出於水。佛智海水，亦復如是，流入一切衆生心中，若諸衆生觀察境界、修習法門，則得智慧清浄明了，而如來智平等無二，無有分別，但隨衆生心行異故，所得智慧各各不同。』今所引者，正取潛入之義耳。疏又云『衆生心中』等者，亦是彼品，前文已引。」實叉難陀譯大方廣佛華嚴經卷五二：「菩薩摩訶薩應知自心念念常有佛成正覺。何以故？諸佛如來不離此心成正覺故。如自心，一切衆生心亦復如是，悉有如來成等正覺。」

〔七〕見實叉難陀譯大方廣佛華嚴經卷二。按，此句華嚴經旨歸引作「觀見如來一毛孔，一切衆生悉入中」，見佛陀跋陀羅譯本卷一。

〔八〕「指歸中有十義」至此，詳見法藏述華嚴經旨歸説經佛第三。

如是無礙，但是一心，若有外塵，絲毫成滯。如華嚴經頌云：「佛身非過去，亦復非未來，一念現出生，成道及涅槃。」〔一〕

華嚴演義釋見佛差別，「今寄清涼五臺求見文殊，以況法界見佛差別，揔有十義：一、或多機異處各感見，二、或同處各見，三、或異時別見，四、或同時異見，五、或同時異處見，六、或同處異時見，七、或異時異處見，八、或同時同處見，九、或一人於同異交互時處見多人所見，十、或一人於同異俱時處見一切人所見。謂同時同處、異時異處，名同異俱時處。既是一人時該多時，處徧諸處，見通諸境，故是普眼機也」〔二〕。故知文殊真體，尚非是一，見者自有差殊，可驗唯心，弥加深觀。

校注

〔一〕見實叉難陀譯大方廣佛華嚴經卷一三。

〔二〕見澄觀述大方廣佛華嚴經隨疏演義鈔卷三〇。

又如云「一文殊從一處東來，即一切處文殊」〔一〕者，「一〔二〕、約義。復語其實德，如前谿之月，即是後谿及萬江百川之月，全入前谿。所以爾者，一切處月不離本月故，本月落谿，則千處俱落。二、約表者，文殊主般若門，若約觀照般若，智了萬境，無非般若，若白日麗天，無物不明矣。若實相般若，無法非實相故，無非般若，猶水徧波，無波非水。即大般若經云：般若波羅蜜多清淨，故色清淨。色清淨故，一切智智清淨。何以故？若般若波羅蜜多清淨，若色清淨，若一切智智清淨，無二無二分，無別無斷故〔三〕。通於觀照，及實相也」〔四〕。

校　注

〔一〕澄觀撰大方廣佛華嚴經疏卷一三：「一文殊從一處東來，即從一切處東來。」

〔二〕「一」，大方廣佛華嚴經隨疏演義鈔作「第二」，因前有「第一、約文」故。這裏節引，没有「第一」，故相應處做了改動。後「二」，大方廣佛華嚴經隨疏演義鈔作「第三」。

〔三〕詳見大般若波羅蜜多經卷一九五等。

〔四〕見澄觀述大方廣佛華嚴經隨疏演義鈔卷二九。

又問：佛前唯一普賢，何以一一佛前各有多耶？

答：含有二義：一、緣起相由，正約主、伴，兼〔一〕明即入，謂爲主須一，爲伴必多。此一者，是即多之一、一切一也；多是全一之多，一一切也。二、力用交徹，一有一切。普賢之身，不可思議，略有三類：一、隨類身，隨人天等見不同故。二、漸勝身，乘六牙象等相莊嚴故。三、窮盡法界身，帝網重重無有盡故。此第三身，含前二身及無盡身〔二〕。

校　注

〔一〕「兼」，大方廣佛華嚴經隨疏演義鈔作「徧」。大方廣佛華嚴經隨疏演義鈔卷二四：「别明入定，佛前唯一普賢。今此結通，何以一一佛前各有多耶？疏中含有二義：一、正約主伴，二、徧明即入。」

〔二〕「又問」至此，參見澄觀述大方廣佛華嚴經隨疏演義鈔卷二四。

又問：如上所説，則無一處無有普賢，今何不見？

「釋有三意：一、約機不見，是盲者過；二、不見是見，見虚空身，以虚空不可見。若不見者，真見虚空。三、亦徧不見處故者，明見則不徧。何者？以可見不可見，皆是普賢身。要令可見爲身，則普賢身不周萬有。如智不可見，豈非智身耶？明知由有不見之處，方知徧耳。此第〔一〕三身，何人能見？慧眼方見，非肉眼所見。如是慧眼，無見無不見矣。」〔二〕

校注

〔一〕「第」，嘉興藏本作「等」。按，大方廣佛華嚴經隨疏演義鈔作「第」。

〔二〕見澄觀述大方廣佛華嚴經隨疏演義鈔卷二五。

音義

眣，直引反。　鑿，在各反。　庵，烏含反，小草舍。　療，力照反。　斫，之若反。　怕，普駕反。　怖，普故反。　魄，普伯反。　槍，七羊反。　杞，驅里反，木名。

丁未歲高麗國分司大藏都監奉敕彫造

宗鏡録卷第十七

慧日永明寺主智覺禪師延壽集

夫成佛之理，或云一念，或云三祇〔一〕，未審定取何文，以印後學？

答：成佛之旨〔二〕，且非時劫，遲速之教，屬在權宜。故起信論明，爲勇猛衆生，成佛在於一念；爲懈怠者，得果須滿三祇。但形教跡之言，盡成方便。

校注

〔一〕三祇：「三阿僧祇劫」之略，是菩薩修行成佛所需的時間。阿僧祇，意譯「無央數」。實叉難陀譯大乘起信論卷下：「此菩薩以無分別智，證離言説真如法身故，能於一念遍往十方一切世界，供養諸佛請轉法輪，唯爲衆生而作利益，不求聽受美妙音詞。或爲怯弱衆生故，示大精進，超無量劫速成正覺。或爲懈怠衆生故，經於無量阿僧祇劫，久修苦行，方始成佛。」

〔二〕「旨」，原作「真」，據諸校本改。

楞嚴經鈔〔一〕云：劫者，是時分義，而有成、住、壞、空，皆由衆生妄見所感。且妄見動，外感風輪；由愛發故，外感水輪；由堅執心，外感地輪；由研求慄故，外感火輪。由四大故，起六根；起六根故，見六塵；見六塵故，有時分。若了無明根本一念妄心，則知從心所生三界，畢竟無有。且時因境立，境尚本空，時自無體，何須更論劫數多少？但一念斷無明，何假更歷僧祇？

是以首楞嚴經云：「如幻三摩提，彈指超無學。」〔二〕又云：「想相爲塵，識情爲垢，二俱遠離，則汝法眼應時清明，云何不成無上知覺？」〔三〕圓覺經云：「知幻即離，不作方便。離幻即覺，亦無漸次。」

校注

〔一〕按，錢謙益鈔楞嚴經疏解蒙鈔卷首古今疏解品目：「（延壽）撰宗鏡録一百卷，折衷法門，會歸心要，多取證於楞嚴。所引古釋，即愨、振、沇三家之説也。」愨，指唐崇福寺惟愨法師，有疏；振，指唐魏北館陶沙門慧振，有科判；沇，指唐蜀資中弘沇法師，有疏。此楞嚴經鈔，不知何指。

〔二〕見大佛頂如來密因修證了義諸菩薩萬行首楞嚴經卷五。

〔三〕見大佛頂如來密因修證了義諸菩薩萬行首楞嚴經卷四。

故知長短之劫，由一念來。三乘趣果，並是夢中。説悟時事，皆無多劫耳。所以法華經演半日爲五十小劫〔一〕，維摩經演七日爲一劫〔二〕。又如涅槃經云屠兒廣額日殺千羊〔三〕，後發心已，佛言：「於賢劫中成佛。」諸大菩薩及阿羅漢疑云：「我等成佛即遠劫，廣額何故成佛在先？」佛言：「欲得早成者即與早，欲得遠成者即與遠。若頓見真性，即一念成佛。」

故知利鈍不同，遲速在我，可驗心生法生，心滅法滅矣。以三界無別法，但是一心作〔四〕。一切境界，皆因動念，念若不生，境本無體，返窮動念，念亦〔五〕空寂。即知迷時無失，悟時無得，以無住真心不增減故。

校注

〔一〕妙法蓮華經卷五從地涌出品：「是時釋迦牟尼佛默然而坐，及諸四衆亦皆默然五十小劫；佛神力故，令諸大衆謂如半日。」

〔二〕維摩詰所説經卷中不思議品：「舍利弗，或有衆生，樂久住世而可度者，菩薩即演七日以爲一劫，令彼衆生謂之一劫；或有衆生不樂久住而可度者，菩薩即促一劫以爲七日，令彼衆生謂之七日。」

〔三〕大般涅槃經卷一九：「波羅㮈國有屠兒，名曰廣額，於日日中，殺無量羊。見舍利弗，即受八戒，經一日一夜。以是因緣，命終得爲北方天王毗沙門子。」

〔四〕隋慧遠撰大乘義章卷三末：「三界唯心所依，如夢所見，如鏡中像，無有自體。離心則無六識境界，以從心故，心生法生，心滅法滅，諸法生滅，皆隨於心。」

〔五〕「亦」，原作「六」，據諸校本改。

如首楞嚴經云：「佛言：『富樓那，汝豈不聞：室羅城中演若達多，忽於晨朝以鏡照面，愛鏡中頭眉目可見，嗔責己頭不見面目，以爲魑魅，無狀狂走。於意云何？此人何因，無故狂走？』富樓那言：『是人心狂，更無他故。』佛言：『妙覺明圓，本圓明妙。既稱爲妄，云何有因？若有所因，云何名妄？自諸妄想，展轉相因，從迷積迷，以歷塵劫，雖佛發明，猶不能返。如是迷因，因迷自有，識迷無因，妄無所依，尚無有生，欲何爲滅？得菩提者，如寤時人説夢中事，心縱精明，欲何因緣取夢中物？況復無因，本無所有。如彼城中演若達多，豈有因緣？自怖頭走，忽然狂歇，頭非外來，縱未歇狂，亦何遺失？富樓那，妄性如是，因何爲在？汝但不隨分別世間、業果、衆生三種相續，三緣斷故，三因不生，則汝心中演若達多狂性自歇，歇即菩提，勝浄明心本周法界，不從人得，何藉劬勞，肯綮修證？』」〔一〕

校注

〔一〕見大佛頂如來密因修證了義諸菩薩萬行首楞嚴經卷四。子璿集首楞嚴義疏注經卷四：「言肯綮者，骨邊細肉也。莊子云：『經肯綮之未嘗，而況大軱乎？』若執惑有實體，不能達妄即空，四相平等，一切唯覺，便謂從麁至細，斷盡無明，方至妙覺者，何異解牛不能遊刃於大窾，不能亡見於全牛，但解皮肉以至著骨，豈曰妙得牛理哉！」

古釋云：「頭無得失」者，頭喻真性〔一〕。無明迷時，性亦不失；無明歇時，亦不別得。「歇即菩提」者，但悟本體，五現量識，一切萬行皆悉具足，即是菩提〔二〕。如涅槃經云：一切衆生，本來成佛〔三〕。無漏智性，本自具足〔四〕。

校注

〔一〕子璿集首楞嚴義疏注經卷四：「狂故怖頭，因緣何有？頭無得失，狂自復行。惑但妄有滅生，真性何曾出没？汝觀如狂之妄，今指何處爲因？」據首楞嚴經義海，此説爲弘沇疏，當出其所撰大佛頂首楞嚴經疏。宋高僧傳卷六唐京師崇福寺惟慤傳：「楞嚴經初是荆州度門寺神秀禪師在内時得本，後因館陶沙門慧震於度門寺傳出。慤遇之，著疏解之。後有弘沇法師者，蜀人也，作義章開釋此經，號資中疏。其中亦引震法師義例，似有今古之説。此岷蜀行之，近亦流江表焉。」

〔二〕子璿集首楞嚴義疏注經卷四：「分别不生，前後際斷，故名爲歇。菩提云覺。起信云：所言覺義者，謂心體離念。離念相者，等虚空界，無所不遍。法界一相，即是如來平等法身。」據首楞嚴經義海，此説爲弘沇疏。

〔三〕按，此即大般涅槃經「一切衆生悉有佛性」之意。大方廣圓覺修多羅了義經：「圓覺普照寂滅無二，於中百千萬億不可説阿僧祇恒河沙諸佛世界，猶如空花亂起、亂滅，不即、不離，無縛、無脱；始知衆生本來成佛，生死、涅槃，猶如昨夢。」

〔四〕宗密述禪源諸詮集都序卷上之一：「若頓悟自心本來清浄，元無煩惱，無漏智性本自具足，此心即佛，畢竟無異。依此而修者，是最上乘禪，亦名如來清浄禪，亦名一行三昧，亦名真如三昧。此是一切三昧根本。」

又，頓從漸得名，俱稱方便〔一〕。古釋云：若據説頓，亦是方便。若云漸、頓俱是，亦謗於佛；俱不是，亦謗於佛。是以本覺體上，離頓漸，離言説，何處有頓漸名字？第六識動，有分別；不動，即等周法界。五現量識等，一一根皆徧法界。眼見色時，色不可得，元來等法界。法華經云：「是法住法位，世間相常住。」〔二〕即知世間一切諸相本來常住，何行位能知？唯佛於道場知已。導師方便説，爲衆生迷不知故説，若知，不俟更説。方知有説，皆屬方便。

校　注

〔一〕智顗説妙法蓮華經文句卷三下：「漸頓者，修因證果，從體起用，俱有漸頓。今明起用，用漸爲權、用頓爲實。若非漸引，無由入頓，從漸得實，故稱歎方便。」

〔二〕見妙法蓮華經卷一方便品。

問：即自心成佛者，還立他佛不？若決定不立，則無諸佛之所威神建立、加被護念等，便成斷見。

答：以自心性徧一切處故，所以若見他佛，即是自佛，不壞自他之境，唯是一心。衆生如像上之模，若除模，既見自佛，亦見他佛。何者？雖見他佛，即是自佛。以自鑄出故，亦不壞他佛。以於彼本質上雖變起他佛之形，即是自相分故。變與不變，皆是一心。所以因衆生迷悟二心，有見、不見自他之理。若約真性，迷悟何從？自他俱泯，以法身無形，無自他相見之相。

古德云：迷有二種：一、心外取境，生想違理，故不能見無相之佛；二、取内蘊相不了性故，不見心佛。悟有二種：一、了一切法即心自性，性亦非性，情破理現，則見舍那身，稱於法性無内外也。二、了蘊性相，則見自心之佛與舍那非一非異〔一〕。如天帝釋不修天業，宫殿何以隨身？轉輪王不作王因，七寶無由聚集。唯憑自善，外感勝緣。

校注

〔一〕「古德云」者，詳見澄觀撰大方廣佛華嚴經疏卷一七，是對實叉難陀譯大方廣佛華嚴經卷一六「凡夫妄觀察，取相不如理，佛離一切相，非彼所能見。迷惑無知者，妄取五蘊相，不了彼真性，是人不見佛。了知一切法，自性無所有，如是解法性，則見盧舍那。因前五蘊故，後蘊相續起，於此性了知，見佛難思議」等偈語的解釋。

是以華嚴經云：「佛子，一切如來，同一體性，大智輪中，出生種種智慧光明。佛子，汝等應知，如來於一解脱味，出生無量不可思議種種功德，衆生念言：『此是如來神力所造。』佛子，此非如來神力所造。佛子，乃至一菩薩不於佛所曾種善根，能得如來少分智慧，無有是處。但以諸佛威德力故，令諸衆生見佛功德，而佛如來無有分別，無成無壞，無有作者，亦無作法。佛子，是爲如來、應、正等覺出現之相。」〔一〕

校注

〔一〕見實叉難陀譯大方廣佛華嚴經卷五〇。

寶藏論云：「夫所以真一無二而現不同，或有人念佛佛現，念僧僧現，但彼佛非佛非非佛而現於佛，乃至非僧非非僧而現於僧。何以故？彼妄心悕望現故，不覺自心所現，聖事緣起，一向爲外境界而有差别，實非佛法僧而有異也。乃至〔二〕譬如有人，於大冶邊自作模樣，方圓自稱：願彼融金，流入我模，以成形像。然則融金雖成形像，其實融金非像非非像而現於像。彼人念佛，亦復如是。大冶金，即喻如來法身；模樣者，即喻衆生。希望念融得佛故，以念佛和合緣，生起種種身相。然彼法身，非相非非相。何謂非相？本無定相。何謂非非相？緣起諸相。然則法身非現非非現，離性無性，非有非無，非心非意，不可以一切量度也。但彼凡夫隨心而有，即生現佛想，一向謂彼心外有佛，不知自心和合而有。或一向言心外無佛，即爲謗正法也。」〔二〕

釋曰：「何謂非相？本無定相」者，以因心所現，外相無體，從心感生，緣盡即滅，何相之有？故云「本無定相」。「何謂非非相？緣起諸相」者，既稱無定，但隨緣現，因緣和合，幻相不無，故云「緣起諸相」。若能不生分別，不執自他，内不執有而取諸蘊，外不執無而謗正法，則開眼、合眼，舉足、下足，非見、非非見，爲真見佛矣。

校　注

〔一〕乃至：表示引文中間有删略。

〔二〕見寶藏論本際玄虚品。

寶性論云：「依佛義故，經云『佛告阿難：言如來者，非可見法』，是故眼識不能得見故；依法義故，經云『所言法者，非可説事』，以是故非耳識所聞故；依僧義故，經云『所言僧者，名無爲』，是故不可身心供養，禮拜讚歎。」〔一〕故知三寶如虚空相，非見聞之所及，則衆生之心佛，度佛心之衆生，若有一法對治，盡成邪見。故六祖云：「邪來正度，迷來悟度，愚來智度，惡來善度。如是度者，即是真度。」〔二〕

校注

〔一〕見究竟一乘寶性論本校量信功德品。
〔二〕見壇經。按，法海本壇經、宗寶本壇經懺悔第六同「即是」，皆作「是名」。

問：既心外無佛，見佛是心，云何教中有説化佛來迎，生諸浄刹？

答：法身如來，本無生滅，從真起化，接引迷根，以化即真，真應一際，即不來不去，隨應物心。又，化體即真，説無來去，從真流化，現有往還，即不來相而來，不見相而見也。不來而來，似水月之頓呈；不見而見，猶行雲之忽現。

問：如上所説，真體則湛然不動，化相〔一〕則不來而來，正是心外有他佛來迎，云何證自心是佛？

答：一是如來慈悲本願功德種子增上緣力，令曾與佛有緣衆生念佛修觀，集諸福智，種種萬善功德力以爲因緣，則自心感現佛身來迎，不是諸佛實遣化身而來迎接，但是功德種子本願之力，以所化衆生時機正合，令自心見佛來迎，則佛身湛然常寂，無有去來。衆生識心託佛本願功德勝力，自心變化，有來有去。如面鏡像，似夢施爲，鏡中之形，非内非外；夢裏之質，不有不無，但是自心，非關佛化，則不來不去，約諸佛功德所云；有往有還，就衆生心相所説〔二〕。

是知浄業純熟，目覩佛身；惡果將成，心現地獄。如福德之者，執礫成金；業貧之人，變金成礫。礫非金而金現，金非礫而礫生，金生但是心生，礫現唯從心現。轉變是我，金礫何從？抱疑之徒，可曉斯旨。

校注

〔一〕「相」，原無，據諸校本補。

〔二〕唐懷感撰釋浄土群疑論卷二：「西方有釋言：實無有佛從彼西方而來至此授手迎接，亦無有佛引彼衆生往生浄土，但是如來慈悲本願功德種子增上緣力，令諸衆生與佛有緣，念佛修福，作十六觀，諸功德力以爲因緣，自心變現阿彌陀佛來迎行者隨佛往。言彼佛遣來，不是實遣，但是功德種子與所化生時機正合，令見化佛來迎，故言彼遣，而實不遣。阿彌陀佛悲願功德，湛然常寂，無去無來。衆生識心，託佛本願功德勝力，自心變化，有來有去，迎接行人，見有往生，是自心相分，非關他也。故前經（校注者按，據前文，指金剛般若經、維摩詰經）説不來不去，約佛功德説也。觀經説有來有去，約衆生心相説也。」

問：如前剖析，理事分明，佛外無心，心外無佛，云何教中更立念佛法門？

答：只爲不信自心是佛，向外馳求。若中、下根，權令觀佛色身，繫緣麁念，以外顯内，漸悟自心。若是上機，只令觀身實相，觀佛亦然。

如佛藏經云：「見諸法實相，名爲見佛。何等名爲諸法實相？所謂諸法畢竟空無所有，以是畢竟空無所有法念佛。乃至[一]又念佛者，離諸想。諸想不生，心無分別，無名字，無障礙，無欲無得，不起覺觀。何以故？舍利弗，隨所念起一切諸想，皆是邪見。舍利弗，隨無所有，無覺無觀，無生無滅，通達是者，名爲念佛。如是念中，無貪無著，無逆無順，無名無想。舍利弗，無想無語，乃名念佛。是中乃至無微細小念，何況麁身口意業！無身口意業處，無取無攝，無諍無訟，無念無分別，空寂無性，滅諸覺觀，是名念佛。舍利弗，若人成就如是念者，欲轉四天下地，隨意能轉，亦能降伏百千億魔，況弊無明，從虚誑緣起，無決定相。是法如是，無想無戲論，無生無滅，不可説，不可分別，無暗無明，魔若魔民，所不能測，但以世俗言説，有所教化，而作是言：汝念佛時，莫取小想，莫生戲論，莫有分別。何以故？是法皆空，無有體性，不可念一相，所謂無相，是名真實念佛。」[二]

校　注

〔一〕乃至：表示引文中間有删略。

〔三〕見佛藏經卷上念法品。

華嚴經頌云：「譬如日月住虛空，一切水中皆現影，住於法界無所動，隨心現影亦復然。」〔一〕

校注

〔一〕見實叉難陀譯大方廣佛華嚴經卷三八。

又頌云：「譬如帝青寶，照物皆同色。衆生見佛時，同佛菩提色。」〔一〕釋云：諸佛菩提之色，即衆生心性之光。以心無相故，菩提亦復然。所以文殊頌云：「無色、無形相，無根、無住處，不生不滅故，敬禮無所觀。」〔二〕又頌云：「虛空無中邊，諸佛心亦然，心同虛空故，敬禮無所觀。」

校注

〔一〕見般若譯大方廣佛華嚴經卷二。

〔二〕見如來莊嚴智慧光明入一切佛境界經卷下。下一處引文同。

華嚴入法界品中，德雲比丘入「憶念一切諸佛境界，智慧光明，普見法門。乃至〔一〕住一切世念佛門，隨於自心之所欲樂，普見三世諸如來故」〔二〕。

校　注

〔一〕乃至：表示引文中間有删略。

〔二〕見實叉難陀譯大方廣佛華嚴經卷六二。

入不思議解脱境界品頌云：「心能普集無邊業，莊嚴一切諸世間，了一切法皆是心，現身等彼衆生數。」〔一〕

校　注

〔一〕見般若譯大方廣佛華嚴經卷二一。

入楞伽經偈云：「佛及聲聞身，辟支佛身等，復種種色身，但説是内心。」〔一〕

校　注

〔一〕見入楞伽經卷九。

大方廣如來秘密藏經云："如來密藏法，謂一切智心。乃至〔一〕是心爲柱，不怯不弱，不羸不壞，無有懶墮〔二〕，不背不捨，順向是心而覺了之。"〔三〕

校　注

〔一〕乃至：表示引文中間有删略。

〔二〕"墮"，嘉興藏本及經中作"惰"。"墮"，通"惰"。

〔三〕見大方廣如來祕密藏經卷上。

華手經云："一切諸法，如日明净，隨所正觀，皆入無際。"〔一〕釋曰：一切諸法，皆是心光，無有瑕翳，故云"如日明净"。隨所有法，能作斯觀，無不入自心無際之際。

校　注

〔一〕見佛手經卷一〇法門品。

又，止觀明念佛三昧門者，當云何念？爲復"念我當從心得佛？從身得佛？"佛不用心得，不用身得，不用心得佛色，不用色得佛心。何以故？心者佛無心，色者佛無色，故不用色、心得三菩提。佛色已盡，乃至識已盡。佛所説盡者，是癡人不知。智者曉了，不用身口得佛，不用智慧得佛。何故？智慧索不可得，自索我了不可得，亦無所見。一切法本無所有，壞本絶本。又如夢見七寶，親屬歡樂，覺已追念，不知在何處，如是念佛。」〔一〕

又，「如佛在時，三人爲伯仲，聞毗耶離國婬女人名菴羅婆利，舍衛國有婬女人名須曼那，王舍城婬女人名憂鉢羅槃那。有三人各各聞人讚三女人端正無比，晝夜專念，心著不捨，便於夢中夢與從事。覺已心念：『彼女不來，我亦不往，而婬事得辦。』因是而悟：『一切諸法，皆如是耶？』於是往到跋陀婆羅菩薩所問是事，跋陀婆羅答言：『諸法實爾，皆從念生。』如是種種爲此三人方便巧説諸法空，是時三人即得阿鞞跋致」〔二〕。是知人不來往，而樂事宛然，當如是念佛〔三〕。

又，「如人行大澤，飢渴，夢得美食，覺已腹空，自念一切所有法皆如夢。當如是念佛，數數念，莫得休息。用是念，當生阿彌陀國，是名如相念」〔四〕。

校注

〔一〕見智顗説、灌頂記摩訶止觀卷二上。

〔二〕見龍樹造、鳩摩羅什譯大智度論卷七。翻梵語卷二菩薩住地名第八：「阿鞞跋致，亦云『阿惟越致』，譯曰『不退』。」慧琳一切經音義卷一五：「阿惟越致，梵語古譯『文質』，或云『阿毗跋致』，唐云『不退轉』也。」龍樹造、鳩摩羅什譯大智度論卷二七：「若菩薩能觀一切法不生不滅、不不生不不滅、不共非不共。如是觀諸法，於三界得脱，不以空，不以非空，一心信忍十方諸佛所用實相智慧，無能壞、無能動者，是名無生忍法。無生忍法，即是阿鞞跋致地。」

〔三〕「如佛在時」至此，摩訶止觀卷二上爲：「如舍衛有女名須門，聞之心喜，夜夢從事。覺已念之：彼不來，我不往，而樂事宛然。當如是念佛。」

〔四〕見智顗説、灌頂記摩訶止觀卷二上。

大方等大集經云：「佛告賢護：我念往昔，有佛世尊號須波日。時有一人，行值曠野，飢渴困苦，遂即睡眠，夢中具得諸種上妙美食。食之既飽，無復飢虚。從是寤已，還復飢渴。是人因此即自思惟：如是諸法，皆空無實，猶夢所見，本自非真。如是觀時，悟無生忍，得不退轉於阿耨多羅三藐三菩提。」〔一〕又，「如人以寶倚瑠璃上，影現其中。亦如比丘觀骨，起種種光。此無持來者，無有是骨，是意作耳」〔二〕。如大方等大集經云：「復次，賢護，譬如比丘修不浄觀，見新死屍形色始變，或青、或黄、或黑、或赤，乃至〔三〕觀骨離散。而彼骨散，無所從來，亦無所去，唯心所作，還見自心。」

校注

〔一〕見大方等大集經賢護分卷二思惟品第一之二。下引大方等大集經同。

〔二〕見智顗説、灌頂記摩訶止觀卷二上。

〔三〕乃至：表示引文中間有删略。

又，「如鏡中像，不外來，不中生，以鏡浄故，自見其形。行人色清浄，所見者清浄，欲見佛，即見佛，見即問，問即報。聞經大歡喜，自念：佛從何所來，我亦無所至，我所念即見。心作佛，心自見，心見佛，心是佛，心是我，心不自知心，心不自見心，心有想爲癡，心無想是泥洹。是法無可示者，皆念所爲。設有其念，亦了無所有空耳〔一〕。是名佛印，無所貪、無所著、無所求、無所想，所有盡、所欲盡、無所從生，無所可滅、無所敗壞。道要道本是印，二乘不能壞，何況魔耶〔二〕？

「婆沙論明新發意菩薩先念佛色相、相體、相業、相果、相用，得下勢力。次念佛四十不共法心，得中勢力。次念實相佛，得上勢力，而不著色、法二身。偈云：『不貪著色身，法身亦不著。善知一切法，永寂如虚空。』」〔三〕

「勸修者，若人欲得智慧如大海，令無能爲我作師者，於此坐不運神通，悉見諸佛，悉聞所説，悉能受持者，常行三昧，於諸功德最爲第一。此三昧，是諸佛母、佛眼、佛父、無生大悲母，一切諸如來，從此二法生〔四〕。碎大千地及草木爲塵，一塵爲一佛刹，滿爾世界中寶用布施，其福甚多，不如聞此三昧不驚不畏，況信受持、讀誦、爲人説！況定心修習，如搆〔五〕牛乳頃！況能成是三昧故無量無邊〔六〕！

「又婆沙論云：劫、火、官、賊、怨、毒、龍、獸、衆病侵是人者，無有是處。此人常爲天龍八部、諸佛皆共護念稱讚，皆共欲見，共來其所〔七〕。若聞此三昧，如上四番功德皆隨喜，三世諸佛菩薩皆隨喜，復勝上四番功德。若不修如是法，失無量重寶，人天爲之憂悲，如齅人把栴檀而不齅，如田家子以摩尼珠博一頭牛」〔八〕。

校注

〔一〕般舟三昧經行品：「色清浄故，所有者清浄。欲見佛即見，見即問，問即報。聞經大歡喜，作是念：『佛從何所來？我爲到何所？』自念：『佛無所從來，我亦無所至。』自念：『欲處、色處、無色處，是三處意所作耳。我所念即見。心作佛，心自見，心是佛心，佛心是我身。心見佛，心不自知心，心不自見心，心有想爲癡，心無想是涅槃。是法無可樂者，設使念爲空耳，無所有也。』菩薩在三昧中立者，所見如是。」

〔二〕般舟三昧經至誠品：「何謂佛印？所謂不當行、無所貪、無所求、無所想、無所著、無所願、無所向生、無所取、無所顧、無所住、無所礙、無所結、無所有、盡於欲、無所生、無所滅、無所壞、無所敗，道要、道本是印。阿羅漢、辟支佛所不能及，何況愚癡者？是印是爲佛印。」

〔三〕見十住毗婆沙論卷一二助念佛三昧品。

〔四〕十住毗婆沙論卷一入初地品：「般舟三昧父，大悲無生母，一切諸如來，從是二法生。」

〔五〕「搆」，嘉興藏本作「毄」。慧琳一切經音義卷四九：「搆角，譯論人錯用字也，正體從『手』從『殸』，作『毄』，音鈎候反。考聲云：捋取牛羊乳也。『搆』非此義，甚乖論旨也。」「毄」當爲「㲉」之形誤。

〔六〕般舟三昧經譬喻品：「若有菩薩求衆德，當説奉行是三昧，信樂諷誦不疑者，其功德福無齊限。如一佛國之世界，皆破壞碎以爲塵，一切佛土過是數，滿中珍寶用布施，不如聞是三昧者，其功德福過上施。」

〔七〕十住毗婆沙論卷一二助念佛三昧品：「若有善男子，得聞諸佛現前三昧，不驚不畏，其福無量，何況信受、持讀、諷誦、爲人解説！何況定心修習，如一搆牛乳頃！颰陀婆羅，我説此人福德尚無有量，何況能得成是三昧者！佛又告颰陀婆羅：若有善男子、善女人，受持、讀誦、爲他人説，若劫盡時，設墮此火，火即尋滅。颰陀婆羅，持是三昧者，若有官事，若遇怨賊、師子、虎、狼，惡獸、惡龍、諸毒虫等，若夜叉、羅刹、鳩槃茶、毗舍闍等，若人、非人等，若害身、若害命、若毁戒，無有是處。若讀誦、爲人説時，亦無衰惱，唯除業報，必應受者。復次，颰陀婆羅，菩薩受持、讀誦是三昧時，若得眼、耳、鼻、舌、口、齒病，風寒冷病，如是等種種餘病，以是病故，而失壽命，無有是處，唯除業報，必應受者。復次，颰陀婆羅，若人受持讀誦是三昧者，諸天守護，諸龍、夜叉、摩睺羅伽、人非人、四天王、帝釋、梵天王、諸佛世尊皆共護念。復次，是人皆爲諸天所共愛念，乃至諸佛皆共愛念。復次，是人皆爲諸天所共稱讚，乃至諸佛皆共稱讚。復次，諸天皆欲見是菩薩，來至其所，乃至諸佛，皆欲見是菩薩，來至其所。」

〔八〕見智顗説、灌頂記摩訶止觀卷二上。又，般舟三昧經譬喻品：「佛言：是三昧經者，是佛所囑，佛所稱舉。聞是深三昧，不書、學、誦、守持如法者，是爲愚癡。譬如癡子，人持栴檀香與之而不肯受，謂之不浄。香主言：『此栴檀香也，卿莫謂不浄。嗅之知香，視之知浄。』其人閉目，不嗅不視也。」「佛告颰陀和：譬如賈客持摩尼珠示田家癡子。曰：『評此直幾錢？』賈客言：『持是珠置冥中，其光所照直滿中寶。』佛言：其人不知是珠，而言：『其價能與一頭牛等不？寧可貿一頭牛與我者善，不肯者休。』如是，颰陀和，菩薩聞是三昧不信，反形相者，如彼癡子。」

故知不識自心是佛，反求他法者，背道修道，其過如是。即凡夫不達心寶，飲毒食於人天；二乘遠離家珍，求除糞之傭直〔一〕。故法華經云：「有智若聞，則能信解。無智疑悔，則爲永失。」〔二〕

校注

〔一〕詳見妙法蓮華經卷二信解品。

〔二〕見妙法蓮華經卷三藥草喻品。

問：夫成佛門，若論修善，則有前後；若是性善，本一心平等。諸佛既有性惡，闡提亦有性善，既同一性，俱合成佛，云何闡提不成佛耶？

答：若言性佛，何人不等？若約修成，闡提未具。台教「問：闡提與佛，斷何等善惡？

「答：闡提斷修善盡，但性善在；佛斷修惡盡，但性惡在。

「問：闡提不斷性善，還能令修善起。佛不斷性惡，還令修惡起耶？

「答：闡提不達性善，以不達故，還爲善所染，修善得起，廣治諸惡。佛雖不斷性惡，而能達於惡，以達惡故，於惡得自在，故不爲惡所染，修惡不得起故，佛永無復惡。以自在故，廣用諸惡法門，化度衆生，終日用之，終日不染，不染故不起，那得以闡提爲例耶？若闡提能達此善惡，則不復名爲一闡提也。若依他人明闡提斷善盡，爲阿賴耶識所熏，更能起善。阿賴耶，即是無記無明，善惡依持，爲一切種子。闡提不斷無記無明，故還生善。佛斷無記無明盡，無所可熏，故惡不復還生。若欲以惡化物，但作神通變現，度衆生耳。

「問：若佛地斷惡盡，作神通以惡化物者，此作意方能起惡，如人畫諸色像，非是任運。如明鏡不動，色像自形，可是不思議理能應惡。若作意者，與外道何異？

「答：今明闡提不斷性德之善，遇緣善發。佛亦不斷性惡，機緣所激，慈力所熏，入阿鼻，同一切惡事化衆生。以有性惡，故名不斷；無復修惡，名不常。若修、性俱盡，則是斷，不得爲不斷不常。闡提亦爾，性善不斷，還生善根。如來性惡不斷，還能起惡。而是解心無染，通達惡際即是實際。能以五逆相而得解脱，亦不縛不脱〔一〕。行非道而通佛道，闡提染而不達，與此爲異也」〔二〕。

校注

〔一〕注維摩詰經卷三：「肇曰：五逆真相，即是解脱，豈有縛解之異耶？五逆，罪之尤者，解脱道之勝者。若能即五逆相而得解脱者，乃可取人之食也。生曰：既言於縛得脱，而五逆爲縛之極，故復以之爲言也。斯則解爲不解，縛爲不縛。」五逆：五種感無間地獄苦果之惡業，即殺父、殺母、殺阿羅漢、出佛身血、破和合僧。或合「殺父」「殺母」爲一而增加「誹謗正法」。此五種業，極逆於理，故謂之逆。

〔二〕見智顗觀音玄義卷上。

何謂不達？以不了無性故。是以善惡諸法，皆以無性爲性。此性即是佛性，即無住本，即法性故，此善惡性不可斷也。即今推自心性不可得，即無住處，能偏一切處，即善惡性也。性無善惡，能生善惡。善惡可斷，性不可斷。善惡同以心性爲性，若斷性惡，則斷心性。性不可斷，所以闡提不斷性善。縱墮三塗〔一〕，性善不減，性惡不增；直至成佛，性善不增，性惡不減，此性即法身也。猶如明鏡，本無好醜衆像，能現一切好醜衆像。像有增減，明淨光體不增不減也。鏡本無像，故能現像。佛性無善惡，能現善惡。衆生不得性，但得善惡，爲善惡所拘，不得自在也。性善不壞故，地獄發佛界善；性惡不壞故，佛能現六趣惡〔二〕。

又，性者即是善惡等諸法之性，偏十方、三世、衆生、國土等一切處，無有變異，不增不滅，能現善惡、凡聖、垢浄、因果等，從性而起，故云性善性惡。若善惡等，即無定相，隨緣搆習，如鏡中像，無體可得。若遇浄緣即善，若因染緣即惡。從修而得，故名修善、修惡。

若論性善，不唯闡提；若論性惡，不唯諸佛。以是善惡諸法之性故，即一切衆生皆悉具有，一際平等。若覺了此性，即便成佛，故能示聖現凡，自在無礙。若論修善、修惡，於上、中、下根即不可定，隨修成之厚薄，任力量之淺深，得世間報而六趣昇沉，成出世果而四聖高下。以不了善惡之性故，爲善惡業之所拘而不自在。若見性達道，何道不成？則法法標宗，塵塵契旨，豈唯善惡二法而得自在耶？

校注

〔一〕三塗：即地獄、餓鬼、畜生三惡道。

〔二〕法藏撰止觀科節：「記云『闡提不斷性善，諸佛不斷性惡』者，善惡以無性爲性，此性即佛性，即無性本，即法性故，不可斷也。即今推自心性不可得，即無住處，能遍一切處，即善惡性也。性無善惡，能生善惡。善惡可斷，性不可斷。縱墮三途，性善不減，性惡不增；直至成佛，性善不增，性惡不減，此性即法身也。猶如明鏡，本無好醜衆像，能現一切好醜衆像。像有增減，明浄光體不增減也。鏡本無像，故能現像。性本無善惡，能現善惡也。衆生不得性，但得善惡所拘，不得自在也。性善不壞故，地獄發佛界；性惡不壞故，佛現六趣生也。」

問：三寶如虚空相，非見聞之所及者，教中云何説見道，又稱見佛？

答：約本智發明，假稱名見。非眼所覩，唯證乃知。離見非見，方名真見。涅槃經云：「菩薩實無所見。無所見者，即無所有。無所有者，則一切法。」〔一〕是以法性無所有，菩薩則無所見。與法理會，假稱爲見，實非見也。真性湛然，非是見法。經云：不行見法，諸佛速與受記〔二〕。則是離斷、常二邊，即見自身清淨。見身清淨，即是見佛清淨，乃至見一切法悉皆清淨，無非是佛，無非是法，以自心性無生，順物徧一切處故。若一微塵不是佛者，則成翳障，不入普眼之門，唯墮能、所之見。

校注

〔一〕見大般涅槃經卷二六，南本見卷二四。

〔二〕思益梵天所問經卷二問談品：「若菩薩不行生法、不行滅法，（中略）不行見法、不行聞法、不行覺法、不行知法，（中略）若菩薩如是行者，諸佛則授阿耨多羅三藐三菩提記。」

大集經云：「梵天問海慧菩薩言：『善男子，汝今了了見佛法不？』『梵天，言佛法非色，不可覩見，汝云何言了了見佛法耶？一切諸法，悉不可見。夫了了者，即是佛法，無有二相。』」〔一〕

校注

〔一〕見大方等大集經卷九。

是以來同水月，散若幻雲；見猶夢形，聞如谷響。覺處即現，不從方來；迷處自無，不從此去。如圓覺經云：「圓覺普照，寂滅無二，於中百千萬億不可說阿僧祇恒河沙諸佛世界，猶如空華，亂起、亂滅。」〔一〕

校注

〔一〕見佛陀多羅譯大方廣圓覺修多羅了義經。

般若假名論偈云：「如來法爲身，但應觀法性，法性非所見，然亦不能知。」〔一〕

法性者，所謂空性、無生性，此即諸佛第一義身。若見於此，名爲見佛。經云：以見空性，名見如來。又，法性之處，無有一物可名所知，由是彼智亦不能知。又經言：大王，一切法性，猶如虛空，等與衆物，爲所依止。而其體性，非是有物，亦非無物。能知此中寂然無知，名爲了知，名爲知者，隨俗言説〔二〕。信解無生之福，多於寶施〔三〕。如有頌言：「若人持正法，及發菩提心，不如解於空，十六分之一。」〔四〕

校注

〔一〕見功德施菩薩造、地婆訶羅等譯金剛般若波羅蜜經破取著不壞假名論卷下。

〔二〕金剛般若波羅蜜經破取著不壞假名論卷下：「法性者，所謂空性、無自性、無生性等，此即諸佛第一義身。若見於此，名爲見佛。如有經説：『不生不滅，是如來故。』十萬頌經復作是説：『慈氏以見空性名見如來。』薩遮經中又作是説：『無取著見名爲見佛。』若無取著名見佛者，攀緣法性將非取著？以浄智心了知法性，法性豈是所了知耶？是故經言法性非所見，彼亦不能知。法性之處，無有一物可名所知，由是彼智亦不能知。如有經言：大王，一切法性，猶如虚空，等與衆物，爲所依止。而其體性，非是有物，亦非無物。能於此中寂然無知，名爲了知。名爲知者，隨俗言説。」

〔三〕金剛般若波羅蜜經破取著不壞假名論卷下：「若相成就是真實有，此相滅時即名爲斷，無有菩薩見法斷故。何以故？以生故即有斷。一切法是無生性，所以遠離常斷二邊。遠離二邊是法界相，是故於此説能信解無生之福，多於寶施。」

〔四〕見金剛般若波羅蜜經破取著不壞假名論卷下。

是以解第一義空，方成般若；見無生自性，始了圓宗。以真空不壞業果，尊卑宛然，不同但空，不該諸有。如大涅槃經云：「有業、有報，不見作者，如是空法，名第一義空。」〔一〕所以見性之時，性本離念，非有念而可除；觀物之際，物本無形，非有物而可遣。故云離念之智，等虚空界〔二〕。

校注

〔一〕見大般涅槃經卷一六，南本見卷一五。

〔二〕楞伽阿跋多羅寶經卷四："如來寂然無有念想，如來本願，以三昧樂安衆生故，無有惱亂。猶如恒沙，等無有異。"

如大乘千鉢大教王經云："是時普明菩薩則證入毗盧遮那如來金剛法藏三昧三摩地，令一切菩薩及一切有情衆生同願修持，入此性浄真如法藏三昧真際觀。云何應得修入此觀？菩薩則當觀照心地，覺用心智。唯照心性，細細觀覺。覺照心體，見性無動。證覺不動，即能恒用。用觀體智，見性清浄。性自離念，離念無物，心等虚空，即證聖智如如聖性。二俱澄寂，空同無體，性體虚静，則是名爲菩薩證入真如法界性印，法藏真際觀門。"〔一〕

校注

〔一〕見大乘瑜伽金剛性海曼殊室利千臂千鉢大教王經卷四。

故知法界性即衆生心性，衆生心性即虚空性。故大智度論云："復次，舍利弗，菩薩摩訶薩欲住内空、外空、内外空、空空、大空、第一義空、有爲空、無爲空、畢竟空、無始空、散空、性空、自相空〔一〕、諸法空、不可得空、無法空、有法空、無法有法空,當學般若波羅蜜。」〔二〕

校注

〔一〕「空」,原作「性」,據清藏本、大智度論改。

〔二〕見龍樹造、鳩摩羅什譯大智度論卷三一。

釋云:内空者,即内法,所謂内六入:眼、耳、鼻、舌、身、意,眼空無我、無我所等。外空者,即外法,所謂外六入:色、聲、香、味、觸、法,色空無我、無我所等。内外空者,即内外十二入,十二入中無我、無我所等。空空者,以空破内空、外空、内外空,破是三空故,名爲空空。大空者,即十方空。東方無邊,故名爲大;亦一切處有,故名爲大。第一義空者,第一義名諸法實相,不破不壞故,是諸法實相亦空。何以故?無受無著故。若諸法實相有者,應受應著。以無實故,不受不著。若受若著,即是虚誑。有爲空、無爲空者,有爲法,名因緣和合生,所謂五陰、十二入、十八界等;無爲法,名無因緣,常不生不滅如虚空。

問曰:有爲法因緣和合生,無自性故空,此則可爾。無爲法非因緣生法,無破無壞,常若虚空，云何空？

答曰：若除有爲，則無無爲。有爲實相，即是無爲。如有爲空，無爲亦空，以二事不異故。

畢竟空者，一切法皆畢竟空，是畢竟空亦空，空無有法故，亦無虚實相待。復次，畢竟空者，破一切法，令無遺餘故，名畢竟空。若有少遺餘，不名畢竟空。

無始空者，如經中説：「佛語諸比丘：衆生無有始，無明覆，愛所繫，往來生死，始不可得。」破是無始法，故名爲無始空。

散空者，散名别離相，如諸法和合故。有如車以輻、輞、轅、轂衆合爲車，若離散各在一處，則失車名。五陰和合因緣，故名爲人，若離五陰，人不可得。

性空者，諸法性常空，假來相續故，似若不空。譬如水性自冷，假火故熱，止火停久，水則還冷。如經説：眼空無我、無我所。何以故？性自爾耳。

自相空者，一切法有二種相：揔相、别相。是二相空，故名爲相空。揔相者，如無常等；别相者，諸法雖皆無常而各有别相，如地爲堅相，火爲熱相。

一切諸法空者，一切法有好有醜，有内有外。一切法有心生，故名爲有；無自體，故空。

無所得空者，一切法乃至無餘涅槃不可得，故名無所得空。

無法空、有法空、無法有法空者，無法名法已滅，是滅無故，名無法空。有法空者，諸法因緣和合生，故有法；實性無故，名有法空。無法有法空者，取無法有法相不可得，是爲無法有法空。乃至云離我、我所故空，因緣和合生故空，無常、苦、空、無我故名爲空，始終不可得故空，唯〔一〕心故名爲空〔二〕。

故知一切萬法，皆從心現，悉無自體，盡稱爲空。所以云：若住此十八空門，當學般若〔三〕。則未嘗有一法能出我之靈臺智性矣。

此十八空，下至有爲世間五陰，上至無爲第一義諦，收一切法，無不皆空。若不學般若，别尚餘宗，體有而未達有原，窮空而不盡空理。須歸宗鏡，内照發明，則外無一法更有遺餘矣。

校注

〔一〕「唯」，大智度論作「誑」。

〔二〕「釋云」至此，皆見龍樹造、鳩摩羅什譯大智度論卷三一，有删略。

校　注

〔一〕摩訶般若波羅蜜經卷一序品：「菩薩摩訶薩欲住内空、外空、内外空、空空、大空、第一義空、有爲空、無爲空、畢竟空、無始空、散空、性空、自相空、諸法空、不可得空、無法空、有法空、無法有法空，當學般若波羅蜜。」

又，此是如空，非體是空，以真心無礙，映現萬法，如虛空不拒諸相發揮故，於真心中能現一切。其所現一切，雖依心無體，照見五藴皆空，然亦不著於空，能興佛事。如華嚴經頌云：「十方所有諸如來，了達諸法無有餘，雖知一切皆空寂，而不於空起心念。以一莊嚴嚴一切，亦不於法生分別，如是開悟諸群生，一切無性無所觀。」〔一〕

校　注

〔一〕見實叉難陀譯大方廣佛華嚴經卷二四。

問：法身之理，爲復有法成？爲復無法成？爲復一法成？爲復異法成？

答：本覺心宗，法身性地，口欲言而詞喪，心欲緣而慮亡。所以然者，説有則妙體虛玄，談無則道無不在；言生則三界無物，云滅則一體常靈；言一則各任其形，説異則同歸實相。是知不可以稱量，不可以希冀。若開方便，欲曉疑情，則不有不無，非一非異，能超四句，方會一乘。

古德問云：「若衆生與諸佛同一心佛性，等有法身，則有二過：一、衆生悉當成佛，則衆生界盡；二、諸菩薩闕利他行，以無所化機故。」

「答：此所問難，並由妄見衆生界故，妄起此難。不增不減經云：『大邪見者，見衆生界增，見衆生界減，以不如實知一法界故，於衆生界起增減見。』經意則一切衆生一時成佛，佛界不增，衆生界不減。故經云：『衆生即法身，法身即衆生。衆生法身，義一名異。』〔一〕解云：況衆生界如虚空界，設如一鳥飛於虚空，從西向東，經百千年，終不得説東近西遠。何以故？虚空無分劑故；亦不得云揔不飛行，以功不虚故。當知此中道理亦爾。非有滅度，令有終盡；非無終盡，有不滅度。故衆生界甚深廣大，唯是如來智所知境，不可輒以狂心限量斟酌，起增減見。」〔二〕

校　注

〔一〕見不增不減經。

〔二〕見法藏撰大乘起信論義記卷上。

且如虛空界雖無分劑，不礙鳥飛，類衆生界雖不可盡，不妨滅度，但不起增減之見、去取之情，則智翼高翔，真空無滯。如華嚴疏釋：「經云『佛智廣大同虛空』〔一〕者，量智包含而普偏，理智無分別而證入。是以太虛含衆像，衆像不能含太虛；太虛不分別衆像，衆像乃差別太虛。以況我法不能容佛智，佛智乃能容我法。有我法者，分別如來；是如來者，不分別我法。二普偏喻中，妙觀察智無不偏知，即普偏義；成所作智曲成無遺，即隨入義。經頌云：『佛智廣大同虛空，普偏一切衆生心。』此即體偏。『悉了世間諸妄想。』此約知偏。又云：『得一切法量等心。』〔二〕此約證偏。智性全同於色性故，此約理偏。云何偏入？不壞能、所，有證知故。經頌云：『世間諸國土，一切皆隨入。智身無有色，非彼所能見。』〔三〕由隨於如，即入無所入，故云平等。是以虛空偏入國土，國土不偏入虛空，有國土處必有虛空，有虛空處或無國土。虛空之於國土，平等隨入；國土之於虛空，自有彼此。虛空可喻佛智，國土可喻三世。三世有處，佛智必在其中；佛智知處，三世或無其體。佛智之於三世，平等隨入；三世之於佛智，自有始終。此猶約不二而二說耳。若二而不二，國土虛空，三世佛智，同一性故，皆互相入，舉一全收，普偏亦然，三世間圓融，則言思道斷，故名佛智爲不思議也。」〔四〕

校注

〔一〕見實叉難陀譯大方廣佛華嚴經卷八〇。下两處引文同。

〔二〕見實叉難陀譯大方廣佛華嚴經卷五二。又，「心」，經中作「身」。

〔三〕見實叉難陀譯大方廣佛華嚴經卷一三。

〔四〕見澄觀撰大方廣佛華嚴經疏卷四。

大集經云：「文殊言：『世尊，如來若坐菩提樹下，如來世尊則有二相：一者、如來，二、菩提樹〔一〕。如來世尊已離二相。』佛言：『善男子，菩提、衆生、一切法性，等無差別，一味一性，如來坐於菩提樹下，見如是法，是故名爲逮得菩提。我都不見離菩提外，別有一法，見一切法，皆悉平等。而是平等不入於數，是故平等名爲無礙。』」〔二〕

校注

〔一〕「樹」，大正藏本大方等大集經無。據大正藏校勘記，宋、元、明本皆有。

〔二〕見大方等大集經卷九。

又，此法門，舉一則法界全收，如舉眼爲門，諸根相好及佛刹土莫不皆是一眼中現。乃至六根，一塵一毛中現，亦如是。如云毗盧遮那身中，具足三道六趣衆生等，此則一身含一切身，又一身遍一切身，即入重重，包徧無礙。如華嚴經頌云：「有一堅密身，一切塵中見，無生亦無相，普現於諸國。」〔一〕

校注

〔一〕見實叉難陀譯大方廣佛華嚴經卷六。

音義

模，莫盧反。　様，餘亮反，様式也。　訟，似用反。　怯，去刼反。　羸，力爲反，瘦也。　瑕，胡加反，病也。　鞞，部迷反。　跋，蒲撥反。　猗，於宜反。　齆，烏貢反，鼻不通。　輻，方六反，車輻也。　轅，雨元反，車轅也。　轂，古禄反。　斟，職深反。　翼，與職反。　翔，似羊反。

丙午歲分司大藏都監開板

宗鏡録卷第十八

慧日永明寺主智覺禪師延壽集

夫諸佛法身，普徧衆生心，既同一心，云何有現、不現？

答：常現無不現時，或於一塵頓現，無不具足；或於諸塵普現，無不周徧。一處頓現者，如來眼睫〔一〕、文殊寶冠、彌勒閣中〔二〕、普賢毛孔〔三〕、浄名室裏、摩耶腹中、芥子針鋒〔四〕、近塵遠刹〔五〕，各各頓現。

校注

〔一〕觀佛三昧海經卷二：「如來眼睫上下各生有五百毛，柔軟可愛，如優曇華鬚。於其毛端，流出一光，如頗梨色，入前衆相，光明色中，遶頭一匝，從枕骨生，圍遶前光，純生微妙諸青蓮華，蓮華臺上有青色蓋，有梵天王手執是蓋。」

〔二〕實叉難陀譯大方廣佛華嚴經卷七七：「於此南方，有國名海岸，有園名大莊嚴，其中有一廣大樓閣，名毗盧遮那莊嚴藏，從菩薩善根果報生，從菩薩念力、願力、自在力、神通力生，從菩薩善巧方便生，從菩薩福德智慧生。」卷七九：「爾時，善財童子恭敬右遶彌勒菩薩摩訶薩已，而白之言：『唯願大聖開樓閣門，令我得入。』時彌勒菩薩前詣樓閣，彈指出聲，其門即開，命善財入。善財心喜，入已還閉。見其樓閣廣博無量，同於虚空。」

〔三〕實叉難陀譯大方廣佛華嚴經卷八〇：「見普賢身一一毛孔，出一切世界微塵數光明雲，遍法界、虚空界、一切世界，除滅一切衆生苦患，令諸菩薩生大歡喜。」按，卷八〇有詳細描寫，文繁不録。

〔四〕大般涅槃經卷四：「復有菩薩摩訶薩住大涅槃，能以三千大千世界入於芥子。其中衆生，亦無迫迮。及往來想，如本不異。唯應度者，見是菩薩以此三千大千世界納芥子中，復還安止本所住處。」「復有菩薩摩訶薩住大涅槃，斷取十方三千大千諸佛世界，置於針鋒，如貫棗葉，擲著他方異佛世界。其中所有一切衆生，不覺往返爲在何處。唯應度者，乃能見之。乃至本處，亦復如是。」

〔五〕實叉難陀譯大方廣佛華嚴經卷四六：「一切諸佛，皆悉能於一微塵中，示現衆刹，與一切世界微塵數等，具足種種上妙莊嚴，恒於其中轉妙法輪教化衆生，而微塵不大、世界不小，常以證智安住法界。」卷四九：「於一微塵中，悉見諸世界。」

如文殊般泥洹經云：「文殊身如紫金山等，其文殊冠，毗楞伽寶之所嚴飾，有五百種色。一一色中，日月星辰、諸天龍宫、世間衆生所希見事，皆於中現。」

維摩經云：「於是長者維摩詰現神通力，即時彼佛遣三萬二千師子之座，高廣嚴净，來入維摩詰室。諸菩薩、大弟子、釋、梵、四天王等，昔所未見。其室廣博，悉包容三萬二千師

子之座，無所妨礙。於毗耶離城及閻浮提四天下，亦不迫窄，悉現如故。」〔一〕

校注

〔一〕見維摩詰所説經卷中不思議品。

華嚴經入法界品：「摩耶夫人告善財言：善男子，爾時，菩薩從兜率天將降神時，有十佛刹極微塵數諸菩薩衆乃至與眷屬俱從天宫下，來入我身。彼諸菩薩於我腹中現大神通，遊行自在，或以三千大千世界而爲一步，乃至或以不可説不可説佛刹極微塵數世界而爲一步。又，念念中，十方不可説佛刹極微塵數世界諸如來所、菩薩衆會及四天王、三十三天、須摩天、兜率陀天、化樂天、他化自在天，乃至色界諸梵天王，俱來欲見菩薩處胎，廣大神變，恭敬供養，聽受正法，皆入我身。雖我腹中悉能容受如是衆會，而身不廣大，亦不迫窄。其諸菩薩各見自處衆會道場，清淨嚴飾。善男子，如此四天下閻浮提中，菩薩受生，我爲其母。三千大千世界、百億四天下閻浮提中，悉亦如是。然我此身本來無二，亦復非一，非一處住，非多處住。何以故？以修菩薩大願智幻莊嚴解脱門故。」〔二〕如先德云：「廣大如法界，究竟若虚空。」〔三〕是處胎義。若如是者，則一切衆生皆處摩耶胎，非獨釋迦矣。何以故？衆生心即法界故。

校注

〔一〕見實叉難陀譯大方廣佛華嚴經卷七六。

〔二〕見佛陀跋陀羅譯大方廣佛華嚴經卷一七等。

又，若了心空，即無胎分。如菩薩處胎經云：「佛告弥勒：『行空菩薩，云何遊至十方刹土，教化衆生？』彌勒白佛言：『行空菩薩，不見刹土，亦無有佛，佛自無佛，云何有佛？地、水、火、風、識界，我、人、壽命，皆悉空寂，以是之故，無有胎分。』」〔一〕

校注

〔一〕見菩薩從兜術天降神母胎説廣普經卷一遊步品。

諸塵普現者，則横該一切處，竪徹一切時，涉入重重，普融圓徧。古德云：一切不思議事，於一切處悉能普現，其唯一毗盧清淨法身之應用耳。此法身者，即是心也。所以言：若能諦觀心不二，方見毗盧清淨身。一念起惡，法身亦隨現；一念善心生，法身亦隨現，名爲處處互現。乃至色處現、空處現，自在無礙，更莫遠推諸佛，唯自一念空心是。

又如海印，普印一切〔一〕。華嚴經出現品云：「佛子，菩薩摩訶薩應知如來成正覺，於一切義，無所觀察；於法平等，無所疑惑。無二無相，無行無止，無量無際，遠離二邊，住於中道，出過一切文字言説，知一切衆生心念所行、根性欲樂、煩惱染習。舉要言之，於一念中，悉知三世一切諸法。佛子，譬如大海，普能印現四天下中一切衆生色身形像，是故共説以爲大海。」〔二〕故經中有海印三昧。

疏釋云：海印三昧有十義，根器是所現，菩薩定心是能現，無不定〔三〕心，故名三昧：一、無心能現。經云：「無有功用無分別。」〔四〕二、現無所現。經云：「如光影故。」〔五〕三、能現與所現非一。四、非異。經云：大海能現能、所異，故非一；水外求像不可得，故非異。顯此定心與所現法，即性之相故，能、所宛然；即相之性故，物、我無二。五、無去來。現萬法於自心，彼亦不來；羅身雲於法界，未曾暫去。六、廣大。經云：「普悉包容無所拒。」〔六〕明三昧心周于法界，則衆生色心皆定心中物，用周法界，亦不離此心。七、普現。經云：「一切皆能現。」〔七〕又云：「菩薩普印諸心行。」〔八〕此與廣大異者，此約所現不簡巨細，彼約能現其量普周。八、頓現。經云：一念現故。謂無前後，如印頓成。九、常現。非如明鏡，有現不現時。十、非現現。非〔九〕如明鏡對至方現四天之像，不對而現，故云非現現。以不待對，是故常現該三際也〔一〇〕。

此上海印現義，隨理事、能所而分十門，但是一真心寂照普現之義。若有不現者，即是客塵自遮，見網自隔，非法身咎。

校注

〔一〕海印：佛所證得的三昧。於佛之智海能印現一切法，如於大海印現一切事物。大寶積經卷二五：「如大海，一切衆流悉入其中。一切諸法入法印中，亦復如是，故名海印。印一切法悉入諸法海印之中，於此印中見一切法同於法印。」大方廣大集經卷一五：「喻如閻浮提一切衆生身及餘外色，如是等色，海中皆有印像，以是故名大海印。」法藏述華嚴經探玄記卷四：「海印者，從喻爲名，如修羅四兵列在空中，於大海内印現其像。菩薩定心，猶如大海，應機現異，如彼兵像故。」修華嚴奧旨妄盡還源觀：「言海印者，真如本覺也。妄盡心澄，萬象齊現，猶如大海因風起浪，若風止息，海水澄清，無象不現。起信論云：『無量功德藏，法性真如海。』所以名爲海印三昧也。」

〔二〕見實叉難陀譯大方廣佛華嚴經卷五二。

〔三〕「定」，原作「空」，據清藏本改。

〔四〕見實叉難陀譯大方廣佛華嚴經卷三七。

〔五〕見實叉難陀譯大方廣佛華嚴經卷三七等。

〔六〕見實叉難陀譯大方廣佛華嚴經卷一五。

〔七〕見實叉難陀譯大方廣佛華嚴經卷一四。

〔八〕見實叉難陀譯大方廣佛華嚴經卷五二。「菩薩」，經中作「菩提」。

〔九〕「非」，原無，據大方廣佛華嚴經疏補。

〔一〇〕「疏釋云」至此，詳見澄觀撰大方廣佛華嚴經疏卷一六。

摩訶衍論云：「諸佛如來，法身平等，自然徧一切處，無有作意，但依衆生心現。衆生心者，猶如於鏡。鏡若有垢，色像不現。如是衆生心若有垢，法身不現。」〔一〕其猶日月麗天，盲者不覩；雷霆震地，聾者不聞。道契則隣，不在身近故〔二〕。福人出世，則琳瑯現矣；薄福者出，則荆棘生焉〔三〕。皆由自心有現、不現。若直了心性之人，悉皆平等顯現。

校　注

〔一〕見筏提摩多譯釋摩訶衍論卷七。
〔二〕「其猶日月麗天」至此，見澄觀撰大方廣佛華嚴經疏卷五四。
〔三〕「福人出世」至此，見澄觀撰大方廣佛華嚴經疏卷六。

如洛浦和尚神劍詞云：「君子得之忘彼此，小人得之自輕生〔一〕。他家不用我家劍，世上高低早晚平。」〔二〕所以衆生不得了然明現，皆滯有迷真，滯真迷中，滯中迷性，成三種緣集，所以成障。

校注

〔一〕此兩句，祖堂集卷九落浦和尚中作「君子得時離彼此，小人得處自輕生」，敦煌遺書伯三五九一洞山和尚神劍歌作「君子得之離彼我，小人有者傾其生」。

〔二〕按，此神劍歌，敦煌遺書伯三五九一（題作洞山和尚神劍歌）、祖堂集卷九落浦和尚皆有完整著録。洛浦和尚：釋元安，俗姓淡，鳳翔麟遊人。傳見宋高僧傳卷一二唐澧州蘇溪元安傳，參見祖堂集卷九落浦和尚、景德傳燈録卷一六澧州樂普山元安禪師。「洛浦」，或作「樂普」「樂浦」「落浦」「洛普」等，皆同音異寫。祖庭事苑卷七：「洛普，本作樂普，師諱元安。」稱元安爲洛浦和尚者，蓋因其曾住於樂普山故。洞山和尚，即釋良价。關於此歌之作者，徐俊先生説：「祖堂集爲專門的禪門史傳，所據似更可信。」（見敦煌詩集殘卷輯考，二七〇頁）宗鏡録這裏所引，也可作爲一旁證。

如天台淨名疏云：「衆生氣類，無量無邊，元其正要，不出二〔二〕種緣集氣類：一、有爲緣集之類者，即是界内染淨國土，悉迷真滯有而起結業，稟分段生死，皆是有爲緣集衆生之類。二、無爲緣集之類者，即是界外有餘國土及果報土，乃至下品、中品常寂光土，此三土衆生，迷中道佛性，滯真空無爲。緣無爲，起諸結業，受變易生死，是無爲緣集衆生之類。」〔三〕三、自體法界緣集者，即菩薩迷自體起。如宗門中云：已見不忘，今室外折伏界内有爲緣集衆生。次弟子一品，折伏無爲緣集衆生。後菩薩一品，即是折伏自體法界緣集衆生〔三〕。

問：無爲緣集與自體緣集，爲同爲異？

答：名雖有別，惑體不殊。二乘迷自體，起無爲，生計著，著無爲，故正受無爲緣集名。菩薩亦迷自體，起無爲緣集，而菩薩觀破無爲著，無爲緣集未盡，此惑附體，別受自體緣集之名。如凡夫迷真，起有爲緣集。學人見真，斷見思，思惟不盡，猶於真理有貪恚色，染無色之名。

問：學人有爲緣集不盡，見真，猶有惑，不約真，名自體緣集。菩薩無爲緣集不盡，見真，何得別受自體緣集之名？

答：二乘見真，但是空理，空理非法身，不得立自體之名。菩薩見真，實是法身，法身常在，故得別立自體緣集名也。菩薩或未知，未知故須折伏也〔四〕。是故三種緣集不亡，所以法身不現。

校注

〔一〕「二」，原作「三」，據維摩經文疏改。按，此處云「衆生氣類」，當作「二」是。第三「自體法界緣集」是「菩薩迷自體起」，非「衆生氣類」。

〔二〕見智顗撰維摩經文疏卷七。

〔三〕按，智顗撰維摩經文疏卷一〇：「今明淨名託疾興教，意乃有四，經文大判，總爲二段：第一，從此下訖菩薩品，有兩品半，是室外説法，明彈呵折伏。第二，從文殊問疾品去入室，有六品，是室内説法，明引接攝受，以折伏攝受故，令正法得久住。正法得久住者，即是住不思議解脱也。折伏中非無攝受，攝受之中不無折伏，但以從多爲論，義有傍正也。今就室外折伏文爲三：一、此半品（校注者按：即方便品）明折伏界内有爲緣集衆生，二、弟子一品即是折伏無爲緣集衆生，三、菩薩一品即是折伏自體法界緣集也。」

〔四〕「自體法界緣集者」至此，詳見智顗撰維摩經文疏卷一〇。

又，遠大師云：緣集義者，統唯一種，或分爲二，約真、妄開：一、妄緣集，三界虚妄，唯一心作，如夢所見，但是妄心解。二、真緣集，一切諸法，皆真心起，如夢所見，皆報心作。或約心識説三：一、就事緣集，從其事識，起一切法。二、妄緣集，從其妄緣，起一切法。三、真緣集，真識體中，具過一切恒沙性德，互相集成，故言緣集。又，從真識起一切法故，經説言：若無如來藏識，七識不住，不得厭苦，樂求涅槃，由如來藏故起諸法〔一〕。又，就有爲、無爲説三，即：一、有爲緣集，二、無爲緣集，三、具二緣集〔二〕。

校　注

〔一〕勝鬘師子吼一乘大方便方廣經自性清淨章：「世尊，若無如來藏者，不得厭苦、樂求涅槃。何以故？於此六識及心法智，此七法刹那不住，不種衆苦，不得厭苦、樂求涅槃。世尊，如來藏者，無前際，不起不滅法，種諸苦，得厭苦、樂求涅槃。」

〔二〕「遠大師」至此，見澄觀述大方廣佛華嚴經隨疏演義鈔卷七三。

問：直了此心是佛，更用八相成道〔一〕不？

答：若了此心，即是天真佛，不説成與不成。若説成佛，是助語，亦是增語。圓覺經云：「一切如來妙圓覺心，本無菩提及與涅槃，亦無成佛及不成佛，無妄輪迴及非輪迴等。」〔二〕釋曰：本無菩提及與涅槃者，此是二轉依號〔三〕，亦是住觀〔四〕語，轉煩惱故，立菩提之號；轉生死故，得涅槃之名。若了煩惱性空，生死本寂，既無所轉之相，亦無能轉之名。無不成佛者，無妄輪迴。亦無成佛者，無非輪迴，唯妙圓覺心，更無所有。如今只恐不得宗鏡之光，若得其光，則自然入圓覺門，普照法界。所以先德云：「飛錫若登故國路，莫愁天下不聞聲。」〔五〕龐居士頌云：「十方來〔六〕一會，各自學無爲，此是選佛處，心通〔七〕及第歸。」〔八〕如是則自然應念登科，隨處及第，何須受記而待揚名者乎？如昔人詞云：「不坐禪，不持律，妙覺心珠白如日。當體虛玄一物無，阿誰承受燃燈佛？」

校　注

〔一〕八相成道：佛陀一生的八個階段。以成道爲中心，故稱八相成道。詳見本書卷一六注。

〔二〕見佛陀多羅譯大方廣圓覺修多羅了義經。

〔三〕二轉依號：即菩提和涅槃。大佛頂如來密因修證了義諸菩薩萬行首楞嚴經卷七：「妙性圓明，離諸名相，本來無有世界衆生，因妄有生，因生有滅，生滅名妄，滅妄名真，是稱如來無上菩提及大涅槃二轉依號。」子璿集首楞嚴義疏注經卷七：「二轉依號者，由初迷真念動以至流轉，名爲不覺，翻此不覺，了本無生，即名爲覺，此菩提之號，因不覺立；由迷有生，生必有滅，翻此生滅，顯不生滅，即涅槃之號，對生滅立。生滅既滅，更無所依，故名轉依。以真如爲迷悟依，轉此迷依以爲悟依，故名轉依。」

〔四〕住觀：謂別教菩薩於十住位中修習空觀。住者，心會於理。

〔五〕按，據景德傳燈録卷二七，此「先德」當即明州布袋和尚。「飛錫」，景德傳燈録作「攜錦」。「天下」，景德傳燈録作「諸處」。

〔六〕「來」，龐居士語録作「同」。

〔七〕「通」，龐居士語録作「空」。

〔八〕見于頔編集龐居士語録卷下。

問：衆生業果，種子現行，積劫所熏，猶如膠漆。云何但了一心，頓斷成佛？

答：若執心境是實，人法不空，徒經萬劫修行，終不證於道果。若頓了無我，深達物虚，則能、所俱消，有何不證？猶微塵揚於猛吹，輕舸隨於迅流。只恐不信一心，自生艱阻，若入宗鏡，何往不從？且如勇施菩薩，因犯婬欲，尚悟無生〔一〕；性比丘尼，無心修行，亦證道果〔二〕。何況信解一乘之法，諦了自心，而無剋證乎？

校注

〔一〕詳參淨業障經。見後文引。

〔二〕詳參魔登伽經。大佛頂如來密因修證了義諸菩薩萬行首楞嚴經卷四：「摩登伽宿爲婬女，由神呪力，銷其愛欲，法中今名性比丘尼。」

或有疑云：豈不斷煩惱耶？解云：但諦觀殺、盜、婬、妄從一心上起，當處便寂，何須更斷？是以但了一心，自然萬境如幻。何者？以一切諸法，皆從心幻生，心既無形，法何有相？所以高城和尚謌云：「説教本窮無相理，廣讀元來不識心。識取心，了取境，識心了境禪河静。若能了境便識心，萬法都如闥婆影。」〔一〕性比丘尼，即摩登伽。首楞嚴經云：「佛告阿難：『摩登伽，彼尚婬女，無心修行，神力冥資，速證無學。云何汝等在會聲聞，求最上乘決定成佛？譬如以塵揚于順風，有何艱險？』」〔二〕

校注

〔一〕見高城和尚歌，全詩見祖堂集卷一四高城和尚、禪門諸祖師偈頌卷上等。祖堂集卷一四高城和尚：「高城和尚，嗣馬大師，師諱法藏。未睹行録，不決化緣終始。師有歌行一首。」後即録高城和尚歌。

〔二〕見大佛頂如來密因修證了義諸菩薩萬行首楞嚴經卷七。子璿集首楞嚴義疏注經卷四：「如摩登伽，宿爲婬女，由神呪力，消其愛欲，法中今名性比丘尼，與羅睺母耶輸陀羅同悟宿因，知歷世因貪愛爲苦，一念熏修無漏善故，或得出纏，或蒙授記。過去爲婆羅門女，名爲本性，今從昔號，名性比丘尼。」

淨業障經云：「爾時，有一比丘名無垢光，入毗舍離城，次第乞食，以不知故，入婬女家。時無垢光入其家已，是時婬女起染汙心，作是思惟：『我今必死，當與此比丘共行欲法。若不從我，我將〔一〕殞命。』作是念已，即便閉門，語比丘言：『願與尊者共行欲事。若不從我，我當必死。』時無垢光語婬女言：『且止，大姊，我今不應犯如此事。所以者何？佛所制戒，我應奉行。寧捨身命，不毀此戒。』

「爾時，婬女復更思惟：『我今當以呪術藥草，令此比丘共爲欲事。』語比丘言：『我今不能令汝退轉，毀犯禁戒，但當受我所施之食。』即入舍内，便呪其食，投比丘鉢。呪術力故，令此比丘便失正念，起於欲心，展轉增盛。爾時，婬女見此比丘顔色變異，即前牽手，共爲欲事。

「是時，比丘與彼婬女共相愛樂，行婬欲已，持所乞食，還詣精舍。到精舍已，生大憂悔，舉體煩熱：『咄哉！何爲破大戒身？我今不應受他信施！我今則是破戒之人，當墮地獄。』時，無垢光向諸比丘同梵行者説如是言：『我今破戒，非是沙門，必趣地獄。』」

「時諸比丘問無垢光：『有何因緣而破此戒？』時無垢光具説上事，時諸同學語無垢光：『仁者，當知此有菩薩摩訶薩名文殊師利，得無生法忍，善能除滅破戒之罪，亦令衆生離諸蓋纏。我今與汝共詣文殊師利菩薩摩訶薩所，除汝憂悔。』」

「時無垢光猶故未食，與諸比丘詣文殊師利法王子所。到已問訊，供養恭敬，即以上事具白文殊師利。文殊師利語無垢光：『汝今且食。食已，當共詣如來所，問如來此事，如佛所説，當共受持。』」

「比丘食已，與文殊師利共詣佛所。到已，頂禮佛足，卻坐一面。爾時，無垢光比丘心懷恐懼，不敢問佛。於是文殊師利即從座起，整衣服，偏袒右肩，右膝著地，合掌向佛，即以上事具白世尊。」

「爾時，世尊告無垢光：『汝實爾不？』答言：『實爾。』佛告比丘：『汝本有心欲犯婬不？』答言：『不也。』佛告比丘：『汝本無心，云何而犯？』比丘答言：『我於後時，乃生欲心。』『如是比丘，心犯欲耶？』答言：『如是。』佛告比丘：『我常不言心垢故衆生垢，心净故衆生浄耶？』答言：『如是。』佛告比丘：『於意云何？汝曾夢中受欲之時，心覺知不？』答言：『覺知。』佛告比丘：『汝向犯欲，豈非由心而覺知耶？』答言：『如是。』『若如是者，比丘悟、夢犯欲，有何差别？』比丘答言：『悟、夢犯欲，無差别也。』佛言：『於意云何？我先不言一切諸法皆如夢耶？』答言：『如是。』佛言：『於意云何？如夢諸法，是真實耶？』答言：『不也。』佛告比丘：『於意云何？悟、夢二心，俱是真實耶？』『不也，世尊。』佛告比丘：『若非真實，是有法也〔二〕？』『不也，世尊。』佛告比丘：『於意云何？無所有法，爲有生不？』『不也，世尊。』佛告比丘：『若法無生，有滅、有縛、有解脱耶？』『不也，世尊。』佛告比丘：『於意云何？無生之法尚無所有，而當有墮三惡道耶？』

「佛告比丘：『一切諸法，本性清浄。然諸凡夫愚小無智，於無有法不知如故，妄生分别。以分别故，墮三惡道。』復告比丘：『諸法無實而現種種所應作事，爲著貪欲、嗔恚、愚癡凡夫等故，分别諸法，不知如故，非是真實。』

「復告比丘：『諸法虚誑，如野馬故。諸法如夢，本性自在逮清浄故。諸法究竟，如水中月、泡沫等故。諸法寂静，無老、病、死諸過患故。諸法無取，非是色法，不可見故。諸法無聚，如虚空故。諸法無性，過諸性故。諸法甚深，過虚妄故。諸法廣大，無處所故。法無所作，究竟寂故。法無所依，境界空故。法無根本，畢竟空故。法離蓋纏，煩惱結使不可得故。法離熾〔三〕然，性不生故。』乃至〔四〕爾時，無垢光聞説是法，心懷歡喜，悲喜交集，雨淚，叉手合掌，一心觀佛，即説偈言：『快哉世尊大功德，諸天世人所歸仰，善覺一切勝妙法，稽首能斷諸苦行。』」〔五〕

又，「佛告文殊：『過去有佛，號無垢光。時有比丘，名曰勇施，入難勝城，次行乞食。到長者舍，其家有女，容貌端正，見勇施已，生愛染心。乃至因託病延請勇施説法〔六〕。其後勇施數到其家，轉相親厚。數相見故，便失正念而生欲心，即與彼女共行婬法，心遂耽著，往來頻數。時彼女夫見此比丘往來頻數，心生疑恚，即設方便，欲斷其命。勇施比丘聞是事已，即以毒藥持與彼女，而語之言：「若必念我，可持此藥以殺汝夫。」時長者女即以毒藥和著食中，敕其婢使：「持此飯食，以飯我夫。」夫食飯已，即便命終。

「爾時，勇施聞彼命終，心生大悔，作是思惟：「今我所作，是大重惡，何名比丘？受行婬法，又斷人命，我今如是，當何所歸？」生大憂惱：「我若命終，當墮惡道，誰能免我如是之苦？」以是事故，從一精舍至一精舍，惶怖馳走，衣服落地，作如是言：「咄哉！怪哉！我今即是地獄衆生。」

「時有精舍，名曰醯無，中有菩薩，名曰鼻掬多羅。勇施比丘即入其房，舉身投地。時彼菩薩問勇施言：「何爲以身自投於地？」答言：「大德，我今即是地獄衆生。」又復問言：『誰乃令汝爲地獄人？』勇施答言：『我作大罪，犯於婬戒，又斷人命。』時彼菩薩語勇施言：『比丘莫怖，我今力能施汝無畏。』

「爾時，勇施聞彼菩薩施無畏聲，心生歡喜，踊躍無量。爾時，鼻揬多羅菩薩即時從地接起勇施，牽其右手，將至異處，坐林樹中。時，鼻揬多羅菩薩即時入於諸佛境界大乘妙門如來寶印三昧。入三昧已，即於身上出無量佛，身皆金色，三十二相，偏林樹間。爾時，諸佛即時同聲説是偈言：『諸法同鏡像，亦如水中月，凡夫愚惑心，分別癡恚愛。乃至〔七〕諸法常無相，寂静無根本。無邊不可取，欲性亦如是〔八〕。』爾時，林中二萬天子詣鼻揬多羅菩薩來聽法者，聞説是偈，即得無生法忍」〔九〕。

校注

〔一〕「將」，諸校本作「當」。按，經中作「將」。

〔二〕「也」，經中作「不」。

〔三〕「熾」，原作「識」，據諸校本及經文改。

〔四〕乃至：表示引文中間有删略。

〔五〕見淨業障經。

〔六〕按，「佛告文殊」至此，非經原文，乃撮述大意耳。

〔七〕乃至：表示引文中間有删略。
〔八〕按，此四句後，還有删略。
〔九〕見淨業障經。

問：妙圓覺心既無所有，云何教中説諸佛成等正覺，出現世間等事？

答：一是機熟衆生自心感現，二是菩薩因地本願。然諸佛境界，廣大無邊，非情識所知，唯見性能了。故華嚴經云：「佛子，菩薩摩訶薩應云何知如來、應、正等覺境界？佛子，菩薩摩訶薩以無障無礙智慧，知一切世間境界是如來境界，知一切三世境界、一切刹境界、一切法境界、一切衆生境界、真如無差别境界、法界無障礙境界、實際無邊際境界、虚空無分量境界、無境界境界是如來境界。佛子，如一切世間境界無量，如來境界亦無量；如一切三世境界無量，如來境界亦無量；乃至如無境界境界無量，如來境界亦無量；如無境界境界一切處無有，如來境界亦如是，一切處無有。佛子，菩薩摩訶薩應知心境界是如來境界，如心境界無量無邊、無縛無脱，如來境界亦無量無邊、無縛無脱。何以故？以如是如是思惟分别，如是如是無量顯現。」〔一〕

故知凡、聖無際，心、境一原，真無性而即相發明，相無體而因真建立，故云：「智身寥

廓，揔萬像以成體；萬像無形，以智身而齊體。」〔二〕

校注

〔一〕見實叉難陀譯大方廣佛華嚴經卷五二。
〔二〕見李通玄撰新華嚴經論卷六。

又，若論化現門中，此是諸佛因地悲願之力，令機熟衆生自心感現。衆生心中諸佛，應現無窮；諸佛心内衆生，機緣不盡。所以法身無像，遇感成形；妙應無方，應念垂跡。由了平等，赴衆望而猶若摩尼；爲達無私，任群機而如同天鼓。古頌云：「佛是衆生心裏佛，隨自根堪無異物。欲知一切諸佛原，悟自無明〔一〕本是佛。」

如佛地經云：「隨諸衆生所樂，示現平等法性圓滿成故。」論釋云：「隨諸有情樂見如來色身差別，如來示現如是色身。如來雖居無戲論位，由平等智增上力故，大圓鏡智相應淨識，現瑠璃等微妙色身，令諸有情善根成熟，自心變似如是身相，謂自心外見如來身。如契經言：『由諸如來慈善根力有所示現，令天人等自心變異，見如來身如金色等。』又如經言：『若所應化無量有情，宜見瑠璃末尼寶色，如來即能無礙示現種種瑠璃末尼寶色，令彼自心亦如是變。』乃至廣説，如是示現一切如來形相平等，如是平等即是法性，是故説名平等法性。謂諸如來隨同所化有情樂見色身形相，即各示現同處同時，異類形相，令彼自心如是變現，作利樂事。如諸有情阿賴耶識共相種熟，各各變現世界等相，同處相似，不相妨礙。此亦如是，如色身相，餘事亦爾。由此示現，如前修習圓滿成故，平等性智圓滿成就。」〔二〕

校注

〔一〕「明」，諸校本作「門」。
〔二〕見玄奘譯佛地經論卷五。

度一切諸佛境界智嚴經云：「文殊師利問：『無生無滅，其相云何？』佛答：『不生不滅，即是如來。文殊師利，譬如大地，瑠璃所成，帝釋毗闍延宮殿、供具等，影現其中。閻浮提人見瑠璃地諸宮殿影，合掌供養，燒香散華：願我得生如是宮殿，我當遊戲如帝釋等。彼諸衆生，不知此地是宮殿影，乃布施持戒，修諸功德，爲得如是宮殿果報。文殊師利，如此宮殿，實無生滅，以地淨故，影現其中。彼宮殿影，亦有亦無，不生不滅。文殊師利，衆生見佛，亦復如是。以其心淨，故見佛身。佛身無爲，不生不滅，不起不盡，非色非非色，不可見非不可見，非世間非非世間，非心非非心，以衆生心淨，見如來身，散華燒香，種種供養：

願我當得如是色身。布施持戒，作諸功德，爲得如來微妙身故。如是，文殊師利，如來神力出現世間，令諸衆生得大利益，如影如像，隨衆生見。』」又説如日光無心普照喻〔一〕、摩尼無心雨寶喻〔二〕、谷響無實喻〔三〕等。其瑠璃地等喻衆生心，影喻佛身。

校注

〔一〕度一切諸佛境界智嚴經：「文殊師利，如日初出，先照高山，次及中山，後照下地。如來亦爾，無心意識，無相離相，斷一切相，不著彼、不著此，（中略）如來慧日光明，照於三界，先照菩薩，如照高山，次照樂緣覺聲聞人，後照樂善根人，乃至邪定衆生，爲增長善法，爲起未來因緣。」

〔二〕度一切諸佛境界智嚴經：「如大海中有摩尼珠，名滿一切衆生所願。安置幢上，隨衆生所須。彼摩尼珠，無心意識。如來無心意識，亦復如是，不可測量、不可到、不可得、不可説，（中略）如來清浄住大慈悲幢，隨衆生所樂，現種種身，説種種法。」

〔三〕度一切諸佛境界智嚴經：「如因聲生響，非內、非外，亦非中間，不生、不滅，不斷、不常。文殊師利，如來亦爾，非內、非外，亦非中間，不生不滅、無名無相，隨諸衆生，種種示現。」

又，華嚴有摩尼隨映喻〔一〕，摩尼現色，喻自受用身，有其本色，但無青、黄等異。青、黄等異，隨機映生〔二〕。又，若以虚空喻佛身〔三〕，即法性身，以虚空無相故，不隨方隅而有增減；以法身無形故，非依報化而現精麁。如華嚴十定品云：「佛子，譬如虚空，於蟲所食芥

子孔中，亦不減小。於無數世界中，亦不增廣。其諸佛身，亦復如是，見大之時，亦無所增；見小之時，亦無所減。」〔四〕

校注

〔一〕實叉難陀譯大方廣佛華嚴經卷一九：「譬如隨意珠，能現一切色，無色而現色，諸佛亦如是。」澄觀撰大方廣佛華嚴經疏卷二一：「摩尼隨映喻，喻佛地實無異色，隨感便現，故言『無色而現色』。喻全似法，故但合云『佛亦如是』。」

〔二〕「摩尼現色」至此，見澄觀述大方廣佛華嚴經隨疏演義鈔卷四二。

〔三〕實叉難陀譯大方廣佛華嚴經卷一九：「又如淨虛空，非色不可見，雖現一切色，無能見空者。諸佛亦如是，普現無量色，非心所行處，一切莫能覩。」澄觀撰大方廣佛華嚴經疏卷二一：「淨空現色喻，喻佛法身體非是色，能現麁妙一切諸色。」

〔四〕見實叉難陀譯大方廣佛華嚴經卷四一。

如上諸況〔一〕，皆喻見佛，然於鏡像喻最親。如質來對鏡，鏡中見像，像是質像，機感對剎。剎中見佛，佛是心佛〔二〕。故華嚴經云：「化佛從敬心起。」〔三〕又，諸喻大意，皆以體無生滅，不礙生滅。如非色約體，非不色約用，則法報一際，體用無差，俱會無生，同歸宗鏡。

校注

〔一〕「況」，嘉興藏、清藏本作「説」。

〔二〕「質來對鏡」至此，見澄觀述大方廣佛華嚴經隨疏演義鈔卷二一。

〔三〕見實叉難陀譯大方廣佛華嚴經卷七七。

又，若以色聲取，是行邪道。若離色聲取，未免斷無。古釋云：如華嚴偈云：「色身非是佛，音聲亦復然，亦不離色聲，見佛神通力。」〔一〕若依權教，本影四句〔二〕，體、用皆分。若依此宗，四句皆用，知一切法即心自性故。本質影像，亦是自心〔三〕。横豎等一切諸法，不出心性故。

校注

〔一〕見實叉難陀譯大方廣佛華嚴經卷二三。

〔二〕本影四句：一、唯本無影，如小乘教；二、亦本亦影，如大乘始教；三、唯影無本，如大乘終教；四、非本非影，如頓教。出法藏述華嚴經探玄記卷一，詳見本書卷二九引。

〔三〕澄觀撰大方廣佛華嚴經疏卷二一：「故以聲取，是行邪道。若離聲取，未免斷無。（中略）若依權教，此約有影無本，然本影相望，通有四句。若依此宗，果海離言，故無有説，用隨機現，謂如是説。而此本質，亦是自心。」大方廣佛華嚴經隨疏演義鈔卷四二：「疏『故以聲取，是行邪道。若離聲取，未免斷無』者，結成上義。上句即金剛經意：『若以色見我，以音聲求我，是人行邪道，不能見如來。』後句即兜率偈讚意，故偈云：『色身非是佛，音聲亦復然，亦不離色聲，見佛神通力。』（中略）疏『若依權教』等者，本影四句，即如玄談。『若依此宗』，四句皆用，知一切法即心自性故，質亦自心。」

如般若中，了色是般若，具歷諸法，且初歷五蘊，云「了色是般若，一切法趣色，色尚不可得，云何當有趣非趣」〔一〕。如是具歷，諸法皆然。般若意似當諸法之性，不異色性，故皆趣色。色不可得，當法性空。既無所趣，安有能趣？若智者意，「一切法趣色」，假觀；「色尚不可得」，空觀；「云何當有趣非趣」，即中道觀。今但要初句，以取色性爲諸法依，以性普收，故皆趣色，則一色中具一切法。是無礙之意故，隨一法皆收法界故。若能如是解者，則凡有見聞一切境界，無非是佛出世〔二〕。

校注

〔一〕見摩訶般若波羅蜜經卷一五知識品。

〔二〕「如般若中」至此，見澄觀述大方廣佛華嚴經隨疏演義鈔卷八六。

如大集經云：「爾時，衆中有一菩薩，名曰慧聚，白佛言：『世尊，生、老、病、死出於世者，即是佛出。無明愛出，即是佛出。貪恚癡出，即是佛出。一切疑網煩惱出者，即是佛出。何以故？若如是等法不出世者，佛以何緣出現於世？』佛言：『善哉，善哉！善男子，實如所言。』爾時，海慧菩薩言：『世尊，若有不見如是等法，是時如來爲出於世？不出於世？』『善男子，菩薩初發菩提心時，真實不知如是等法，是故我爲而宣説之。善男子，菩薩有四種：一者、初發菩提之心，二者、修行菩提之道，三者、堅固不退菩提，四者、一生當補佛處。發心菩薩見佛色相，見已即發菩提之心。修行菩薩見佛具足一切善法，見已即發菩提之心。不退菩薩〔一〕見如來身及一切法皆悉平等。一生菩薩〔二〕不見如來所有功德及一切法。何以故？所得慧眼了了淨故，斷二見故，淨智慧故。若不見淨、不見不淨、不見非淨非不淨，是人即能明見如來。』」〔三〕

校　注

〔一〕不退菩薩：即堅固不退轉菩提菩薩。不退，音譯「阿毗跋致」，即功德善根增進而不退失、不退轉之意。隋慧遠大乘義章卷一四三乘共地義三門分别：「聲聞見地於菩薩中，名阿毗跋致。此乃初地正住已後，乃至地滿，安住不退，名阿毗跋致。」大般涅槃經義記卷九：「阿毗跋致，此名不退，證得之時，永無退轉。」

〔二〕一生菩薩：即一生補處菩薩。一行述大日經義釋卷五：「言一生者，謂從一而生也。初得淨菩提心時，從一實之地，發生無量無邊三昧總持門。如是一一地中，次第增長，當知亦爾。迄至第十地滿足，未至第十一地。爾時，從一實境界具足發生一切莊嚴，唯少如來一位未得證知，更有一轉法性生，即補佛處，故名一生補處。」

〔三〕見大方等大集經卷一〇。

又，古德釋台教止觀云：「只達一念自心是法界。十方諸佛，與一切衆生同一無住，本一法界，爲身爲土，無彼無此，無根無住處，無修不修，無證不證，無凡無聖，但衆生自謂妄想纏縛爲凡、爲不修、爲不證，謂佛爲聖、爲修、爲證。修、證、凡、聖，在衆生自强立之，佛位中都無此名也。諸佛所見，一切衆生凡聖身是佛法身，一切國土是佛國土，一切法是佛法，一切心是一心，極十方三際推求，無纖毫許。若色若心，不是〔一〕佛理。智境朗然，周徧法界。嘗無一事，澹然身心，無所施爲。佛心既然，我學佛智，如佛用心，即止觀明静也。佛現，即我心現。現與不現，只是自心鏡上影像耳。

「問：豈都無外佛可見耶？

「答：自、他不二，但如來有同體大悲，衆生有熏習之力，扣擊同體智鏡，隨此〔二〕心上，感見相好鏡中之像，然不離鏡而非即鏡，隨照好醜，感者千差，相亦萬品。或機地深厚，感〔三〕佛身長千萬由旬，壽命無量阿僧祇劫，以恒河沙世界微塵佛刹爲浄妙國土，説無量無邊不可説不可説法門；或人天報殊，示現八相，一期利益，不過數百年間，如空雲水月，恍惚而生。斯皆由感者一念之心，謂佛色身來應，佛實無來去之勞，無有形之患，無可説之法，無所度之機，但衆生善緣心想，謂佛來應爲我説法，實是衆生於自心上現此相耳。

「問：衆生善根擊佛大圓智鏡，現此影像，像則屬佛？

「答：明鏡屬佛，像不屬佛，像若屬佛，佛則生滅流動。像若屬衆生，衆生業結所縛，何能具此相好？但感應道交，方見此耳。

「問：既是佛智鏡上像，何言衆生心上現？

「答：同體圓鏡，不偏屬佛及衆生，同一體故。但衆生磨瑩己鏡，未得全明故，能暫現此相，表進修之力。

「問：若爾，衆生自感心鏡上現像，不言佛像現，佛即於衆生無力，虚致敬慕，有何益也？

「答：由敬慕之心，感像現也。此真佛力，豈衆生能置哉！

「問：此亦衆生自家佛力，非他佛力也？

「答：佛地無自、他，汝强謂自佛、他佛者，衆生心不盡耳。

「問：若爾，只共作一佛，不能各各自成也？

「答：不共作一佛，不各各自成。此義難了，試舉喻看：如國清寺，法界也。住寺僧，古佛也。遠人暫遊，暫感佛也。他日愛慕剃髮，配寺國清，即我寺也。五峰松徑、臺殿房廊，悉我有也。頓得受用，不減他物，成我家也。不人人别造一寺也，不共〔四〕他分一寺也。分即隨人去，常住法界不可分也。此義出涅槃經中，譬如路有一大樹，樹陰清涼，來者即納，無人遮護，無持去者〔五〕。既印金口，可以奉持。」〔六〕

校注

〔一〕「是」，磧砂藏、嘉興藏本作「見」。按，止觀科節作「是」。

〔二〕「此」，止觀科節作「其」。

〔三〕「感」，原作「或」，據止觀科節改。

〔四〕「共」，原作「若」，據諸校本及止觀科節改。

〔五〕大般涅槃經卷二九：「如平坦路，一切衆生悉於中行，無障礙者。中路有樹，其陰清涼，行人在下憩駕止息。然其樹陰常住不移，亦不消壞，無持去者。路喻聖道，陰喻佛性。」

〔六〕見法藏止觀科節。

又，機應相關，感應緣會，能見一切無邊佛事，以佛是增上緣，廣大悲願，慈善根力；以衆生是等流果，志誠所感，根熟而見。然揔不出自心，如師子現指、醉象禮足、慈母遇子、盲賊得明、城變瑠璃、石舉空界、釋女瘡合、調達病痊，皆是本師積劫熏修慈善根力，令一切衆生自心所見。

如上等事，可證今文。故大涅槃經云：「佛言：善男子，如提婆達多教阿闍世王欲害如來，是時，我入王舍大城，次第乞食。阿闍世王即放護財狂醉之象，欲令害我及諸弟子。乃至〔一〕我於爾時，爲欲降伏護財象故，即入慈定，舒手示之，即於五指出五師子。是象見已，其心怖畏，尋即失糞，舉身投地，敬禮我足。善男子，我於爾時，手五指頭實無師子，乃是修慈善根力故，令彼調伏。

「復次，善男子，我欲涅槃，始初發足向拘尸那城。有五百力士，於其中路平治掃灑。中有一石，衆欲舉棄，盡力不能。我時憐愍，即起慈心，彼諸力士尋即見我以足拇指舉此大石，擲置虛空，還以手接，安置右掌，吹令碎粖，復還聚合，令彼力士貢高心息。即爲略説種種法要，令其俱發阿耨多羅三藐三菩提心。善男子，如來爾時實不以指舉此大石在虛空中，還置右掌，吹令碎粖，復合如本。善男子，當知即是慈善根力，令諸力士見如是事。

「復次，善男子，此南天竺有一大城，名首波羅。於是城中，有一長者，名曰盧至，爲衆導主，已於過去無量佛所植諸善本。善男子，彼大城中，一切人民信伏邪道，奉事尼乾〔二〕。

我時欲度彼長者故，從王舍城至彼城邑。其路中間，相去六十五由旬，步涉而往，爲欲化度彼諸人故。彼衆尼乾聞我欲至首波羅城，即作是念：『沙門瞿曇若至此者，此諸人民便當捨我，更不供給，我等窮悴，奈何自活？』諸尼乾輩各各分散，告彼城人：『沙門瞿曇今欲來此，然彼沙門，委棄父母，東西馳騁，所至之處，能令土地穀米不登，人民饑饉，死亡者衆，病瘦相尋，無可救解。瞿曇無賴，純將諸惡羅刹、鬼神以爲侍從，無父、無母、孤窮之人而來諮啓，爲作門徒。所可教詔，純説虚空。隨其至處，初無安樂。』彼人聞已，即懷怖畏，頭面敬禮尼乾子足，白言：『大師，我等今者當設何計？』尼乾答言：『沙門瞿曇性好叢林，流泉清水。外設有者，宜應破壞。汝等便可相與出城，諸有之處，斬伐令盡，莫使有遺。流泉井池，悉置糞穢。堅閉城門，各嚴器仗。當壁防護，勤自固守。彼設來者，莫令得前。若不前者，汝當安隱。我等亦當作種種術，令彼瞿曇復道還去。』彼諸人民聞是語已，敬諾施行，斬伐樹木，汙辱諸水，莊嚴器仗，牢自防護。善男子，我於爾時至彼城已，不見一切樹木叢林，唯見諸人莊嚴器仗，當壁自守。見是事已，尋生憐愍，慈心向之，所有樹木還生如本，復更生長其餘諸樹，不可稱計。河池泉井，其水清浄，盈滿其中，如青瑠璃。生衆雜華，彌覆其上。變其城壁爲紺瑠璃，城内人民悉得徹見我及大衆，門自開闢，無能制者。所嚴器仗，變成雜華。盧至長者而爲上首，與其人民俱共相隨，往至佛所。我即爲説種種法要，令彼諸人一切皆發阿耨多羅三藐三菩提心。善男子，我於爾時，實不化作種種樹木，清淨流水盈滿河池，變其本城爲紺瑠璃，令彼人民徹見於我，開其城門，器仗爲華。善男子，當知皆是慈善根力，能令彼人見如是事。

「復次，善男子，舍衛城中，有婆羅門女，姓婆私吒，唯有一子，愛之甚重，遇病命終。爾時，女人愁毒入心，狂亂失性，裸形無恥，遊行四衢，啼哭失聲，唱言：『子！子！汝何處去？』周徧城邑，無有疲已。而是女人，已於先佛植衆德本。善男子，我於是女起慈愍心，是時女人即得見我，便生子想，還得本心。前抱我身，嗚咂〔三〕我口。我時即告侍者阿難：『汝可持衣，與是女人。』既與衣已，便爲種種説諸法要。是女聞法，歡喜踴躍，發阿耨多羅三藐三菩提心。善男子，我於爾時實非彼子，彼非我母，亦無抱持。善男子，當知皆是慈善根力，令彼女人見如是事。

「復次，善男子，波羅柰城有優婆夷，字曰摩訶斯那達多，已於過去無量光佛種諸善根。是優婆夷，夏九十日請命衆僧，奉施醫藥。是時衆中有一比丘，身嬰重病，良醫診之，當須肉藥。若得肉者，病則可除；若不得肉，命將不全。時優婆夷聞醫此言，尋持黄金，徧至市鄽，唱如是言：『誰有肉賣？吾以金買。若有肉者，當等與金。』周徧城市，求不能得。是優婆夷尋自取刀割其髀肉，切以爲臛，下種種香，送病比丘。比丘服已，病即得差。是優婆聲，於是女人起大慈心。是女尋見我持良藥，塗其瘡上，還合如本。我即爲其種種説法，聞法歡喜，發阿耨多羅三藐三菩提心。善男子，我於爾時，實不往至波羅柰城，持藥塗是優婆夷瘡。善男子，當知皆是慈善根力，令彼女人見如是事。

「復次，善男子，調達惡人，貪不知足。多服酥故，頭痛腹滿，受大苦惱，不能堪忍，發如是言：『南無佛陁！南無佛陁！』我時住在優禪尼城，聞其音聲，即生慈心。爾時，調達尋便見我往至其所，手摩頭腹，授與鹽湯，而令服之，服已平復。善男子，我實不往調達所，摩其頭腹，授湯令服。善男子，當知皆是慈善根力，令調達見如是事。

「復次，善男子，憍薩羅國有諸群賊，其數五百，群黨抄劫，爲害滋甚。波斯匿王患其縱暴，遣兵伺捕，得已挑目，逐著黑闇叢林之下。是諸群賊，已於先佛植衆德本，既失目已，受大苦惱，各作是言：『南無佛陀！南無佛陀！我等今者，無有救護。』啼哭號咷。我時住在祇桓精舍，聞其音聲，即生慈心。時有涼風，吹香山中種種香藥滿其眼眶，尋還得眼，如本不異。諸賊開眼，即見如來住立其前，而爲説法。賊聞法已，發阿耨多羅三藐三菩提心。善男子，我於爾時，實不作風吹香山中種種香藥，住其人前而爲説法。善男子，當知皆是慈善根力，令彼群賊見如是事。

「復次，善男子，瑠璃太子以愚癡故，廢其父王，自立爲主。復念宿嫌，多害釋種，取萬二千釋種諸女，刖劓耳鼻，斷截手足，推之坑塹。時諸女人身受苦惱，作如是言：『南無佛陀！南無佛陀！我等今者，無有救護。』復大號咷。是諸女人，已於先佛種諸善根，我於爾時，在竹林中聞其音聲，即起慈心。諸女爾時見我來至迦毗羅城以水洗瘡，以藥傅之，苦痛尋除。耳鼻手足，還復如本。我時即爲略説法要，悉令俱發阿耨多羅三藐三菩提心，即於大愛道比丘尼所，出家受具足戒。善男子，如來爾時，實不往至迦毗羅城，以水洗瘡，傅藥止苦。善男子，當知皆是慈善根力，令彼女人見如是事。悲喜之心，亦復如是。善男子，以是義故，菩薩摩訶薩修慈思惟，即是真實，非虚妄也。善男子，夫無量者，不可思議。菩薩所行，不可思議。諸佛所行，亦不可思議。是大乘典大涅槃經，亦不可思議。」〔四〕

校注

〔一〕乃至：表示引文中間有删略。

〔二〕尼乾：苦行外道。玄應一切經音義卷二四：「離繫，亦云『不繫』，梵言『尼乾』，亦『泥揵連』，其外道拔髮露形，無所貯畜，以手乞食，隨得即噉也。」

〔三〕「呞」，嘉興藏本及大般涅槃經作「唼」，同。嗚呞，或稱「嗚口」，即親吻。四分律名義標釋卷六：「嗚，謂嗚唼其口也。又嗚，應作『歍』，謂口相近也。」

〔四〕見大般涅槃經卷一六。

以此明文，可爲誠證，則知三界九有〔一〕、一切染浄等法，皆不出法界衆生之心，猶如畫師畫出一切境界。心之畫師，亦復如是。所以正法念處經云：「又彼比丘如是觀察：云何衆生有種種色、種種形相，有種種道、種種依止？又彼觀察有種種心、種種依止、種種信解、有種種業，此如是等種種諸色、種種形相、種種諸道、種種依止，譬如黠慧善巧畫師、若其弟子觀察善平堅滑好地，得此地已，種種彩色、種種雜色，若好若醜，隨心所作，如彼形相。心業畫師、若其弟子亦復如是，善平堅滑業果報地、生死地界，隨其所解，作種種形相、種種諸道、種種依止。心業畫師，業作衆生。

「又諸彩色，取白作白、取赤作赤、取黄作黄，若取鴿色則爲鴿色，取黑作黑。心業畫師，亦復如是，緣白取白，於天人中，則成白色。何義名白？欲等漏垢所不染汙，故名白色。又復如是：心業畫師取赤彩色，於天人中，能作赤色。何義名赤？所謂愛聲味觸香色，畫觀察衣。又復如是：心業畫師取黄彩色，於畜生道，能作黄色。何義名黄？彼此遞互飲血噉肉、貪欲嗔癡、更相殺害，故名黄色。又復如是：心業畫師取鴿彩色，攀緣觀察，於餓鬼道，作垢鴿色。何義名鴿？彼身猶如火燒林樹，飢渴所惱，種種苦逼，心業畫師嫉心所秉，癡闇所覆。又復如是：心業畫師取黑彩色，於地獄中，畫作黑色。何義名黑？以黑業故，生地獄中，有黑鐵壁，被然被縛，得黑色身，作種種病，飢渴苦身，無量苦逼，皆是自業，非他所作。

「又彼比丘，觀察如是三界五道五種彩色生死畫衣，於三地住，謂欲界地，色、無色地。心業畫師，習近婬欲，攀緣欲界種種色畫，緣色依止，有二十種：離欲四禪，以爲畫筆；依十六地，是所畫處。畫〔二〕作色界，離緣色界三摩跋提〔三〕，緣無色界，畫爲四處。心業畫師，廣畫如是三界大衣。

「又彼比丘，觀察如是心業畫師身如彩器，貪欲瞋癡以爲堅牢，攀緣之心猶如梯隥，根如畫筆，外諸境界、聲觸味色及諸香等，如種種彩，生死如地，智如光明，勤發精進如手相似，衆生如畫，神通如彼無量形服，有無量種業果報生，如畫成就。

「又彼比丘，依禪觀察，心業畫師有異種法。如彼畫師不生疲倦，善治彩色，各各明淨；善識好筆，畫作好色。心業畫師，亦復如是，不生疲倦，若修禪定，善治禪彩，攀緣明淨，如彩光明。修道之師，如善好筆，知禪上下，如善識知，有取有捨，如不疲倦。如是禪定心業畫師，畫彼禪地，如彼好色。又彼如是心業畫師若有疲倦，則畫不善地獄、餓鬼、畜生道處，同業因緣。鐵杵爲筆，不善彩色，畫非器人，所謂地獄、餓鬼、畜生，如是等色，非好色

畫，廣説如前。」〔四〕

校注

〔一〕三界九有：又稱九有情居、九衆生居，是三界中衆生所住之處所。隋慧遠撰大乘義章卷八九衆生居義：「欲界人天以之爲一，初禪爲二，二禪爲三，三禪爲四，無想爲五，空處爲六，識處爲七，無所有處以之爲八，非想爲九。此之九處，衆生樂住，名衆生居。」阿毗達摩俱舍論卷八：「諸有情類，唯於此九欣樂住故，立有情居，餘處皆非，不樂住故。言餘處者，謂諸惡處。」

〔二〕「畫」，原無，據正法念處經補。

〔三〕三摩跋提：即「三摩鉢底」的古譯。慧琳撰一切經音義卷一四：「三摩跋提，梵語也，此云『善定』，或云『妙定』。或云『三摩鉢底』，或云『三摩鉢多』，皆梵語訛也。」龍樹造、鳩摩羅什譯大智度論卷二三：「一切禪定攝心，皆名爲『三摩提』，秦言『正心行處』。是心從無始世界來，常曲不端；得是正心行處，心則端直。譬如蛇行常曲，入竹筒中則直。」

〔四〕見正法念處經卷五生死品之三。

釋曰：是以畫師運巧拙之意，執五彩之筆，於平正之地，邈出一切精麁之像。如衆生禀愚智之心，興三業之筆，於善惡之地，畫出一切苦樂之事。又如世畫師，只畫得色陰，若心畫師，能畫五陰。又，世畫不堅牢，色退像即滅，心畫經長劫，身謝業不亡。又，世畫甚易知，妍醜皆可見，心畫極難審，果報莫可知。如正法念處經頌云：「諸業之所作，過於巧畫師，業畫師天中，作種種樂報。種種衆彩色，現觀則可數，心業布衆彩，其數不可知。毁壁畫則亡，二俱同時滅，若身喪滅時，業畫不可失。譬如一畫師，造作衆文飾，一心亦如是，造作種種業。五彩光色現，見之生愛樂，五根畫亦尔，如業有生死。如世巧畫師，現前則可見，心畫師微細，一切不可見。圖畫好醜形，令壁衆像現，心業亦如是，能作善惡報。是心於晝夜，思念恒不住，如是業隨心，展轉常不離。風塵煙雲熱，畫色則毁滅，捨善不善持，諸業尔乃失。」〔一〕

校注

〔一〕見正法念處經卷二三。

又，依般舟經，見佛略有四喻：一、夢喻，如夢所見，從分別生，見一切佛從自心起；二、水影喻，水喻心性，則佛之月影，皆是衆生真心中物，心佛交徹，唯真心也；三、幻喻，自心猶如幻術，一切佛如幻所作，謂有能幻法，方成幻事，無能念心，無所見佛；四、響喻，譬如空谷，隨聲發響，悟解自心，隨念見佛〔一〕。

上之四喻，一、正喻唯心，二、唯心故空，三、唯心故假，四、唯心故中。又，夢喻不來不去，影喻不出不入，幻喻非有非無，響喻非合非散〔二〕。如經頌云：「心者不知心，心者不見心〔三〕。心有想則癡，無想則泥洹〔四〕。是法不堅固，常立在於念。以解見空者，一切無想念。」〔五〕

釋云：若心自見心，先心爲能見，佛爲所見。刀不自割，指不自觸，云何自心還見自心？能、所不分，見相斯絶〔六〕。故經云：「心有想則癡。」若無想，則心冥性佛，永絶思求矣。

如上是衆生自心感現。

校注

〔一〕般舟三昧經卷上問事品第一：「明眼所視，無所罣礙，諸佛悉在前立。譬如幻師，自在所化作諸法，不豫計念便成法，亦無所從來，亦無所從去，如化作，念過去、當來、今現在如夢中，所有分身悉遍至諸佛刹。如日照水中，影悉遍見，所念悉得如響，亦不來、亦不去。」按，此説或據般若譯大方廣佛華嚴經卷六：「善男子，我能了知十方三世一切如來及諸菩薩國土莊嚴、神通等事，無所從來，亦無所去，無有行處，亦無住處，亦知己身無去無來，無行住處。所以者何？知一切佛及與我心皆如夢故，如夢所見，從分別生，見一切佛從自心起。又，知自心如器中水，悟解諸法如水中影；又，知自心猶如幻術，知一切法如幻所作；又，知自心諸佛菩薩悉皆如響，譬如空谷隨聲發響，悟解自心，隨念見佛，我如是知，如是憶念，所見諸佛皆由自心。」

〔二〕「上之四喻」至此，見澄觀述大方廣佛華嚴經隨疏演義鈔卷八六。

〔三〕「心者不見心」，般舟三昧經作「有心不見心」。
〔四〕「心有想則癡，無想則泥洹」，般舟三昧經作「心起想則癡，無心是涅槃」。
〔五〕見般舟三昧經卷上行品第二。
〔六〕「若心自見心」至此，見澄觀述大方廣佛華嚴經隨疏演義鈔卷八六。

次、諸佛菩薩因地願力，示現化門，無有斷絶。所以維摩經云：雖示成正覺，不捨菩薩道〔一〕。雖悟即心是佛，頓成菩提，然爲衆生未達，廣修福業，以導未聞，皆令開解，同歸此地。如華嚴經云：「雖能一念即成阿耨多羅三藐三菩提，然爲衆生故，於無量劫行菩薩行，無有休息，是爲如山增上心。」〔二〕

又云：「佛子，菩薩摩訶薩又作是念：『阿耨多羅三藐三菩提以心爲本，心若清浄，則能圓滿一切善根，於佛菩提必得自在，欲成阿耨多羅三藐三菩提，隨意即成。若欲除斷一切取緣，住一向道，我亦能得，而我不斷，爲欲究竟佛菩提故，亦不即證無上菩提。何以故？爲滿本願，盡一切世界行菩薩行化衆生故。』是爲第九如金剛大乘誓願心。」

如上況喻，證信無疑，則佛道立成，匪由他教，終不起於餘念，唯自浄於一心，可謂順佛本懷，得教正意矣。

校注

〔一〕按，維摩經中未見此說。實叉難陀譯大方廣佛華嚴經卷五七：「菩薩摩訶薩有十種莊嚴道。（中略）若諸菩薩安住此法，則得如來無上大莊嚴道，亦不捨菩薩道。」

〔二〕見實叉難陀譯大方廣佛華嚴經卷五五。下一處引文同。

問：佛度衆生，衆生還度佛不？

答：若約内觀，因了妄念雜識，衆生無體，發其覺慧，成自心之佛，此豈不是因衆生得度？若論外化，皆因衆生感出。若無機緣，既無所化，亦不成佛。如浄名經云：「菩薩隨所化衆生而取佛土。」〔一〕浄度三昧經云：「衆生亦度佛。若無感，佛不出世，亦不能得成三菩提。出世菩提，皆由衆生機故。」〔二〕

校注

〔一〕見維摩詰所説經卷上佛國品。

〔二〕浄度三昧經：開元釋教録卷一四著録四譯，皆爲闕本。子注云：「大周入藏録中有浄度三昧經三卷。尋其文詞疏淺，義理差違，事涉人謀，難爲聖典，故編疑録，別訪真經。」卍新續藏第一册收浄度三昧經一卷，未見此説。此處引文，見智顗説、灌頂録金光明經文句卷五釋四天王品引。

音義

睫，即業反，目睫也。　博，補各反。　迫，博陌反。　窄，側伯反。　霆，特丁反，雷霆也。　震，職刃反，動也。　聾，盧紅反。　琳，力尋反。　瑯，魯當反。　棘，紀力反。　選，思兖反。又，思絹反。　寥，落凋反，空也。　澹，大檻反。　扣，苦厚反，擊也。　恍，虎晃反。　惚，呼骨反。　配，滂佩反。　灑，沙下反。　拇，莫厚反。　擲，直炙反。　悴，秦醉反。　騁，丑郢反。　饉，渠吝反，飢饉也。　諾，奴各反。　紺，古暗反，青色。　吒，陟嫁反，叱呵也。　裸，力果反，袒也。　咂，子答反。　診，之忍反，静也。　鄽，直連反。　髀，傍禮反，股髀也。　臛，呼各反，羹臛。　挑，土凋反，撥也。　號，胡刀反，哭也。　咷，徒刀反，號咷也。　眶，去王反，目眶也。　劓，魚器反，劓鼻也。　塹，七艷反。　滑，户八反。　鴿，古沓反。　遰〔一〕，特計反。　秉，兵永反，執也。　杵，昌與反。

丁未歲分司大藏都監開板

校注

〔一〕「遰」，正文作「遞」，異體。